RICŒUR

DANS LA MÊME COLLECTION

Aristote. Une philosophie en quête de savoir, par R. Bodéüs, 272 pages.
Augustin. L'expression du Verbe, par D. Doucet, 192 pages.
Berkeley. Un nominalisme réaliste, par D. Berlioz, 224 pages.
Blondel. Un univers chrétien, par B. Saint-Sernin, 192 pages.
Cournot. Le réalisme, par B. Saint-Sernin, 192 pages.
Daseinsanalyse, par Ph. Cabestan et Fr. Dastur, 224 pages.
Deleuze. La passion de la pensée, par P. Montebello, 256 pages.
Descartes. La règle de la raison, par M. Spallanzani, 276 pages.
Diderot. Un matérialisme éclectique, par A. Ibrahim, 240 pages.
Duns Scot. La métaphysique de la singularité, par G. Sondag, 240 pages.
Maître Eckhart. Une philosophie du christianisme, par K. Flasch, 336 pages.
Épicure. La nature et la raison, par P.-M. Morel, 224 pages.
Fichte. Réflexion et argumentation, par I. Thomas-Fogiel, 256 pages.
Gadamer. Une herméneutique philosophique, par I. Weiss, 216 pages.
Habermas. La raison publique, par R. Chennoufi, 240 pages.
Hegel. Une philosophie de la raison vivante, par A. Stanguennec, 248 pages.
Heidegger. La question du Logos, par F. Dastur, 256 pages.
Hobbes ou l'œuvre de la raison, par M. Malherbe, 272 pages.
Hume. Une philosophie des contradictions, par J.-P. Cléro, 256 pages.
Kant. L'invention critique, par M. Castillo, 248 pages.
Malebranche. Une philosophie de l'expérience, par D. Moreau, 224 pages.
Montaigne. L'usage du monde, par P. Mathias, 224 pages.
Montesquieu. Le droit et l'histoire, par F. Markovits, 232 pages.
Les néokantiens. Valeur et vérité, par É. Dufour, 192 pages.
Le néostoïcisme. Une philosophie par gros temps, par J. Lagrée, 212 pages.
Nicolas de Cues. L'homme, atome spirituel, par Graziella Federici Vescovini, 244 pages.
Pascal. La force de la raison, par H. Bouchilloux, 240 pages.
Philosophie romantique allemande. Un philosopher infini, par A. Stanguennec, 224 pages.
Platon. Le désir de comprendre, par M. Dixsaut, 256 pages.
Sartre. Liberté et histoire, par A. Guigot, 256 pages.
Spinoza. Union et désunion, par P. Sévérac, 272 pages
Les Stoïciens. La liberté et l'ordre du monde, par R. Muller, 292 pages.
Voltaire. Du Cartésianisme aux Lumières, par É. Martin-Haag, 192 pages.

BIBLIOTHÈQUE DES PHILOSOPHIES

Directeur : Michel MALHERBE

RICŒUR

PHILOSOPHER À SON ÉCOLE

par

Jean-Philippe PIERRON

Ouvrage publié avec l'aide du Centre national du livre

PARIS
LIBRAIRIE PHILOSOPHIQUE J. VRIN
6, place de la Sorbonne, V[e]

2016

Imprimé en France

ISSN 1281-5675
ISBN 978-2-7116-2725-7

www.vrin.fr

INTRODUCTION

LA MÉTHODE RICŒUR

Philosophe, une conscience ombilicale sommeille en moi. Inquiète, ouverte et curieuse au monde tel qu'il vient, à la vie telle qu'elle va, cette conscience ombilicale respire de ce qui lui donne à vivre et à penser. Elle aspire une ambiance et une manière de philosopher dont la tonalité lui est pourtant comme un air de famille. La philosophie de Paul Ricœur, si masquée qu'elle soit par les références qui saturent son texte; si intimidante par sa mise en abîme avec l'ensemble de l'histoire de la philosophie avec laquelle elle est en dialogue, fait partie de celles-ci. Cette philosophie m'a assez touché pour qu'en la côtoyant, elle m'ait aidé à livrer la présence de mon propre présent. Elle inaugura un geste qui fit de la recherche de la vérité une terre promise plutôt qu'une terre conquise. Cette philosophie a laissé libre l'enquête intellectuelle; ouverte la quête du juste; inquiète l'espérance hantée par les contrées du mal où partout l'homme est humilié, méprisé ou vaincu; offerte à la responsabilité de ses lecteurs la charge de répondre du monde.

En plaçant cet ouvrage sous la rubrique d'un « philosopher à l'école de Paul Ricœur », nous en savons le titre fort douteux. Ricœur ne cessait-il pas de dire qu'il n'avait pas de disciples, qu'il n'avait que des amis ? Pourtant, nous voudrions explorer les fruits d'un travail philosophique lorsqu'il se place dans l'orbe de l'herméneutique phénoménologique. Utiliser le paradigme de la filiation pour présenter comment se rapporter à cette philosophie qui préfère les textes aux racines, la narration à l'enracinement, le conflit des interprétations aux fausses familiarités masquées dans tous les -ismes, ne devra donc pas tromper. Les filiations philosophiques connaissent d'étranges cheminements, mais jamais ne dispensent d'avoir à en faire un. Que penser, d'ailleurs de la généalogie philosophique de Paul Ricœur lui-même, rhizome nouant de façon originale philosophie réflexive, phénoménologie et herméneutique? Certes, il est des filiations philosophiques identifiables à ceci qu'elles déploient des thématiques propres aux concepts et idées de l'auteur dont elles se réclament. À titre d'exemples, l'épistémologie des sciences historiques, l'identité narrative, la poétique, la métaphore vive, la sagesse pratique, la dialectique de la morale et de l'éthique, l'herméneutique juridique, etc. sont autant de concepts forgés par Ricœur qui ont aujourd'hui leurs promoteurs et défenseurs. Mais il est d'autres filiations. Elles revendiquent une manière de filiation plus vagabonde ou moins orthodoxe. En prise avec le présent du monde, elles sont dynamisées par un geste philosophique plus que par une conceptualité qu'elles trouvent présent chez le philosophe qui leur donna à penser et à l'égard duquel elles sont reconnaissantes. C'est de cette filiation de deuxième type dont je pourrais me réclamer, et qui m'autorise à dire, que je suis aussi de cette famille là qu'on dit être celle des amis de Ricœur. C'est que je crois, comme Levinas, qui l'écrit à propos de Maïmonide, que

> à côté des recherches savantes qui situent un penseur au carrefour des influences qu'il a subies et celles qu'il a exercées, il y a une place pour une question modeste mais grave : qu'est-il pour nous? La valeur d'une vraie philosophie ne se place pas dans une éternité impersonnelle. Sa face lumineuse est tournée vers les êtres temporels que nous sommes. Sa sollicitude pour nos angoisses fait partie de sa divine essence. L'aspect véritablement philosophique d'une philosophie se mesure à son actualité. Le plus pur hommage qu'on puisse lui rendre consiste à la mêler aux préoccupations de l'heure [1].

Alors, oui, philosopher à l'école de Paul Ricœur, c'est être reconduit à sa responsabilité d'interprète, s'approcher du monde présent, tenter de le comprendre, voire de le lire comme un texte. Ceci nous prépare et nous rend disponible à un déchiffrage d'un monde qui va et qui vient, parfois brouillé ou devenu illisible. Mais cela ne nous empêchera pas de penser qu'il y a chez Ricœur une « obsession textuelle ». Cette dernière le rend méfiant à l'égard de toute immédiateté et le voit opposer un rejet de toute fascination pour la présence qu'elle soit langagière, relationnelle ou spirituelle. Mais on pourra parfois se déprendre de cette méfiance car la texture du monde n'est pas que textuelle; parce qu'il est des émergences vives qui

1. Emmanuel Levinas, « *L'actualité de Maïmonide* », *in* C. Chalier/M. Abensour (dir.), *Emmanuel Levinas*, Paris, Éditions de l'Herne, 1991, p. 142.

se situent en amont des médiations langagières ; parce qu'à côté des récits il est aussi des images, des poèmes, des figures charnelles ou sensibles qui résistent à la narration.

Toujours est-il que philosopher est comme un verbe, là où la philosophie devient souvent un thème. Philosopher est un acte réflexif, sans cesse remis en mouvement[1]. C'est ce souci de philosopher qui, tout en rendant compte de la fécondité de sa méthode, mêlera ici Ricœur aux préoccupations de l'heure.

Nous le faisons convaincus de deux choses.

La première tient à la disposition éthique de cette manière de philosopher qui, sans concessions, ouvre un dialogue et une discussion avec ce qui, dans les préoccupations des hommes, les inquiète et les mobilise. Cette disposition relève d'une bienveillance herméneutique que l'on aurait tort de réduire à une condescendance charitable ou de dénoncer en n'y voyant qu'un irénisme de bon aloi. Accorder crédit à la proposition de l'autre préserve du dogmatisme en se laissant affecter par cette dernière. Mais cela ne signifie pas pour autant céder à la concession irénique. Accepter de faire une partie du chemin avec l'argumentation de l'autre peut aussi y faire apparaître les différences, les points de confrontations ou de divergences, les désaccords raisonnables. Dans cet esprit, Ricœur a développé une attitude philosophique qui relève d'une pensée dialectique, admirative de Hegel et de son sens du système mais renonçant, au nom du tragique de l'existence, à la synthèse. Ce que Ricœur appela un « renoncer un Hegel ». « Car quel lecteur de Hegel, une fois qu'il a été séduit comme nous par sa puissance de pensée, ne ressentirait pas l'abandon de Hegel comme une blessure, qui, à la différence précisément des blessures de l'Esprit absolu, ne se guérit pas »[2] ? Ce renoncement, dont les conséquences sont impliquées dans sa manière de philosopher, n'est pas un renoncement paresseux. Il est nourri de la référence à Kierkegaard, le penseur de l'existence opposé au Système. Il est également instruit d'un penser, non plus contre mais après Hegel, qu'invite et qu'exige la fin des philosophies de l'histoire. C'est en raison du fait que nous avons abandonné le chantier

1. Sur la méthode Ricœur, parmi les nombreux ouvrages qui lui sont consacrés, nous renvoyons à Olivier Abel et Jérôme Porée, *Le vocabulaire de Paul Ricœur*, Paris, Ellipses, 2007 et à Michael Foessel, Introduction, « Paul Ricœur ou les puissances de l'imaginaire », dans *Paul Ricœur, Anthologie*, textes choisis et présentés par Michael Foessel et Fabien Lamouche, Paris, Seuil, 2007, p. 7-22.

2. Paul Ricœur, « Renoncer à Hegel » dans *Temps et Récit III : Le temps raconté* [1985], Paris, Seuil, 1991, p. 372.

philosophique qui cherchait une méthode et se donnait pour projet de totaliser l'histoire du monde en une synthèse et une totalité effectuée qu'une autre manière de philosopher est exigée.

En raison d'un « âge de la raison herméneutique », la méthode Ricœur sera donc celle d'une dialectique qui ne cesse de différer sa conclusion. Elle relève d'une dialectique à synthèse ajournée, inquiète de toute clôture définitive du sens en une forme totalisante. Elle cherche la dialectique là où l'on ne croit trouver qu'un dilemme. Elle part à la recherche de la vérité en se méfiant de la tentation des fermetures précipitées. Elle est, de ce fait, disponible à penser plus avant, en quête du plus approché sans être dupe des approximations. C'est cette attitude qui fonde finalement ce sens du dialogue, cher à cette philosophie qui n'a cessé d'aller discuter avec son autre : la psychanalyse de Freud, le structuralisme de Lévi-Strauss, la philosophie du langage et la philosophie analytique ou les neurosciences d'un Jean-Pierre Changeux. Dialectique, cette méthode se tient à égale distance des courants irrationalistes ou même relativistes se dispensant trop vite du souci de l'explication, de l'argumentation et de la conceptualisation ; et à égale distance de tous les formalismes logiques ou structuralistes qui dévalueraient jusqu'à la rejeter comme caduque la portée expressive du discours symbolique et la puissance de refiguration de la narration. Originale, mais en cela gourmande parce qu'elle veut tout embrasser, la méthode Ricœur vit d'une dialectique vive entre le pôle de l'explication et le pôle de la compréhension

Aussi, et c'est notre deuxième conviction, il nous apparaît que le programme épistémologique et pratique que Paul Ricœur s'est donné n'a pas encore porté tous ses fruits. Fidèle à cette attitude dialectique que nous venons de signaler, le philosophe a ouvert une voie dont toute la fécondité attend encore d'être explorée. La méthode Ricœur est concentrée sur son versant épistémologique dans le précepte méthodique « expliquer plus pour comprendre mieux » et développée en son versant pratique dans l'appel à « imaginer plus pour mieux vouloir ». Si dans les deux cas, on reconnaît cette polarité vive qui caractérise le style du philosophe, nous en dirons ici rapidement l'intérêt.

Au-delà de l'opposition scolaire entre l'expliquer et le comprendre héritée de la tradition herméneutique, Paul Ricœur a montré qu'il y a de l'expliquer dans le comprendre et du comprendre dans l'expliquer. Ce faisant il nous libère de la facile rivalité entre sciences de la nature et sciences humaines. Attentif, dans une discursivité mixte qui sait l'entrelacs de l'expliquer et du comprendre, le programme épistémologie de Paul Ricœur va au-delà de la convenue neutralité axiologique. Il ne se contente pas d'une ligne de démarcation qui peut être factice. Cette dernière oppose frontalement la concentration positive, voire positiviste sur une abstraction désindividualisante attachée aux structures objectivables, obéissant à la nécessité et susceptible de quantifications, aux considérations subjectives et existentielles, éthiques et symboliques. Cette opposition tranchée entre la logique de l'explication qui revendique une légalité qui isole des causes et la logique de la compréhension qui met au jour une régularité qui se concentre sur des motifs est un *topos* de la tradition herméneutique, héritage dylthéen. Mais Ricœur dépasse cette opposition en déplaçant l'enjeu, réinstallant le pôle de l'explication au cœur de la compréhension. L'espace du géographe, le temps de l'historien, la psyché qu'étudie la psychanalyse, la langue qu'examine le linguiste ou les structures de parenté mises au jour par l'anthropologue nous rappellent assez qu'en rendre compte appelle une épistémologie alternative. Ne pas céder sur le souci explicatif n'épuise pas pour autant d'autres types d'attentes. Qu'y-t-il à comprendre lorsqu'on ne peut plus expliquer? Pointer cette idée a des incidences notables, et il est décisif de le mesurer en nos temps où l'usage social des sciences (naturelles ou sociales) glisse souvent du descriptif vers le prescriptif dans un discutable, et parfois, douteux prestige de l'expertise. C'est aussi l'occasion de venir réévaluer ce déploiement d'une intelligence qui décode et qui explique, traversant aujourd'hui tous les champs du savoir, notamment en sciences du vivant et en médecine, en sciences cognitives et sciences humaines. En effet, la passion moderne pour le décodage structure également, économiquement et politiquement, les manières de connaître depuis que l'activité scientifique est elle-même inscrite dans l'appareil techno-industriel qu'elle a contribué à faire naître. L'intelligence méthodique qui décode dérive aisément en une idéologie du décodage. Notre temps ne vit-il pas le déploiement d'un goût démesuré pour une culture de la mesure que l'épistémologie ricœurienne donne de revisiter? Le non mesurable, les raisons non raisonnables des acteurs ne sont-elles que des scories ou des habillages symboliques superficiels?

Ce questionnement épistémologique éclaire alors l'enjeu pratique. Le détour par la connaissance scientifique prépare et inaugure une forme moderne du « connais-toi toi-même », en contribuant à enrichir et promouvoir une subjectivité de haut rang, plus lucide sur les causes qui la déterminent sans délaisser la force de l'univers symbolique qui la porte. La connaissance théorique doit servir la reconnaissance pratique. Nous sommes d'un temps où la rationalité des moyens se démultiplie au point de voir s'estomper la rationalité des fins. Du point de vue pratique « imaginer plus pour mieux vouloir » revêt alors une portée moins de l'évasion que de l'émancipation. Résister à la pensée calculante, enrichir et complexifier nos raisons d'agir, intensifier phénoménologiquement notre être au monde et explorer herméneutiquement en imagination, par le biais des projets éthiques et politiques, d'autres manières possibles d'être et de vivre met à l'ordre du jour une conception vive de l'éthique et de la politique. Travailler à développer une poétique de l'action n'est-ce pas la tâche de notre temps ?

CHAPITRE PREMIER

PAUL RICŒUR, LECTEUR DE JEAN NABERT

Paul Ricœur présente son arbre généalogique philosophique comme suit: « J'aimerais caractériser la tradition philosophique dont je me réclame par trois traits : elle est dans la ligne d'une philosophie réflexive; elle demeure dans la mouvance de la phénoménologie husserlienne; elle veut être une variante herméneutique de cette phénoménologie » [1]. Une telle reprise de son itinéraire philosophique explicite d'entrée, combien Ricœur se situe en situation de dette à l'égard de la philosophie réflexive de Jean Nabert (1881-1960). Pourtant il est plus aisé d'identifier ses liens avec la phénoménologie ou avec la tradition herméneutique, qu'avec la pensée réflexive[2], pourtant d'une influence constante dans son itinéraire intellectuel.

Nous nous proposons de préciser la place qu'occupe la philosophie réflexive, dans l'économie générale d'une pensée se définissant comme l'herméneutique d'un soi qui se déchiffre devant le texte de ses œuvres et du monde, « une herméneutique caractérisée par le statut indirect de la position de soi » [3]. Si la part herméneutique du travail de Ricœur, ainsi que la discussion avec la pensée analytique semblent avoir occulté la part active qu'a pu jouer la pensée réflexive dans son œuvre, notre hypothèse est que, tout au long de son parcours philosophique, Ricœur a trouvé dans la pensée de Nabert une matrice générale grâce à laquelle maintenir le soi de la

1. Paul Ricœur, *Du texte à l'action, Essais d'herméneutique II,* Paris, Seuil, 1986, p. 25.

2. Une première version de ce texte est parue dans la *Revue Philosophique de Louvain* (Belgique), 2010, p. 335-359.

3. Paul Ricœur, *Soi-même comme un autre*, Paris, Seuil, 1990, p. 28.

réflexion[1]. Ceci aussi bien dans sa discussion épistémologique avec les sciences humaines (psychanalyse, anthropologie, histoire, linguistique) que dans sa réflexion de philosophie pratique (c'est sans doute cette part de la philosophie réflexive qui expliquera que Ricœur ne suive pas jusqu'au bout Levinas dans son éthique entendue comme philosophie première ou bien encore la lecture politique que proposera Derrida et avant lui Foucault).

À partir de cette matrice générale, Ricœur a pu déployer son attention herméneutique aux médiations permettant au soi de se mieux comprendre, sans s'y dissoudre. En effet, le soi, pour Nabert est habité par un désir d'être. Il s'agit, dans la réflexion, de le ressaisir dans ses manifestations historiques, l'éthique étant pour cela privilégiée en ce qu'elle « désigne l'histoire sensée de notre effort pour exister, de notre désir d'être »[2]. À la différence des philosophies de l'autoposition du soi, Ricœur aurait découvert, avec la méthode réflexive, de quoi élaborer une philosophie de la déposition de soi, au sens d'un dépôt de soi dans des œuvres ou des actions. Ici se trouverait l'origine du fossé séparant la phénoménologie herméneutique du soi et les philosophies du cogito. Assez remarquablement, la réflexion sur le soi est revenue en force dans le chapitre inaugural de *Soi-même comme un autre*. Y refusant le cogito exalté cartésien, comme le cogito humilié nietzschéen, le soi ne s'y donne pas dans une intuition intellectuelle, mais est conçu comme s'explicitant dans ses actes et ses œuvres, sans s'y perdre pour autant. Est ainsi retrouvée la puissance du thème réflexif hérité de Jean Nabert. Pour ce dernier, attaché au *moment du désir constitutif de notre être*, le désir d'être n'opère une reprise de soi que dans et par la médiation des actes avec lesquels le soi ne parvient pourtant guère à s'égaler à soi. Dans la médiation des œuvres et des actes, quelque chose se donne à penser, cette donation n'étant pas une totalisation. Il y aura donc herméneutique de soi parce qu'il n'y a pas transparence de soi à soi, mais possibilité de l'équivoque et de l'inadéquation entre le soi et ses expressions. En ce sens, l'herméneutique de soi, comprise comme l'héritière de l'analyse de Nabert fait partie de ces philosophies de l'expression qui depuis le XVIIIe siècle ont déplacé le problème de l'expression du rapport signe/chose, vers le rapport signe/sujet. Ce

1. Voir sur ce point l'utile recueil d'articles consacrés par Ricœur aux penseurs de l'existence liés à la tradition réflexive, dont Jean Nabert est le représentant le plus important en France : *Lectures 2*, Paris, Seuil, 1992.

2. Paul Ricœur, Préface à Jean Nabert, *Éléments pour une éthique* [1943], Paris, Aubier, 1992, p. 9.

mouvement de révélation-occultation, Ricœur veut l'élucider à partir de ce qu'il a lui-même appelé la dialectique de « l'acte et du signe » propre à l'analyse réflexive. Ricœur aurait-il trouvé dans la méthode réflexive, une méthode adaptée articulant son attachement à l'existence personnelle et son goût pour le système, la réflexion n'étant jamais une totalisation, ni la régression, une synthèse ? Dans la ligne de Nabert, la méthode Ricœur n'est-elle pas celle d'une dialectique à synthèse ajournée, dont l'originalité consisterait à chercher dans l'imagination, un troisième terme médiatisant la conscience empirique et le désir d'être attesté dans l'affirmation originaire ?

LA PHILOSOPHIE RÉFLEXIVE DANS L'ÉCONOMIE DE LA PENSÉE DE RICŒUR

Rares sont les philosophes que Paul Ricœur considère comme ses maîtres. Avec Husserl et Marcel, Jean Nabert est de ceux-là. Jamais révérence, la référence à la philosophie de Jean Nabert est une basse continue. Elle sous-tend une enquête philosophique portant sur le statut du cogito, du soi, de l'identité personnelle. Les idées nabertiennes d'une causalité de la conscience, du désir d'être attesté dans une affirmation originaire, seront ainsi reconfigurées dans le concept d'identité narrative propre à l'herméneutique de soi. Dans une reconnaissance de dette de l'herméneute à l'égard du penseur de la réflexion, Ricœur dira aimer citer cette formule magnifique « le moi se donnant le moyen de s'épeler lui-même dans le texte qu'il trace de ses propres actions »[1]. La place faite à l'herméneutique du soi et à la voie longue des médiations n'occulte donc pas ce qu'a eu d'inaugural, pour le philosophe, l'impératif réflexif d'une reprise de l'affirmation originaire exprimée dans ses œuvres. Les points de contacts entre la ligne de la philosophie réflexive et l'herméneutique ont une telle consistance que Xavier Tilliette écrivait déjà, en 1961, à propos de *Finitude et culpabilité* : « Remplacez *moi* par *conscience*, *injustifiable* par *faute* et *discernement* par *aveu*, vous avez le thème centrale des méditations de Ricœur. La conscience fait l'aveu de la Faute qui est sienne »[2].

Toutefois, compte tenu de la critique dont la philosophie réflexive a fait l'objet, la référence constante de Ricœur à son égard surprendra. En effet,

1. Jean Nabert, *Eléments pour une éthique*, *op. cit.*, p. 77.

2. Xavier Tilliette, « Réflexion et symbole, l'entreprise philosophique de Paul Ricœur », dans *Archives de Philosophie*, 24, 1961, p. 577.

quelle part peut jouer la réflexion au sein d'une philosophie qui travaille à une herméneutique de la subjectivité, pensant le « connais-toi toi-même » comme un patient déchiffrement de soi dans et à partir du monde compris comme un texte ? La philosophie réflexive n'est-elle pas suspecte d'enfermer la conscience en elle-même, dans l'assurance intimiste d'une autoposition de soi ? Ce grand enfermement idéaliste, dont Descartes reste la figure inaugurale, aurait pour principal défaut d'empêcher une attention véritable au monde tel qu'il est donné, ainsi qu'à autrui. Telle est la critique qu'en fait Maurice Merleau-Ponty.

> L'analyse réflexive, à partir de notre expérience du monde, remonte au sujet comme à une condition de possibilité distincte d'elle et y fait voir la synthèse universelle comme ce sans quoi il n'y aurait pas de monde. Dans cette mesure, elle cesse d'adhérer à notre expérience, elle substitue à un compte rendu une reconstruction. [...] Mais c'est là une naïveté, ou, si l'on préfère, une réflexion incomplète qui perd conscience de son propre commencement[1].

S'il est reproché à la réflexion de se donner une définition abstraite du moi, dans un subjectivisme condamnant à un intimisme stérile, comment Ricœur peut-il y trouver, sans contradiction, une ouverture à partir de laquelle développer son herméneutique de soi ?

C'est dans la pluralité du concept de philosophie réflexive que l'on trouvera une réponse. Dans un travail d'auto-compréhension présenté dans l'*Encyclopédie Française* en 1957 sous le titre « *la philosophie réflexive* », Nabert signalait que la philosophie réflexive réunit sous un même vocable, des philosophies fort diverses, questionnant le statut d'une causalité de la conscience, à partir de l'opposition de la nature et de la liberté. Il s'agit, dans la réflexion, de retrouver l'activité de la conscience, de faire apparaître le « je » de l'initiative, comme étant un principe lisible présent dans ses œuvres ou ses actes. Or, cette recherche est menée selon deux lignes bien distinctes.

La première orientation cherche à voir comment l'absolu est présent dans l'acte d'une conscience, l'intuition intellectuelle cherchant à se saisir de cet absolu dans une activité pure de la conscience. Tel est le Je pense cartésien que visait la critique de Merleau-Ponty. La seconde orientation est celle qui reconnaît une donnée initiale qui précède la réflexion mais qu'elle doit reprendre, l'accent étant mis sur la tension entre l'empirique et

1. Maurice Merleau-Ponty, *La phénoménologie de la perception* [1945], « Tel », Paris, Gallimard, 1978, « Avant-propos », p. IV.

le transcendantal, entre l'acte de la conscience et le signe de cette conscience présent dans l'histoire. Cette tension irréductible présente l'expérience intérieure de la liberté comme un travail par lequel le moi précise toujours plus, dans une reprise du désir d'être sur le moi empirique, quel il est pour lui-même, sans jamais pouvoir parvenir à une parfaite adéquation de soi à soi. C'est dans un article, précisément intitulé *L'Expérience intérieure de la liberté* que Nabert parlera ainsi d'un inachèvement de la conscience. Ce dernier motivera, d'ailleurs, la dialectique entre l'acte et le signe, puisque la conscience est entendue comme « acte inachevé ».

Nabert définit alors la réflexion comme suit :

> la réflexion n'est pas seulement retour à l'intériorité : elle est aussi progrès vers l'unité, parce qu'elle retrouve à la source de tous les symboles un même acte qui paraît se morceler à la rencontre des moyens d'expression qu'il ne peut éviter de se donner [1].

Cette deuxième orientation de la philosophie réflexive est, elle-même, subdivisée dans les deux courants de la tradition transcendantale kantienne attentive à l'universalité de la raison et de la tradition biranienne étudiant réflexivement l'intimité de la conscience sensible. C'est à cette double tradition que Ricœur se réfère. Il tiendra ensemble une préoccupation d'ordre transcendantal sur le statut du soi où la fonction schématisante de l'imagination aura sa place, tout en se rendant attentif aux données de la réflexion, que ce soit l'involontaire, les sentiments, les pulsions, l'appareillage neuronal, les habitus sociaux. Là où, pour Merleau-Ponty, la philosophie réflexive en reconstruisant le monde le perd comme donnée pour en faire une abstraction, Nabert propose de penser la réflexion comme un travail de ressaisissement attentif au mouvement même de l'existence comprise comme situation temporelle.

Ressaisir n'est donc pas reconstruire. On le comprendra en montrant que cette reprise relève d'une dialectique, que Ricœur a présentée comme étant une dialectique de l'acte et du signe [2]. La méthode réflexive élabore une dialectique susceptible d'épouser le mouvement d'une conscience, dans la manière qu'elle a d'articuler ses visées universelles et sa plongée historique. Le terme méthode ne doit toutefois pas tromper. Il ne s'agit pas

1. Jean Nabert, « La philosophie réflexive », *Société Nouvelle de l'Encyclopédie française*, 1957, p. 19.04.14/19.06.3, repris dans Jean Nabert, *L'expérience intérieure de la liberté* [1924] et autres essais de philosophie morale, Paris, P.U.F., 1994, p. 407.

2. Paul Ricœur, « L'acte et le signe selon Jean Nabert », *Les Études philosophiques*, 1962, n. 3, p. 339-349. Repris dans *Le conflit des interprétations, essais d'herméneutique*, Paris, Seuil, 1969.

de méthodologie attachée à des contenus disciplinaires spécifiques. Il définit une posture philosophique, un propre du philosopher habité par l'immense interrogation de la relation de l'être de l'homme avec les autres êtres et avec l'Être. Or ce que Ricœur, philosophe nourri des sciences humaines, doit à Nabert, sur ce point, c'est d'avoir travaillé à maintenir acérée, non émoussée, cette flèche du philosopher. « Son sort (à la philosophie) est lié à sa capacité de subordonner l'idée même de méthode à une conception plus fondamentale de notre relation de vérité aux choses et aux êtres »[1]. Cette conception fondamentale est celle de la philosophie réflexive, comprise comme élucidation du mouvement dialectique par lequel la conscience précise son être au monde, privilégiant les expériences éthiques en ce qu'elles sont le lieu décisif où le soi cherche à reconnaître son affirmation originaire dans des configurations de soi toujours plus ajustées. Il s'ensuivra alors que l'éthique ne pourra se formuler que dans des *éléments* dira Nabert, ou comme une *petite éthique* comme l'écrira Ricœur dans *Soi-même comme un autre*. En ce sens, la philosophie réflexive n'est pas une philosophie du fondement ou de la recherche d'une remontée, jusqu'à la coïncidence, au principe, dans une intuition de soi à soi. Voulant suivre le mouvement par lequel s'exprime le désir d'être dans le temps de l'histoire, contre le dualisme méthodologique et les alternatives ruineuses ou stériles concentrées dans l'opposition académique de la nature et de la liberté sur le plan ontologique, de l'universalisme et du contextualisme sur le plan moral, ou des sciences de la nature et des sciences humaines sur le plan épistémologique, c'est donc « substituer à l'alternative brutale une dialectique fine » attentive à la complexité des processus expressifs[2]. Sans doute est-ce à cet endroit que philosophie réflexive, phénoménologie et herméneutique se rencontrent et se greffent. L'interprétation se substituera donc à l'intuition, tout comme l'incessant travail de reprise de l'attestation originaire remplacera la recherche de la fondation. Elle est une méthode qui pose que les actions, les expériences et les sentiments des hommes précèdent la réflexion qui, elle, cherche à entendre, à saisir sans pouvoir s'en saisir, le principe qui les initie.

> Le philosophe de la réflexion ne cherche pas le point de départ radical ; il a déjà commencé, mais sur le mode du sentiment ; tout est déjà éprouvé, mais tout reste à comprendre, à ressaisir – selon le bon mot de Jean Nabert –, en clarté et en rigueur ; ce sont précisément ces sentiments initiaux qui

1. Paul Ricœur, *Du texte à l'action*, *op. cit.*, p. 162.
2. *Ibid.*

attestent que la réflexion est désir et non point intuition de soi, jouissance de son être[1].

La méthode réflexive est dialectique en ce que la conscience empirique est le signe d'un désir d'être avec lequel elle ne coïncide pas, mais dans la conscience duquel elle est ravivée. Tension de l'acte et du signe, dans l'existence, la conscience qui s'objective dans des signes pour s'y réaliser, ne coïncide pas avec la conscience qui se ressaisit comme acte originaire, tout en découvrant sa faillite, dans les expériences de la faute, de l'échec ou de la solitude. Cette dialectique, que Nabert nomme *dialectique de l'aspiration* rend donc compte de la singularité de la vie de la conscience, prise entre un mouvement d'expansion dans le monde dans des configurations empiriques et un mouvement de concentration sur l'acte originaire qui l'initie et l'excède. « Si la philosophie morale *refusait de se laisser séduire par le prestige des dialectiques spéculatives* qui s'achèvent par une sorte de retour de la conscience à son principe et à la plénitude de l'être, elle reconnaîtrait que la plus haute réussite de l'existence n'est point exempte d'une menace de déchéance »[2]. Cette manière de concevoir le déploiement inachevable de la conscience dans l'existence reconfigure, de façon originale, le thème existentialiste opposant le système à l'existence, ou plus exactement l'esprit de système intemporel et le sens historique. Ainsi la dialectique de la réflexion n'est pas totalisante, n'obérant pas la vie de la conscience dans ce qu'elle peut avoir de créateur. Par-delà les dualismes scolaires ou autoritaires, elle installe un régime de pensée ternaire, le terme pivot étant le soi du désir d'être, tendu entre ce à quoi il aspire et ce qu'il extériorise notamment dans l'action. Ricœur la méditera et la revendiquera dans sa propre méthode opérant comme une dialectique à synthèse ajournée, explicitée dans son renoncement à Hegel ou sa critique des médiations totales. C'est ce que nous avons, en introduction, appelé la méthode Ricœur. Il s'ensuit donc que la réflexion est pour Ricœur distincte de l'intuition qui serait autoposition de soi dans une saisie immédiate de soi ou totalisation dans un savoir absolu. Si l'intuition sert une quête de fondation; la réflexion portera son attention sur des données initiales,

1. Paul Ricœur, Préface à Jean Nabert, *Éléments, op. cit.*, p. 6. Repris dans *Lectures 2, La contrée des philosophes, op. cit.*, p. 225-236. Dans le même esprit, la relecture du « fait de la raison » qu'est la loi morale, par Ricœur, dans *Soi-même comme un autre* (1990), rompt également avec l'idée de fondation en morale. Plutôt que la fondation, l'attestation, devient la reprise réflexive de cette donnée qu'est le fait de la raison.

2. Jean Nabert, *Eléments pour une éthique*, *op. cit.*, p. 77. Nous soulignons.

mettant l'accent alors sur l'importance irréductible des médiations qui signalent notre finitude.

> De multiples façons [...] le rapport entre acte et signe s'avère être lui-même un rapport herméneutique : un rapport qui donne à interpréter et un rapport qui appelle interprétation. Entre la philosophie du savoir absolu et l'herméneutique du témoignage, il faut choisir [1].

De façon originale, la méthode réflexive se reconnaît à ceci qu'elle fait retour sur une donne initiale. Il y a des « données de la réflexion » comme le signale le premier chapitre qui ouvre les *Éléments pour une éthique*, consacré aux sentiments. La dialectique de l'acte et du signe assume la part de l'existentiel dans sa richesse sensible, et notablement les sentiments d'inadéquation à soi : l'échec plutôt que la joie des réussites, la solitude plutôt que l'amitié, la faute plutôt que la juste estime de soi. Cette attention à des expériences d'incomplétude n'est pas un goût pour quelque constante macabre. Elle est bien plutôt une manière de souligner ce que peut signifier un progrès vers soi. Parce que ce qui caractérise l'expérience humaine se concentre dans le problème que constitue l'adéquation à soi, on fait du soi une identité en travail. Il y a, de ce point de vue, une indéniable fécondité de la méthode réflexive qui pense la part des sentiments et des passions dans la philosophie morale et politique, sans craindre la fallacieuse dérive sentimentale, parce qu'elle distingue une affectivité originaire des émotions passagères. Elle assume la part des données de la réflexion que sont les affects, aujourd'hui fortement délaissées ou bien naturalisées, appréhendées essentiellement par la philosophie analytique ou la philosophie de l'esprit. Dans les débats attachés à la question du soi, et animés par les neurosciences, la méthode de la philosophie réflexive pourrait prendre une part active, et trouver une actualité inédite. Dans l'idée de « foyers de la réflexion », que Nabert annonce dans le chapitre IV des *Éléments pour une éthique*, il apparaît bien que le sujet nabertien ne préexiste pas à la réflexion elle-même et à la compréhension de soi. Dans le travail de reprise qui s'opère dans le foyer de la réflexion, le terme de foyer étant à entendre au sens de l'incandescence intime du soi, la compréhension de soi réflexive se distingue de la proposition herméneutique, mais aussi de la démarche cognitiviste. En effet, s'il y a des foyers de la réflexion – et il faut entendre ce pluriel des données initiales qui sépare le foyer de la connaissance du foyer de la croyance ou des valeurs –, on en conclura que le soi ne se dissout pas dans la tâche interminable d'une interprétation, mais qu'on le

1. Paul Ricœur, *Lectures 3. Aux frontières de la philosophie*, Paris, Seuil, 1994, p. 139.

comprend dans des données, des expériences inaugurales qui explicitent une tonalité du soi.

> À chaque foyer de la réflexion doit correspondre un qui suis-je? [...] Si, de ce point de vue, la conscience essaye de se comprendre par l'échec ou la faute, de la manière même dont elle se comprend quand elle se saisit comme le sujet des opérations qui donnent naissance à l'univers du savoir, elle devra renoncer bien vite à sa tentative[1].

Parler de foyers de la réflexion est loin d'être secondaire. Cela libère la réflexion éthique, éveillée par les sentiments, d'une situation de dépendance tutélaire à l'égard du jugement de connaissance. À titre d'exemple, le vaste chantier aujourd'hui que constitue l'étude analytique des émotions par la psychologie évolutionniste et les neurosciences, dans la cadre théorique de la philosophie de l'esprit, trouverait profit à entrer en discussion avec la philosophie réflexive ayant mis l'accent sur le caractère originaire des sentiments. Cette distinction émotion/sentiment viserait à signaler que, si l'on ne part jamais d'assez loin quant à la prise en compte des éléments objectifs qui structurent la vie psychique, le moment synthétique en quoi consiste la reprise réflexive donnerait aux émotions qu'étudie le psychologue ou l'éthologue, à la manière de traces psychiques laissées par des formes animales, leur véritable portée et retentissement humain. On pense, par exemple, aux solidarités de groupe ou à l'agressivité dans l'analyse de l'expérience humaine de la violence[2].

Revenir au concept nabertien de « foyers de la réflexion » permet de comprendre en quoi le sentiment, comme donnée originaire, ne peut être entendu dans les mêmes termes que les émotions sur lesquelles s'arrêtent les éthologues, la psychologie évolutionniste et les neurosciences, et par là permet de penser la différence anthropologique. En effet ces derniers saisissent comme objets de connaissance, selon les procédés analytiques propres à une démarche scientifique dont il ne s'agit nullement de contester la nécessité, ces données de la réflexion que sont les sentiments. Si avec le sentiment le soi de la réflexion cherche à se ressaisir, dans l'activité scientifique il s'agit plutôt de s'en saisir. Dans le glissement allant du sentiment originaire, qui est donné, vers les données scientifiques objectivables, un tour de passe-passe substitue aux sentiments des « émotions » ou des

1. Jean Nabert, *Eléments pour une éthique*, *op. cit.*, p. 63-64.

2. L'ouvrage de Paul Gilbert, *Violence et compassion*, Paris, Cerf, 2009, consacré à la violence est un bon exemple de discussion féconde entre l'éthologie et la philosophie réflexive, plus particulièrement le passage consacré à Lorenz, p. 40 *sq*.

faits cognitifs. Il s'ensuit une disparition du soi sous l'appareil objectif des dispositions neuronales ou comportementales. On le croira capable d'autoriser légitimement à estomper, voire effacer sans peine la différence anthropologique, tenant pour équivalents l'émotion du primate supérieur et le sentiment de l'*homo sapiens sapiens*. Or la méthode réflexive, en insistant sur les sentiments comme données originaires, invite à ne pas confondre l'acte du soi et les signes qui l'expriment. Assez significativement, ceci se manifeste par exemple aujourd'hui avec la spectaculaire neuro-imagerie inaugurant un nouveau conflit des interprétations entre les sciences cognitives et les approches phénoménologiques, dont la controverse Ricœur/Jean-Pierre Changeux fut l'écho[1]. Ce débat se concentre finalement sur le problème de l'expression. En effet, si le soi n'a pas conscience de son cerveau, mais s'il s'exprime et non seulement s'extériorise en des signes avec lesquels il ne saurait se confondre, il s'agit de ne pas céder aux prestiges des signes imagés. Pour les neurosciences, ceux-ci ne seraient que des extériorisations, alors qu'ils sont, pour la tradition réflexive, des expressions du soi. Si elles s'extériorisent, elles n'y épuiseraient nullement la signification du soi. C'est là toute l'importance d'une compréhension *ad hoc* de ce que signifie la déposition du soi en ses signes. Éthiquement cela a des enjeux considérables puisque le soi qui se reprend ainsi est capable de dire « Sois » ! Or si l'on pense aux malades d'Alzheimer manifestant aujourd'hui une manière d'autonomie brisée, on se demandera s'ils ne font pas l'expérience limite révélant un foyer de la réflexion, attaché à la mémoire blessée. L'impossibilité cognitive pour le soi de se ressaisir, manifeste, par cette impossible reprise de soi attendue dans la mémoire heureuse du « je me souviens », une inadéquation de soi à soi. L'impossible mémoire est révélatrice de ce qui fait le cœur du soi : la visée d'une adéquation à soi qui connaît le difficile de s'épeler et de se récapituler, ceci au risque de s'y perdre. Bref, on vient de le suggérer, la philosophie réflexive est riche de promesses pour éclairer les débats contemporains. Parmi ceux-ci, on notera également le rôle des sentiments en politique. On pense plus particulièrement au concept d'indignation compris comme protestation contre le mal avant l'attestation positive d'un bien présente dans les mouvements d'indignés. On pense également au couple humiliation/compassion auquel se sont rendus attentifs aujourd'hui Axel Honneth dans *La lutte pour la reconnaissance*[2] et Myriam Revault

1. *La nature et la règle, Ce qui nous fait penser*, Paris, Odile Jacob, 1998.
2. Axel Honneth, *La lutte pour la reconnaissance*, Paris, Cerf, 2000.

d'Allonnes dans *L'homme compassionnel*[1]. Prolongeant la discussion Habermas/Ricœur sous l'arrière-plan de la pensée réflexive, ces deux philosophes cherchent à penser « l'union intime entre la visée éthique de la sollicitude et la chair affective des sentiments »[2].

Si la dialectique de l'acte et du signe inaugure la séparation de la réflexion avec l'intuition, elle la distingue également de la description phénoménologique. Sur cette articulation entre philosophie réflexive et phénoménologie, Nabert prend ses distances à l'égard de la phénoménologie dont la méthode réflexive est pourtant proche à bien des égards. La phénoménologie ne serait-elle pas, en vertu de la corrélation noèse-noème, « attentive de préférence, au-delà ou au-dehors de l'intention même, à la signification détachée de l'acte originaire » ? La vocation de la méthode réflexive, quant à elle, est de retrouver « à la source de tous les symboles un même acte qui paraît se morceler à la rencontre des moyens d'expression qu'il ne peut éviter de se donner »[3].

La relecture de Kant par ce Fichte français qu'est Nabert, l'attention portée par conséquent au rôle du sujet transcendantal mais à partir d'une expérience intérieure de la liberté qui veut dépasser l'opposition kantienne entre raison et sentiment, le conduit à se concentrer sur un acte premier de la liberté. Dans l'affirmation originaire où l'aspiration à être se trouve l'acte d'un sujet en émergence. C'est à partir de lui que s'expriment des signes et des symboles qui épèlent l'instance et l'insistance de son désir d'être.

Ce statut expressif des signes que la conscience présente au monde, référés à l'acte pur d'un soi, référence nabertienne, expliquera pourquoi Ricœur ne peut suivre jusqu'au bout Levinas dans son éthique de la passivité. Ricœur maintient un sujet capable, en sa passivité ultime d'accueillir la gloire du Visage. Notons, nous le verrons dans le chapitre suivant que cette conception expressive du signe et du symbole, liée à la conscience réflexive, rend compte de ce qui fonde la controverse entre structuralisme

1. Myriam Revault d'Allonnes, *L'homme compassionnel*, Paris, Seuil, 2008. Dans cet ouvrage, portant sur le rôle de la compassion en politique, l'auteur, qui a contribué à la traduction française du livre de Ricœur *L'idéologie et l'utopie*, auquel elle adjoint une préface consacrée au thème de l'imagination éthique, se retrouve dans le sillage du *Ricœur lecteur de Nabert*. Elle pense le rôle des sentiments en politique, dénonçant la pratique abusive du « bon sentiment » – l'émotion sensationnelle – masquant le caractère originaire du sentiment qui aspire à être en son pôle utopique. La part de l'émotionnel obère alors la tâche proprement politique qui est celle de l'institution.

2. Paul Ricœur, *Soi-même comme un autre*, *op. cit.*, p. 224.

3. Paul Ricœur, Préface à Jean Nabert, *Éléments, op. cit.*, p. X.

et philosophie du sujet et singulièrement entre Lévi-Strauss et Ricœur. Là où pour celui-là, le signe (qu'il soit lié à la structure de parenté, mythème ou rite) n'est défini que par sa position logique, pour celui-ci le signe demeure à interpréter et en appelle, outre à la désignation, à la narration.

L'AFFIRMATION ORIGINAIRE ET L'IDENTITÉ NARRATIVE

La référence à Nabert se concentre sur les assises métaphysiques qui font apparaître la nature du soi. La trajectoire de l'homme coupable à l'homme capable qu'esquisse l'œuvre de Ricœur, dans une herméneutique de soi, sonde la nature du soi attestant. Comment penser le soi par-delà la dualité des philosophies du cogito qui l'exaltent ou l'humilient? En quoi un cogito blessé n'est pas pour autant un cogito traumatisé? C'est à ces questions que répondra une philosophie du témoignage entendue comme philosophie d'un soi blessé par l'absolu que sa finitude tente d'exprimer dans l'histoire. Entre l'acte absolu de l'attestation et le signe historique de ses témoins, elle renonce à combler leur écart vivant, dans les mots du fondement. L'expérience que fait la conscience d'être d'une inadéquation entre son acte, et ce qui le signifie ou le manifeste, maintient ouverte la possibilité même d'exister. Cette inadéquation, Nabert la présente comme suit: « Dire que nous ne sommes pas (réellement ou effectivement) ce que nous sommes (absolument), c'est rassembler la signification d'une expérience émotionnelle à laquelle nul homme ne peut se flatter d'échapper, si pleine et si riche que soit, par ailleurs, sa destinée »[1]. Mais ce que Nabert nommera « reprise » de soi dans la conscience d'une inéquation à soi, Ricœur le déploiera en une herméneutique multipliant à l'envi les médiations par lesquelles cette ressaisie s'opèrera. La reprise devient ainsi un déchiffrement du soi se comprenant devant le texte de son existence.

L'ouverture de *Soi-même comme un autre*, travaillée par la volonté de dépasser la dualité du cogito exalté cartésien, et du cogito humilié des philosophies du soupçon de style nietzschéen, porte la marque de cette fidélité à la philosophie réflexive. L'herméneutique de soi qui renonce à un discours de l'autoposition sans céder au vertige d'une mise en abîme de soi par une archéologie indéfinie, s'élabore autour de ce désir d'être originaire qui n'est pas un fondement mais une confiance. Cette confiance définit l'être comme essentiellement une aspiration à être audible dans une attestation. On se souvient sans doute de cette petite note de *Soi-même comme*

1. Jean Nabert, *Essai sur le mal* [1955], Paris, Cerf, 1997, p. 36.

un autre dans laquelle Ricœur observait que l'attestation était « le mot de passe de tout ce livre »[1].

Mais si le thème de l'attestation est dans la ligne de Nabert tel que ce dernier l'a développé depuis l'idée d'affirmation originaire jusqu'à l'élaboration, dans *Le désir de Dieu*, de l'idée d'un témoignage absolu de l'absolu, il est toutefois une différence. Ricœur reconfigure la rubrique nabertienne du témoignage en distinguant fermement le témoignage de l'attestation, mais également en développant une herméneutique du témoignage. L'origine de cette distinction tient à la différence entre Ricœur, lecteur de Jean Nabert envisagé comme penseur du témoignage dans les années 1970, et Ricœur herméneute du soi dans *Soi-même comme un autre*, mettant l'accent sur l'attestation, contre les philosophies de la fondation. En effet, Nabert, lorsqu'il parle du témoignage pose la question de la vérification du lien entre l'absolu et le divin en nous et les actes divins se révélant dans l'histoire : les témoignages étant des événements réels, expressions faisant signe à l'acte de la conscience qui les inspire. Or Ricœur a dédoublé l'enjeu. Si l'attestation part en direction d'une blessure de soi par plus que soi, le témoignage inaugure un exode devant les autres, se fait « sortie » en dehors du soi. Le témoignage étant expression, il fait signe à un absolu qu'il n'est pas ouvrant, alors à l'interprétation, car il ne prouve rien à lui seul.

Ricœur infléchit ainsi l'analyse de Nabert sur deux points. D'une part en direction d'une herméneutique du témoignage installant celui-ci dans la dialectique de l'acte et du récit à partir du témoignage conçu comme un acte de déchiffrement de soi, une herméneutique de soi. Plus fermement encore, les idées d'ipséité et d'identité narrative qui visent à ne pas confondre identité et permanence, installent la compréhension de soi dans une interprétation qui est aussi bien théorique que pratique. D'autre part, Ricœur, plus que Nabert, notamment en raison de son intérêt pour une compréhension renouvelée de la raison pratique, valorisera, sans pour autant mener ce mouvement jusqu'à son terme (à savoir le projet d'une poétique), l'idée que le témoignage, plus qu'un exemple ou un symbole, serait une augmentation iconique découvrant le rôle d'une imagination éthique. Ricœur lui-même n'a toutefois pas approfondi systématiquement ce point, travaillant plutôt au rôle de l'imagination en politique, ou dans le symbolisme religieux.

1. *Ibid.*, p. 335.

Quant à l'attestation, elle est chez Ricœur une manière d'infléchir l'idée d'aspiration à être présente chez Nabert en direction essentiellement d'une aspiration éthique. Elle explicite dans le soi la brèche d'une disponibilité, d'un être affecté au croisement de ce que Nabert appela une « affirmation originaire » relevant de la réflexion et de l'idée de passivité chère à Levinas. En effet, le cogito nabertien trouve la conscience de soi, moins dans une intuition intellectuelle que « dans le moment même où elle découvre qu'elle n'est pas par soi »[1]. L'idée, à la fois simple et radicale, de Nabert est de déplacer l'articulation entre la reprise réflexive et l'être. La conscience de soi se trouve précédée par le désir fondamental d'être. Ce qui se donne dans l'attestation, c'est le fait qu'au moment où j'atteste, j'atteste quelque chose d'autre qui devance son explicitation dans un contenu attesté. L'attestation manifeste une manière de hauteur en moi qui passe par moi mais qui me dé-passe pourrait-on dire. En exprimant une certitude première (au sens principiel) du « je suis », je me découvre déjà affirmé dans mon être par mon propre désir d'être, qui pénètre jusqu'au cœur de ma réflexion. « L'initiative de l'affirmation m'est donc, à la rigueur, arrachée »[2]. Le cogito ricœurien s'en distingue à cet endroit. S'il n'est pas le cogito traumatisé de Levinas, il est cogito blessé d'une blessure qui le mobilise et l'engage à l'action. Ce point rend compte du fait que, chez Ricœur, l'ontologie se développera en une praxéologie, en un « se faire le serviteur de l'être ». L'affirmation d'un soi se déploie dans l'exigence impérative d'un « sois ». Cette dimension éthique, tellement présente, est cohérente avec le projet d'une philosophie qui pense la manière de s'épeler soi-même comme une tension entre une aspiration à être et une expansion dans des œuvres et dans des actions en vue d'une expérience approchée de soi de plus en plus ajustée. L'homme entendu comme animal qui se comprend en se déchiffrant, trouve ainsi dans l'appréciation éthique de ses actions, dans l'éthique « une histoire exemplaire du désir d'être »[3].

Le soi qui s'affirme est tout à la fois : un soi qui se déchiffre dans la tentative de faire coïncider une visée, un appel et une réalisation. Être devient une tâche indéfinie tendant vers une adéquation au désir qui nous meut, qui ne peut faire l'impasse de l'histoire : « le moi doit renoncer à l'espoir de s'égaler à soi et s'y efforcer sans cesse »[4].

1. Jean Nabert, *Eléments pour une éthique*, *op. cit.*, p. 61.
2. *Ibid.*, p. 59.
3. Paul Ricœur, Préface à Jean Nabert, repris dans *Lectures 2*, *op. cit.*, p. 219.
4. Jean Nabert, *Éléments pour une éthique, op. cit.*, p. 64.

Tous ces thèmes préfigurent le concept d'identité narrative. Sans doute que l'héritage de la pensée réflexive de Jean Nabert se fait entendre dans la part que jouait chez ce dernier la méthode d'immanence. Elle amène Ricœur à ne plus formuler la pointe de son questionnement dans les mots du transcendantal, propre à la philosophie critique portant sur les conditions de possibilité d'un jugement, ou du devoir, mais à lui substituer une posture qui, plutôt que de rechercher un fondement se laisse affecter – le mot est peut-être déjà trop lévinassien mais autorise des liens – par un certain nombre de « données de la réflexion », en l'occurrence des sentiments dirait Nabert, devenant sources d'interrogations. Ces sentiments, Nabert les trouvent dans des expériences en creux, marques d'une forme d'inadéquation de soi à soi : la solitude, l'échec, la faute, l'épreuve injustifiable du mal subi (la douleur, la maladie) ou du mal commis (faute et violence). Cette méthode est ce que Ricœur appellera une méthode du débordement par l'intérieur ; l'attestation en sera le nom. C'est pourquoi, la question typiquement ricœurienne sera alors « pour quelle sorte de philosophie, le mal est-il un défi ? » ou bien encore « quelle sorte de philosophie fait du témoignage un problème ? », accentuant ainsi l'attention portée par l'attestation, la raison se demandant si elle est la source de tout le sens, si elle épuise le tout du soi. Entre l'acte et le signe, l'attestation fera le lien. Ceci prépare les ponts entre phénoménologie, réflexivité et herméneutique. Sans être abandon de la recherche rationnelle, le questionnement ricœurien autour d'une phénoménologie du témoignage et la dimension de véhémence ontologique de l'attestation initie ainsi une manière de problématiser, située au-delà de la facilité des dualismes, qu'ils soient opposition de l'intellectualisme et du contextualisme, des morales déontologiques et des morales arétiques, du fidéisme et du rationalisme pour trouver une expérience originaire plus profonde qui puisse les relier sans pour autant céder à la facilité d'un syncrétisme ou d'un irénisme. Cette expérience originaire relève d'une attention portée à une manière d'excès, à cette antécédence qui devance les démonstrations, et qu'il appellera témoignage.

> C'est ce rapport triangulaire entre phénoménologie du soi, ontologie de l'acte, épistémologie de l'attestation qui sera notre thème. C'est lui que tenait en raccourci la formule [...] l'attestation est la sorte de confiance ou d'assurance (statut épistémologique non doxique) que chacun a d'exister (statut ontologique) sur le mode du soi (statut phénoménologique). [...] Cette suite de déterminations consiste dans le mouvement où s'atteste

progressivement l'approfondissement d'une phénoménologie du soi en une ontologie de l'acte puissance[1].

Significative de sa méthode, l'articulation entre dimension ontologique et dimension phénoménologique signale ici une forme de subversion de l'idée d'ontologie puisqu'elle pense non plus en termes d'être mais dans ceux d'appel ou d'aspiration. Exister sur le mode du soi quitte le langage des essences pour celui du processus, d'une orientation vers, d'une ontologie progressive. La pensée de Paul Ricœur, fidèle en cela à Jean Nabert, sans concession aucune, habite la faille qui sépare en unissant l'accès à la conscience en ses données (insérer l'absolu dans le contingent ou *témoigner de* dans l'historique) et l'excès de la conscience qui ne s'y réduit pas (le contingent de l'initiative comme expression inadéquate ou *témoigner pour* la hauteur). À cet endroit, la tension entre vision et visée d'une imagination éthique pour laquelle il n'y a pas de vision va prendre progressivement place.

L'expérience de l'inadéquation entre conscience empirique et affirmation originaire, vécue et ressentie dans des expériences de la passivité (faute, échec, solitude), mais reprise dans la réflexion qui, de ce fait, vient rénover la conscience empirique, présente le soi comme un itinéraire, – « le je comme une tâche » – comme une mise en travail de soi qui ne peut faire l'impasse sur la recherche d'une adéquation tout en la sachant être une visée. Le « je » n'est donc pas donné dans une auto-compréhension où il viendrait se poser et se reposer, mais repris dans un travail de déchiffrement, relatif à une inquiétude se déployant dans un mouvement de déchiffrement du soi originaire. Ricœur dilatera à l'envi cette inquiétude de l'inadéquation, montrant comment l'itinéraire de la conscience est celui d'une herméneutique de soi qui se distancie de celle qu'elle figure dans l'histoire, mais qui y trouve une manière de s'y figurer. Aussi sera-ce dans les médiations auxquelles l'herméneutique s'attache que l'on pourra donner au « je pense » une épaisseur, le texte du cogito y conquérant sa texture :

> la position de cet effort ou de ce désir non seulement est privée de toute intuition, mais n'est attestée que par des œuvres dont la signification demeure douteuse et révocable. C'est ici que la réflexion fait appel à une interprétation et veut se muer en herméneutique. [...] la réflexion doit

1. Paul Ricœur, « L'attestation : entre phénoménologie et ontologie », *in* Jean Greisch et Richard Kearney (éd.), *Paul Ricœur, Les métamorphoses de la raison herméneutique*, Paris, Cerf, 1991, p. 382-383.

> devenir interprétation, parce que je ne peux saisir cet acte d'exister ailleurs que dans des signes épars dans le monde [1].

C'est dans ce qui le différencie d'Emmanuel Levinas, que se fait comprendre ce que Ricœur doit à la philosophie réflexive. Dans l'article de 1989 intitulé « Emmanuel Levinas, penseur du témoignage », il explicite en quoi l'héritage de Nabert est pour lui décisif. Il y manifeste une résistance à l'égard d'une philosophie de la passivité pure, menée radicalement par Levinas. Il s'agit de penser un soi qui, sans être placé dans l'exaltation de l'auto-fondation, ne soit pas pour autant anéantissement du soi capable d'initiative. Il recherche une autonomie dans la dépendance.

> Je ne nie même pas l'abîme qui sépare l'idée d'une inadéquation de soi à soi (Nabert) de celle d'une assignation extérieure à la responsabilité. Je me borne à suggérer ceci : le soi serait-il résultat, s'il n'était pas d'abord présupposition, c'est-à-dire potentiellement capable d'entendre l'assignation ? [...] mais est-il interdit à un lecteur, ami de Nabert et de Levinas, de creuser le sillon d'une philosophie où l'attestation de soi et la gloire de l'absolu seraient co-originaires [2] ?

Ricœur, entre Nabert et Levinas, ne veut pas choisir. S'il retient de Nabert l'idée qu'au cœur du sujet il est un désir d'être et de Levinas l'idée d'une éthique qui destitue le sujet de son initiative, il est contraint d'occuper une position tierce qui est aussi un grand écart. Une façon de combler et de vivre cet écart est de s'attacher à une herméneutique de soi. Multipliant les médiations dans lesquelles le chemin qui va de soi à soi s'élabore, Ricœur ne veut pas ainsi renoncer à l'insistance consistante du soi en son noyau originaire, fut-il affecté par l'épreuve d'être otage de l'autre. Si la philosophie de Levinas est une philosophie du traumatisme, celle de Ricœur sera une philosophie de la blessure.

1. Paul Ricœur, « Méthode herméneutique et philosophie réflexive », *De l'interprétation, Essai sur Freud,* Paris, Seuil, 1965, p. 54.

2. Paul Ricœur, « Emmanuel Levinas, penseur du témoignage » [1989], in *Lectures 3, op. cit.*, p. 105.

THÉORIE DE L'EXPRESSION ET IMAGINATION : LE SCHÈME DE LA TRADUCTION

Le problème de l'expression, contenu dans le préfixe *ex-* indiquant un mouvement de sortie de soi, est celui de la médiation. S'il rendra compte le plus adéquatement de l'écart entre le soi et ses manifestations, il a été reformulé de façon originale par Nabert. La réflexion, rendant compte du désir d'être, inaugure un geste philosophique qui est moins celui de la présence que celui de la représentation. Il est propre à une philosophie de l'expression et non de la fondation. Pour expliciter comment l'absolu présent dans l'affirmation originaire se rapporte adéquatement au contingent des données de l'expérience, qu'il s'agisse de la valeur ou du témoignage, Nabert forge le concept d'expression. En discutant l'idée selon laquelle la liberté équivaut à la raison, il assume l'ancrage phénoménal de notre être tout en insistant sur l'idée d'une croyance en la liberté qui, réflexivement permet de remonter des données du moi empirique au désir d'être qu'il exprime. « Tant que le moi ne s'est pas donné le moyen de s'épeler lui-même dans le texte qu'il trace par ses propres actes, il ne peut comprendre le rapport qui se noue sans cesse entre la conscience pure de soi et l'existence réelle »[1]. Le signe empirique devient ainsi l'expression de l'acte pur dans une promotion de celui-ci par celui-là, comme le montrera tout particulièrement, dans les *Éléments pour une éthique*, le chap. V intitulé « La promotion des valeurs ».

Cette théorie de l'expression est rétive à tout enfermement du moi en ses configurations empiriques, même si son affirmation originaire y est indiscernable. Parler d'expression élabore une voie tierce entre la totale coïncidence de soi à soi de l'intuition intellectuelle qui donne une autoposition de soi (Descartes), et la dissipation du soi dans la structure fixe des signes ou des symptômes (les structuralismes) qui en tiennent lieu. L'expression s'ouvre sur une philosophie de la médiation pour laquelle, à la première lecture déterministe d'une science fascinée par les signes, il est possible d'adjoindre une seconde lecture réflexive attestant une liberté. Il y a là, dans ce témoignage, une vérité qui s'atteste sans vérification. « Au fond de toute valeur, il y a comme une prétention à obtenir du réel et de la vie, soit en créant ce réel, soit en l'utilisant, une expression de ce qui passe toute expression et toute réalisation »[2]. L'expression est donc un processus dynamique pour lequel notre liberté est l'histoire d'un déchiffrement de ce

1. Jean Nabert, *Eléments pour une éthique*, *op. cit.*, p. 77.
2. *Ibid.*, p. 80.

désir d'être, qu'il s'agit d'être. C'est là le travail d'un je qui cherche à se comprendre par le biais de médiations historiques singulières et insubstituables (des sentiments, des actions, des réalisations) et qui s'en déprend dans l'excès d'un appel universel à l'absolu qui transcende ces manifestations. Cette expressivité autorise ainsi une articulation de l'universel et de l'historique dont on perçoit la fécondité aujourd'hui, aussi bien pour la philosophie morale que pour la philosophie politique, prisonnière de l'opposition entre communautarisme et universalisme.

Sous cet aspect, la philosophie réflexive appelle donc, pour Ricœur, à un nécessaire réaménagement herméneutique. La difficulté tient à cette opacité du sens, telle que le sujet ne se saisit pas immédiatement, se donne de façon chiffrée, défigurée parfois, rarement en coïncidence entre désir d'être et manifestation de soi. Le problème de l'expression questionne la capacité qu'ont nos signes non seulement à être rassemblés dans une structure ou un code, mais à manifester ou rendre présente l'affirmation originaire qui anime cette structure ou ce code.

> Si le monde sensible tout entier et tous les êtres avec qui nous avons commerce, nous apparaissent parfois comme un texte à déchiffrer, comme la manifestation et le paraître d'une opération qui n'a pu trouver d'autre *expression*, c'est que la valeur, en effet, nous commande de chercher, de discerner, jusque dans les tâtonnements, les défaillances, les *échecs de l'expression*, l'aspiration qui s'y est inscrite[1].

Paul Ricœur commente cette proposition en disant :

> J'ai fait mon miel de ce texte, sous l'aiguillon de la philosophie analytique, que j'ai tenté d'intégrer à l'herméneutique, née elle-même du déchiffrage des textes, du grand texte de la vie, des œuvres, des institutions. C'est ainsi que je pense être resté dans l'orbe de la philosophie réflexive de Nabert. Elle est réflexive, et non pas seulement critique, au sens précis de la capture de l'*a priori* dans l'empirique : réflexive, en vertu du grand détour par le dehors[2].

Probablement que ce qui lie aussi fortement Ricœur à Nabert est aussi ce qui les sépare. Tous deux se rejoignent, dans le cadre d'une philosophie de l'expression, sur une théorie du signe, mais la vérification par l'affirmation originaire chez Nabert, recherchant à ressaisir les actes purs, deviendra essentiellement symbole puis texte et récit chez Ricœur.

1. Jean Nabert, *Eléments pour une éthique*, *op. cit.*, p. 98. Nous soulignons.
2. Paul Ricœur, « Jean Nabert : une relecture », Postface *in* Philippe Capelle (éd.), *Jean Nabert et la question du divin*, Paris, Cerf, 2003, p. 143.

L'originalité de Paul Ricœur, en prolongeant cette interrogation sur le statut de l'expression, aura été d'assumer la double facette de la difficulté : le statut du sujet exprimant et celui des moyens d'expressions. Il montre que les signes expressifs, s'ils peuvent faire l'objet d'une sémiologie objective (depuis la psychanalyse jusqu'à la linguistique), ne peuvent être désolidarisés d'un mouvement d'expression du soi qui sourd derrière tout signe, c'est-à-dire d'une sémantique, et plus largement d'une symbolique. Méthodologiquement, cela le conduit à donner une large part à l'herméneutique des textes et des symboles, c'est-à-dire à s'attacher au fait que le sens est toujours déjà médié en plein cœur du langage ou d'une culture mais qu'il a besoin d'être interprété. Métaphysiquement cela l'amène à travailler le statut médiateur de l'imagination faisant entendre le soi de l'initiative en ses œuvres et ses actes, et techniquement à s'attacher à l'herméneutique des médiations, trouvant dans le schème de la traduction de quoi rendre compte du mouvement expressif. Pratiquement, cela le conduit enfin à assumer le fait que toute bonne interprétation achève son parcours dans une dimension pratique, qu'elle soit éthique, juridique ou politique. Sous cet angle, il s'ensuit que la traduction n'est donc pas chez Ricœur qu'un problème technique de linguiste. La traduction est une pratique. Sur elle se condense le questionnement philosophique relatif au statut du symbolique par lequel une forme est susceptible d'en représenter une autre, cette lieu-tenance n'étant jamais une présence. La traduction, en plus d'être un enjeu classique de l'herméneutique littéraire devient le paradigme grâce auquel penser le rapport de soi à l'autre mais plus encore celui qui préparera, sinon un dialogue des cultures, du moins la tentative d'une mise en discussion de celles-ci. La traduction n'a pas seulement affaire à des symboles, ni même à des textes mais également à des langues dans la diversité de leurs expressions historiques et culturelles. C'est pourquoi elle éclaire ce que peut être une herméneutique des cultures et un dialogue au cœur de leur diversité. Nous aborderons ce point à la fin de cet ouvrage lorsque nous en viendrons à penser la place des cultures dans la mondialisation.

Mais il faut le dire, le glissement du thème de la médiation vers celui de la traduction, thème que Nabert utilise rarement, s'explique par la convocation massive de l'herméneutique de la réception des textes. Cela tient à ce qu'entre les années 1960-1970, pendant lesquelles Ricœur fut un grand lecteur de Nabert et les années qui vont suivre, marquées par la rencontre de la philosophie analytique et de la philosophie du langage, Ricœur explicite la nature expressive du langage, dans le métaphorique tout d'abord, ensuite par le paradigme du texte et enfin avec celui de la traduction[1]. Pour Nabert, le tiers médiateur entre l'acte originaire du soi et l'expression de celui-ci en ses actions ou ses œuvres se trouve dans le mouvement de reprise réflexive, dans le foyer de la réflexion. Avec le paradigme du texte, le tiers médiateur chez Ricœur devient le langage qui, manifesté dans des langues fait l'épreuve de sites et d'une opacité indépassables, engendrant une synthèse nécessairement ajournée par cette réflexivité seconde qu'est le traduire. Si la réflexion est déjà un processus médiateur entre l'originaire et son expression en actions, la traduction est la médiation de cette médiation, éloignant encore du moment d'une possible saisie de soi. La traduction est ainsi un processus de médiation qui n'est jamais totalisation, rendant compte de la voie longue de l'herméneutique.

> […] Il n'y a pas non plus de tiers texte entre le texte source et le texte d'arrivée. D'où le paradoxe, avant le dilemme : une bonne traduction ne peut viser qu'à une équivalence présumée, non fondée dans une identité de sens démontrable. Une équivalence sans identité. Cette équivalence ne peut être que cherchée, travaillée, présumée[2].

Ainsi, l'expression entendue comme un travail de traduction, au sens à la fois d'un consentement à la perte et une ouverture à une nouvelle pertinence sans troisième tiers assurant la comparaison, invente-t-elle un travail médiateur d'adéquation entre un noyau de sens et sa figuration sensible. L'expression est positivement traduction, même si elle n'ignore pas le risque de la trahison, appelant à un perpétuel effort en vue d'une meilleure traduction. *Le risque de la trahison est sur le chemin même de l'épreuve hors de laquelle il n'est point d'appropriation de soi*[3]. La dialectique, attentive au mouvement pensant le même dans le changement, rendra compte de ce passage. En effet, la traduction est perte et gain. À la fois quelque chose se perd de l'affirmation originaire dans une complaisance dans des pratiques et des habitudes historisées, et à la fois quelque chose se donne de soi qui a été configuré, parfois dans une adéquation de l'acte et du signe, comme le révèlent les témoignages, même si Ricœur privilégie l'écart.

1. Sur ce point, on consultera Domenico Jervolino, *Ricœur : herméneutique et traduction*, Paris, Ellipses, 2007.

2. Paul Ricœur, *De la traduction*, Paris, Bayard, 2004, p. 40.

3. Paul Ricœur, « L'acte et le signe selon Jean Nabert », *op. cit.*, p. 220.

Ce travail de la traduction met l'accent sur ce que signifie une innovation pratique. Il convoque la force de l'imagination que Ricœur réhabilite. Si l'on ne peut ignorer ses dérives pathologiques, l'imagination n'est réductible ni à la folle du logis invitant à déserter la réalité dans la fuite, ni à la maîtresse d'erreur et de fausseté masquant la réalité dans des dissimulations fantasques. Elle est aussi ce qui assure d'une identité dans des imaginaires maintenant vivant ce que l'on cherche à être, et ce qui libère comme faculté du possible pratique ouvrant des possibilités non entrevues jusque-là.

Dès *Le volontaire et l'involontaire*, et le projet d'une poétique de la volonté, Ricœur avait envisagé la part que peut jouer l'imagination. On le sait, il a différé ce projet, s'ingéniant à multiplier à l'envi les médiations dans lesquelles la conscience se configure, mais qu'elle ne cesse de reconfigurer dans son mouvement. Cette part faite au travail de l'imagination est sans doute le cœur d'une difficulté, mais peut-être aussi d'une solution, pour penser l'articulation, et non l'opposition de l'universel et de l'historique, de l'intuition et de l'institution autour du thème de l'innovation pratique, de la théorie et de la pratique. En ce sens, Ricœur a développé, en en explicitant les manifestations et les opérations dans les champs éthique, politique et religieux, la thèse que Jean Nabert exposait avec la sobriété et la densité qui caractérise son style :

> L'imagination fait le passage. Mais elle ne symbolise point tant l'invisible qu'elle ne lui donne le moyen de témoigner de sa fécondité et à la conscience le moyen de discerner la qualité de ces intentions elles-mêmes du monde où elles pénètrent. Est-ce assez dire qu'elles y pénètrent? L'imagination est beaucoup plus que médiatrice entre l'intention pure et un monde donné où la valeur n'aurait qu'à s'inscrire. Elle crée l'instrument, la matière de la valeur, autant que la valeur elle-même[1].

L'invention d'une expression de l'universel dans l'historique, on la doit donc à la puissance de schématisation de l'imagination. On en verra ci-dessous la fécondité pour penser l'éthique, cette dernière mobilisant un schématisme pratique. Ainsi se dialectise l'acte et le signe, la conscience capable d'initiative, puissance de commencement absolu dans un acte et, de l'autre, du point de vue de l'action effectivement réalisée, les signes expressifs de cette conscience agissante. À la suite de Kant, mais en bouleversant les rapports de la raison et de l'imagination dans l'action, Nabert et Ricœur accordent un statut producteur à l'imagination.

1. Jean Nabert, *Eléments pour une éthique*, *op. cit.*, p. 97. Nous soulignons.

> C'est dans cette imagination, et dans la loi de l'affection de soi par soi qui lui appartient – et qui est le temps lui-même – qu'il faudrait chercher la clef de ce dédoublement [...] entre la pure production des actes et leur occultation dans des signes. C'est comme durée que la création jaillit, mais c'est comme temps que les œuvres se déposent en arrière de la durée et demeurent inertes, offertes au regard, comme des objets à contempler ou des essences à imiter[1].

Ce lien entre temps et imagination annonce le concept d'identité narrative, entendue comme cette capacité qu'a le soi de se reprendre dans les images de soi du passé et d'être renouvelé par ses anticipations. La dialectique de l'acte et du signe se fait ainsi dialectique interne à l'imagination. Elle est prise entre l'acte d'une visée anticipatrice et le signe de visions élucidatrices et initiatrices. L'imagination ouvre ainsi sur une double direction : un pôle utopique et un pôle idéologique en raison de sa position médiane. Du côté utopique, elle porte une énergie créatrice capable d'initiative renouvelant le temps de l'action : ce serait là la dimension recréatrice de l'imagination. Le travail de l'imagination précède le devoir ou la raison dans la faculté d'espérer avec ses icônes de l'espérance et une force d'anticipation qui permet des « variations imaginatives » du soi. Du côté idéologique, elle assure des identités dans des imaginaires, des images de soi, qui peuvent certes dériver en idoles, mais constituent des espaces d'expériences, des icônes de l'ancestral comme le dira *Temps et Récit* (1983). Tel est le problème de l'expression de soi tendu dans l'opposition entre idole qui voile et icône qui fait voir. Enfin, cette production de l'imagination, se fait entendre dans la dialectique vision/visée du soi dans *Soi-même comme un autre*. Tel est l'exemple des valeurs, travaillées par le pôle idéologique qui assure le maintien d'une identité en des imaginaires de l'action et le pôle utopique de la portée prospective de la valeur comme utopie à vocation élucidatrice.

Paul Ricœur, nous l'avons dit, a proposé une interprétation de son arbre généalogique philosophique, en y mettant en bonne place la philosophie réflexive. Ce paradigme de la filiation, de la part de l'auteur du *Parcours de la reconnaissance*, attentif au principe généalogique, est loin d'être secondaire. C'est là, tout d'abord, une manière d'expliciter sa propre philosophie comme un mouvement de croissance pris entre des fidélités et des innovations. Reprenant le titre de la *préface* à la réédition de *L'expérience*

1. Paul Ricœur, *Le conflit des interprétations*, *op. cit.*, p. 221.

intérieure de la liberté, « l'arbre de la philosophie réflexive »[1], nous dirons que la philosophie de Ricœur est comme un arbre vigoureux et fructueux dont les racines sont la philosophie réflexive ; le tronc la phénoménologie ; les branches, greffées, l'herméneutique, qu'elle soit herméneutique de l'action, biblique, juridique ou littéraire, et dont la sève serait la philosophie de l'existence. L'ensemble des études qui suivront dans cet ouvrage présentera les fruits de cet arbre de la philosophie réflexive, fruit présent dans les différents champs du soin, du droit, des rencontres entre les cultures. On en trouve la marque explicite dans la façon qu'a eu Ricœur, par le jeu complexe des hommages ou dédicaces, présents dans ses ouvrages, d'expliciter sa reconnaissance de dette. Ainsi Jean Nabert est-il le dédicataire de *Finitude et Culpabilité* (1960), après que Gabriel Marcel eut été celui du *Volontaire et L'involontaire* (1950), comme si la finitude était la traduction, dans les mots de Ricœur, de l'impossible coïncidence entre ce que nous sommes et ce à quoi nous aspirons à être.

Ensuite, la métaphore de l'arbre généalogique, prolongée par celle de la greffe herméneutique, n'est pas secondaire pour un penseur qui, en pensant la mise en intrigue du temps par le récit dans une histoire, s'est attaché à ressaisir le mouvement de la traditionalité présent dans les traditions. C'est ce que ci-dessous nous avons appelé la tradition vivante. La métaphore cartésienne de l'arbre rend hommage ici à une philosophie qui s'est rendue disponible à la pluralité des traditions philosophiques, sans se laisser enfermer dans la tendance historienne antiquaire fixant des généalogies. Si le paradigme de la filiation, recherche des pères pour une famille de philosophies, ce mode de « *classification n'est* [...] *qu'un trompe-l'œil, manière habile d'apprivoiser en cataloguant dans un genre connu* »[2]. S'il se situe dans la ligne de la philosophie réflexive, Ricœur ne pense pas la ligne comme une lignée. Pour une philosophie réflexive, le « se » du « se reconnaître dans le lignage » n'est pas conditionné mécaniquement par une lignée. Il rejette ce que le paradigme de la filiation convoque comme lecture linéaire, descendante et autoritaire du rapport à la Tradition. Méfiant à l'égard de tous les -ismes (cartésianisme, kantisme, existentialisme et même personnalisme), son interprétation de la tradition philosophique rompt avec une compréhension statique du couple continuité/discontinuité, pour restituer une relation dynamique aux traditions. Il suit de là une conséquence majeure, pour une filiation philosophique qui

1. Paul Ricœur, *Préface à Jean Nabert, op. cit.*, p. V. On notera que finalement, au gré des rééditions, Paul Ricœur aura préfacé l'essentiel des ouvrages de Jean Nabert.

2. Paul Ricœur, *Lectures 2*, *op. cit.*, p. 29.

se reconnaît dans l'orbe de Nabert. Filiation sans piété, Ricœur se reconnaît dans la philosophie réflexive, mais au prix d'un substantiel réaménagement thématique. La prolongation de l'œuvre de Nabert a signifié également une divergence à son égard. L'herméneutique n'est pas, comme le croit Ricœur, un approfondissement de la réflexion, au sens de Nabert, mais sa réorientation, voire peut-être une altération. En effet, la réflexion, selon Nabert, ne recherche pas une meilleure connaissance de soi au sens socratique de l'examen. Elle tend plutôt, dans l'esprit de la pensée de Fichte, de ressaisir le mouvement originaire de la conscience dans l'auto-position de soi, qui sait l'écart entre le soi et la position de soi, et qui travaille à s'égaler à soi. Le travail de la réflexion, à la différence de l'intuition, consiste bien à se ressaisir en sachant l'exode existant entre le soi et ce qu'il manifeste. Une telle ressaisie est une véritable terre promise. Mais cette recherche d'une possible coïncidence, donnée parfois dans le sentiment joyeux d'une unité intérieure, Ricœur l'a considérablement distendue. Il s'en est suivi qu'en lieu et place de la possible appropriation de son désir d'être par et dans ses actes, il a installé la crise de la mésinterprétation possible, de la signification douteuse, de l'équivoque[1]. Avec Ricœur, la terre promise de la coïncidence originaire de l'acte et du signe, ne sera pas une terre conquise ! La jouissance réflexive est une toute autre chose que la douleur de l'interprétation sans cesse remise à l'ouvrage, et ouvre des perspectives quant à la visée universelle de ce mouvement intérieur de la conscience, que Ricœur a laissé en friche. Même s'il s'y réfère souvent, ce que Nabert nomme « reprise » de soi est devenue, avec l'herméneutique, un déchiffrement de soi. Nous ne sommes plus alors dans le même univers philosophique[2]. La voie longue de l'attention herméneutique a privilégié la médiation textuelle qui dilate dans l'extériorité du récit, la conscience réflexive, mais négligeant le moment d'approfondissement et de concentration de l'expérience intérieure qu'est la réflexion

1. Sur ce passage de la philosophie réflexive à l'herméneutique philosophique, on consultera *De l'interprétation*, *op. cit.*, et dans la problématique introductive, le chapitre III intitulé « Méthode herméneutique et philosophie réflexive ». Ricœur y écrit que « la réflexion est l'appropriation de notre effort pour exister et de notre désir d'être, à travers les œuvres qui témoignent de cet effort et de ce désir [...] œuvres dont la signification demeure douteuse et révocable. C'est ici que la réflexion fait appel à une interprétation et veut se muer en herméneutique [...] la réflexion doit devenir interprétation, parce que je ne peux saisir cet acte d'exister ailleurs que dans des signes épars dans le monde », p. 56-57, nous soulignons.

2. Sur ce point, et sur la question plus générale de la dualité irréductible des « foyers de la réflexion » chez Nabert, on consultera Robert Franck, « Deux interprétations de la méthode de Jean Nabert », *Revue Philosophique de Louvain*, t. 64, n° 83, 1966, p. 418.

pour laquelle tout est donné originairement, même si l'écart se creuse entre la donnée originaire et son apparition. Sans doute qu'une telle valorisation du texte tient-elle à ce que Ricœur est extrêmement méfiant quant à toutes les formes de présence à soi qui, de près ou de loin, seraient une concession à une manière d'immédiatisme ou à la violence des synthèses définitives. C'est que « dès que l'exigence d'une vérité une entre dans l'histoire comme une tâche de civilisation, elle est aussi affectée d'un indice de violence ; car c'est toujours trop tôt qu'on veut boucler la boucle. L'unité réalisée du vrai est précisément le mensonge initial »[1]. Reconnaître cette divergence entre Ricœur et Nabert prévient la tentation de repousser dans l'oubli l'originalité de la pensée de ce dernier, et, nous espérons y avoir contribué, démontre le profit tiré de sa lecture.

Enfin, dans la présentation de son arbre généalogique Ricœur convoque trois traits dynamiques qui précisent son rapport dialectique avec le vif de la tradition, prise entre mémoire et promesse : « être dans la ligne », « demeurer dans la mouvance », « être une variante ». Si la filiation philosophique tend à la linéarité de l'ascendant vers le descendant en se plaçant sous le signe du tutélaire, la lecture que Ricœur fait de la tradition vivante[2] connaîtra des aller et retour, allant y chercher de quoi « rouvrir le passé, raviver en lui des potentialités inaccomplies, empêchées. »[3]. La ligne, métaphorisation spatiale du temps, « plus qu'une analogie de suppléance est constitutive de la conscience de succession »[4]. Elle suppose déjà la reconnaissance d'une histoire dans son altérité et sa pluralité, avec laquelle composer, sans s'y résorber, Ricœur se défiant de l'autorité de la Tradition érigée en norme exclusive de lecture. Il suit de là que l'art de la lecture, tel qu'il a pu le mener, notamment à propos de Nabert, est érigé au rang d'une véritable manière d'activer des potentialités du texte, qui ne prenne pas le texte pour prétexte, mais qui ouvre sur des configurations inédites. Aussi Ricœur lecteur de Nabert va-t-il au-delà de la fidélité au texte, et par là s'en éloigne. L'herméneutique du soi, l'identité narrative convoquent une philosophie du sujet qui n'est plus celle de la conscience réflexive de Nabert, laquelle pense moins le déploiement du soi dans le temps par le biais des médiations langagières et culturelles, qu'une dialectique interne attentive à l'importance des actions et des sentiments. Si chez Ricœur la fonction synthétique du récit est d'opérer le rassemblement dans

1. Paul Ricœur, *Histoire et vérité*, *op. cit.*, p. 177.
2. Voir ci-dessous le chap. III de cet ouvrage consacré à une herméneutique de la tradition.
3. Paul Ricœur, *Temps et Récit III, op. cit.*, p. 313.
4. *Ibid.*, p. 104.

une manière d'unité du soi, chez Nabert, la dialectique est maintenue entre ce que nous sommes effectivement et ce que nous visons absolument, dans une impossible récapitulation. Schèmes pour expliciter ce que signifie lire les philosophes, l'arbre, la greffe, la ligne en ce sens, ne résorbent pas l'autre dans le même, dans des syncrétismes ou amalgames imprudents, mais questionnent la possibilité d'articuler la différence avec la similitude. Être dans la ligne de Nabert pour Ricœur ne signifie pas être de l'école de la philosophie réflexive. Le détour par la voie longue, celle d'une attention aux médiations disponibles dans la culture auxquelles se rendent attentives les sciences humaines et notamment l'anthropologie comme nous allons le voire maintenant, le signifiera fortement. Ricœur greffe sur la réflexivité le détour par la description fine des contextes anthropologiques où se déploie le sens. Mais ce rapprochement imprévu des traditions est finalement la possibilité de la surprise dans le temps, donnant des fruits imprévisibles, une pensée inédite.

CHAPITRE II

À L'ÉCOLE DES SCIENCES HUMAINES RICŒUR ET L'ANTHROPOLOGIE

Si du côté de Jean Nabert, Ricœur a trouvé une consistante philosophie du sujet, du côté des sciences humaines dont le prototype est l'anthropologie de Claude Lévi-Strauss, Ricœur a trouvé l'objection non moins consistante d'une mort du sujet. Il y aurait, pour l'anthropologie structurale, une disparition du sujet sous la structure. La question du sujet y serait posée comme hors-sujet. Mais alors quelle philosophie du sujet, quelle pensée du cogito est-elle encore tenable après une critique structuraliste qui juge l'idée du sujet trop métaphysique ?

De même, si du côté de Husserl et de la phénoménologie il découvre l'importance d'une conscience donatrice de sens et de l'intentionnalité caractéristiques de l'existant humain, Ricœur ne peut que constater combien l'anthropologie structurale, comme son nom l'indique, met l'accent sur l'importance de systèmes formels inconscients et non intentionnels (structures de parenté ou d'alliance, structures langagières, structures mythiques) rarement compris par les sujets humains. Comment alors articuler attention à l'intentionnalité avec l'impersonnalité de la structure ? N'est-ce pas sur ce point que l'herméneutique se place dans l'orbe de la phénoménologie, Ricœur trouvant dans les sciences humaines, dont l'anthropologie de Lévi-Strauss reste l'étalon de mesure, de quoi expliciter le socle fondamental des structures eidétiques que découvre le phénoménologue ?

Paul Ricœur n'a jamais caché son admiration pour le travail mené sans concessions par Claude Lévi-Strauss dans le champ des sciences humaines, et plus particulièrement de l'ethnologie et de l'anthropologie.

Revenant sur son parcours philosophique, Ricœur qui avait qualifié, non pas la méthode structuraliste, mais la philosophie structuraliste de « transcendantalisme sans sujet transcendantal », disait ainsi : « Il [Lévi-Strauss] a été pour moi un adversaire dont ma propre défense de la philosophie du sujet a cherché à se rendre digne ; je le voyais comme le déterminant de l'étiage de la discussion » [1]. Ce n'est pas par hasard que, dans ce bref rappel, Ricœur ne situe pas l'essentiel du défi lancé par l'anthropologie structurale sur le plan épistémologique bien connu de l'herméneutique – à savoir le redéploiement par celle-là de la distinction de l'expliquer et du comprendre inaugurée par celle-ci –, mais principalement sur le plan philosophique. L'enjeu porte sur le possible maintien d'une philosophie du sujet après l'analyse structurale, plan philosophique dont se défend pourtant Lévi-Strauss, celui-ci disant

> je n'ai pas de philosophie qui mérite qu'on s'y arrête, sinon quelques convictions rustiques auxquelles je suis revenu, moins en approfondissant ma réflexion, que par l'érosion régressive de ce qui me fût enseigné dans ce domaine et que j'ai moi-même enseigné [2].

Aussi commencerons nous par nous arrêter à la fois sur la dimension méthodique et sur l'enjeu philosophique engagés dans la confrontation Lévi-Strauss/Ricœur : une philosophie du sujet passée au crible de la critique structurale. Nous examinerons ensuite comment Ricœur tente d'articuler l'herméneutique du soupçon structuraliste avec son herméneutique de soi, avant de terminer sur les conséquences pratiques de ces analyses.

LES ENJEUX D'UNE RENCONTRE ENTRE STRUCTURE ET HERMÉNEUTIQUE DE SOI

Du point de vue de la méthode, le débat Lévi-Strauss/Ricœur porte sur l'épistémologie des sciences humaines, le premier privilégiant le paradigme linguistique, le second le paradigme historique. Ce qu'impose la leçon lévi-straussienne, à savoir la tentative de mener les sciences humaines le plus loin qu'il est possible sur le plan de l'objectivité sans faire appel à un besoin existentiel ou une attente de sens, conduit à revisiter et contester l'équilibre fragile que la méthode herméneutique avait tenté

1. *La critique et la conviction*, Paris, Calmann-Lévy, 1995, p. 120.

2. Claude Lévi-Strauss, *Mythologiques*, t. IV : *L'homme nu* [1971], Paris, Plon, 2009, p. 570.

d'épistémologiquement instituer en distinguant l'expliquer et le comprendre. Prenant ses distances à l'égard de la philosophie jugée trop métaphysique et trop moraliste, Lévi-Strauss et avec lui plus largement les tenants des sciences humaines, ont travaillé dans les années 1950-1960 à conquérir leur autonomie à l'égard d'une conception de l'homme donnée *a priori* et à revendiquer et cultiver leur neutralité axiologique. À cette fin, ils se sont attachés à faire apparaître dans le monde humain non seulement de la régularité mais une véritable légalité. Ainsi Lévi-Strauss travailla-t-il à trouver de l'universel et de l'invariant dans les cultures et non seulement dans la nature. Tel est en ce sens ce geste inaugural qu'a été la publication des *Structures élémentaires de la parenté* à propos de l'universalité de la prohibition de l'inceste, geste généralisé ensuite à l'étude des mythes. Pour Lévi-Strauss, il appartient aux sciences humaines de prendre la relève de la philosophie pour dire l'humanité de l'homme, la philosophie étant soupçonnée d'être peu soucieuse de concret et réduite à une glose. À cette fin, il s'agit de refuser de se laisser enfermer dans la partition des savoirs opposant assez naïvement finalement des sciences qui dites « dures » ou exactes et des sciences humaines suspectes d'être « molles ». En effet, et ceci est d'importance pour une philosophie du sujet, Lévi-Strauss cherche méthodologiquement à sortir de l'opposition entre les sciences de la nature qui expliquent par des causes objectives et les sciences humaines qui comprennent des motifs subjectifs. Il le fait en travaillant à faire apparaître des invariants sociaux, permettant d'établir des écarts, des rapports ou des différences entre sociétés. L'universel qui lie les hommes n'est pas un universel a priori représenté en des valeurs (celui de l'humanisme philosophique) mais l'universel *a posteriori* de principes inconscients que nous apprend à décoder et épeler l'enquête ethnologique[1]. Son projet épistémologique en ce sens est celui d'une regard éloigné aussi bien du projet durkheimien et positiviste d'un « considérer les faits sociaux comme des choses », que de l'entreprise de la méthodologie herméneutique dyltheénne qui pourrait bien être la cible, même s'il ne la nomme pas, présente dans la critique qu'il fait des « hypothèses bizarres inspirées à des philosophes par une vue trop théorique du développement des connaissances humaines… mysticisme empâté de métaphysique »[2].

Or, pour Ricœur également la question épistémologique soulevée par la distinction de l'expliquer et du comprendre doit être dépassée. L'enjeu est

1. Claude Lévi-Strauss, « Les trois humanismes » dans *Anthropologie structurale II* [1973], Paris, Plon, 1996, p. 319-322.

2. *La pensée sauvage* [1962], Paris, Plon/Pocket, 2009, p. 53.

de sortir d'un dilemme entre ces deux attitudes pour entrer dans une relation dialectique. Nous pourrions nous demander alors dans quelle mesure le programme épistémologique de Ricœur synthétisé dans *Temps et Récit* par la formule « expliquer plus, c'est comprendre mieux »[1] n'est pas redevable de son débat avec le structuralisme de Lévi-Strauss. En montrant qu'il y a une part d'explication dans la compréhension (les structures objectives de parenté qui sous-tendent l'appartenance à un lignage par exemple) et une part de compréhension dans l'explication (l'herméneutique de soi entendue comme un apprendre à se comprendre et à se reconnaître d'un lignage dans le cadre du lien familial), l'enjeu n'est-il pas de déterminer quel rôle attribuer à l'initiative du sujet et aux éléments objectifs qui médient le rapport de soi à soi ? N'est-ce pas ce qui aura conduit Ricœur à faire de la part de l'explication un moment de la compréhension plutôt que sa dissolution, se demandant à la fois ce que peut être le rôle du sujet dans l'émergence d'une nouveauté imprévisible – l'« imputation causale singulière »[2] –, et en quel sens l'explication peut avoir des effets sur la compréhension de soi ?

Du point de vue philosophique, bien que Lévi-Strauss se défende de faire œuvre de philosophe, l'enjeu porte sur les relations qu'entretient sa philosophie du code avec une philosophie du chiffre. En effet, Lévi-Strauss a développé une théorie systématique de la société et de la culture à partir d'une sémiologie, là où Ricœur a cherché à développer une théorie de l'identité individuelle et collective reprise dans le cadre d'une sémantique, le point nodal entre ces deux entreprises étant concentré sur le statut du symbolique, nous allons y revenir. Le débat porte sur la consistance que peut encore avoir une philosophie du sujet face à une entreprise structurale, qui pourrait être qualifiée d'herméneutique du soupçon, herméneutique en rupture avec la tradition du cogito qu'elle travaille à déconstruire, en ce qu'elle oppose à l'*a priori* d'un soi transcendantal, l'*a posteriori* de l'expérience plurimillénaire qu'offrent les cultures. Autrement dit, au-delà de la question de méthode –le souci méthodologique du décodage qui objective des rapports ou des homologies porté par l'anthropologie structurale en face de l'exigence herméneutique du déchiffrage qui ne lâche pas le souci du sens pour les destinataires-, se pose une question de principe portant sur le statut de ce que sont les identités individuelle et collective, l'herméneutique des cultures et l'herméneutique de soi.

1. *Temps et Récit II, op. cit.*, p. 13 et 54.
2. *Temps et Récit I*, Paris, Seuil, Paris, p. 254.

Mais il ne faut pas se méprendre sur le véritable enjeu de la discussion. La controverse ne porte pas sur une querelle idéologique entre structuralisme et existentialisme, antihumaniste et humaniste, dont le débat, orchestré par la revue personnaliste *Esprit* en 1963, à l'occasion de la parution de *La Pensée Sauvage*, aurait été le catalyseur[1]. Cette controverse relève d'une véritable gigantomachie poursuivant l'interrogation sur ce que Husserl a pu appeler *La crise de l'humanité européenne et la philosophie*, c'est-à-dire sur le type de philosophie qui a rendu possible le désastre de l'avènement d'une civilisation mondiale dominée par le paradigme instrumental. L'enjeu porte sur une manière de revisiter l'histoire d'un Occident qui aurait cherché à penser la nature comme hors-sujet. Il aurait envisagé le sujet comme expatrié dans le monde des vivants, l'autorisant alors à un rapport dominateur à son égard à partir de la valorisation des techniques mécaniques, au détriment des techniques spirituelles (l'Inde) ou des techniques juridiques d'aménagement social (l'Islam)[2]. Il s'agit de penser ce que sont les traditions culturelles, et tout particulièrement ce que sont la tradition de la philosophie réflexive ou les philosophies du sujet développées en Europe, dans leur capacité à permettre la pluralité des mondes ou au contraire à les détruire. Cette interrogation a des implications pratiques lourdes en termes aussi bien d'éthique environnementale que de cosmopolitisme. Quelle philosophie est-elle à même de rendre l'homme capable d'une disposition de sollicitude à l'égard des animaux, des milieux environnementaux sans chercher à les mettre à disposition ? On pense ici à la querelle, si du moins on admet les termes dans lesquels elle est posée, de l'éthique anthropocentrée occidentale en face de l'éthique écocentrée des peuples dits premiers. La philosophie du sujet est-elle définitivement hors course pour une telle entreprise ou bien a-t-elle encore des ressources ? Car c'est bien le désastre politique (enjeux

1. « À lire les critiques que certains philosophes adressent au structuralisme, lui reprochant d'abolir la personne humaine et ses valeurs consacrées, je me sens aussi abasourdi que si l'on s'insurgeait contre la théorie cinétique des gaz sous le prétexte qu'en expliquant pourquoi l'air chaud se dilate et s'élève, elle mettait en péril la vie de famille et la morale du foyer dont la chaleur démystifiée perdrait ainsi ses résonances symboliques et affectives. », Lévi-Strauss, *Mythologiques*, vol. IV, *op. cit.*, p. 570. En effet, les annales de l'histoire pourraient être tentées de ne retenir du conflit structuralisme/herméneutique, voire personnalisme, qu'une opposition didactique mais stérile entre un structuralisme recherchant une logique de la synchronie et une herméneutique privilégiant la diachronie, alors que l'enjeu porte sur la possibilité de maintenir une philosophie du sujet après la découverte de l'anonymat universel des structures qui l'investissent.

2. Voir « Race et histoire », repris dans *Anthropologie structurale II*, *op. cit.*, p. 399.

démographiques, disparitions des peuples premiers et colonisation) et écologique (érosion de la biodiversité) engendré par l'uniformisation technologique planétaire qui est en ligne de mire. Ainsi Lévi-Strauss engage-t-il une critique radicale de la philosophie du sujet qui a rendu pensable l'universalité humaniste, laquelle s'est traduite en une uniformité généralisée par le biais de la domination colonisatrice[1] et du rapport instrumental à la nature pensée comme l'autre radical de la culture engendrant la catastrophe écologique[2]. Cette critique de l'humanisme, on pense à la polémique Lévi-Strauss/Sartre, elle concerne aussi la position de Ricœur qui s'interroge sur le potentiel d'universalité, irréductible à une uniformisation présent dans la dynamique des identités collectives, (par exemple la dimension de communicabilité des mythes.) Ricœur, en questionnant les traditions culturelles, ne méconnait pas leurs dérives exaltées – le triomphe technicien de la rationalité des moyens que pense une civilisation mondiale prédatrice[3]. – Mais il en reconnait aussi leurs prometteuses potentialités d'ouverture à l'universel. Pour l'herméneutique des cultures, l'unidimensionnalité planétaire est la caricature de l'universalité d'appel présente dans les différentes traditions culturelles. On peut ne pas se résigner à penser que l'universalité appelle nécessairement à l'uniformité. Pour Ricœur, ce qui est au fond contestable dans le développement civilisationnel qu'a encouragé l'Europe, ce n'est pas sa philosophie du sujet, – ce qu'il préférera appeler herméneutique de soi sans que jamais, d'ailleurs, un dialogue avec Foucault ne soit établi sur ce point – mais la conception d'un cogito exalté qui croit s'autoengendrer. C'est cette exaltation qui autorise à penser qu'une culture n'est qu'un déploiement d'outillages alors qu'elle est aussi une dialectique de transmission et de création. Le risque, et c'est cela l'unidimensionnalité, est de croire alors qu'un déploiement planétaire de

1. On pense ici au « mysticisme rarement avoué et le plus souvent déguisé sous le nom d'humanisme » que dénonce le final des *Mythologiques*, *op. cit.*, p. 577.

2. « Un humanisme bien ordonné ne commence pas par soi-même. En isolant l'homme du reste de la création, l'humanisme occidental l'a privé d'un glacis protecteur. À partir du moment où l'homme ne connaît plus de limite à son pouvoir, il en vient à se détruire lui-même. Voir les camps d'extermination et sur un autre plan, de façon insidieuse mais avec des conséquences tragiques cette fois pour l'humanité tout entière, la pollution. [...] Ce qui me semble insupportable dans cette querelle du « sujet », c'est l'intolérance des fidèles d'une tradition philosophique qui remonte à Descartes. Tout commence par le sujet, il n'y a que le sujet, etc. j'ai voulu prendre les choses sous un autre angle, et je n'admets pas qu'on m'en conteste le droit », Claude Lévi-Strauss, Didier Eribon, *De près et de loin* [1988], Paris, Odile Jacob, 1998, p. 225-227.

3. Paul Ricœur, « Civilisation universelle et culture nationale », in *Histoire et vérité*, *op. cit.*, p. 297.

médiations instrumentales pourrait seul constituer une civilisation, paralysant et stérilisant les autres médiations vives d'une culture : arts, morale, droit et politique, religions, etc. Or sur ce point, se souvenant de Lévi-Strauss dans *Tristes Tropiques* à propos des haches offertes par les missionnaires aux Indiens d'Amazonie, haches restées inutilisées, Ricœur rappelle que ce qui est le plus concret dans une culture ce n'est pas ses outillages mais ses valeurs. La colonisation instrumentale planétaire présuppose des valeurs qui la rendent légitime, questionnant alors les valeurs de notre culture européenne.

C'est donc à partir de l'herméneutique de soi et de l'herméneutique des identités culturelles que l'on peut reprendre la lecture que Ricœur fait de Lévi-Strauss. Sous cet angle, il n'y a rien d'accidentel à ce que surgisse le nom de Lévi-Strauss dans le cadre d'une enquête philosophique enracinée dans la tradition philosophique de la pensée réflexive[1], éduquée par la phénoménologie et y greffant l'herméneutique. En effet, la prise de conscience du problème herméneutique – l'équivocité du sens d'un texte, d'un mythe – par Ricœur a été fortement marquée par le travail mené dans le cadre de l'exégèse biblique par le théologien Rudolf Bultmann, attaché à développer ce qu'il a appelé la démythologisation, c'est-à-dire une entreprise débarrassant le mythe de sa fonction étiologique d'explication pseudo-scientifique du monde, demandant ce qu'il nous fait « savoir » puisqu'il n'est pas une science[2]. Or la rencontre de Lévi-Strauss réitère, pour la préciser méthodologiquement mais sans attendu théologique, cette première initiation. Elle le fait de façon iconoclaste, Lévi-Strauss s'amusant à parler de son entreprise en termes de démystification. Démythologisation et démystification sont ainsi deux manières d'iconoclasmes confrontées au problème de ce que manifeste le mythe, de sa signification, sinon de son sens ; voire une façon de rompre définitivement avec ce qui lui semble être une quête éperdue du sens pour Lévi-Strauss.

Plus précisément encore, la rencontre du travail de l'anthropologie structurale est inscrite dans une recherche que conduit Ricœur, depuis *La symbolique du mal,* portant sur la capacité expressive ou celle du « donner à penser » propre au symbole et au mythe. Cette recherche est d'ailleurs rattachée à une interrogation fondamentale portant sur le rôle transcendantal de l'imagination dans sa fonction pratique (la poétique de la

1. L'ouvrage *Finitude et culpabilité* est publié en 1960. *La pensée sauvage* sera publiée en 1963.

2. Paul Ricœur, « Préface au Jésus de Rudolf Bultmann », dans *Le conflit des interprétations, op. cit.,* p. 373-392.

volonté). Elle est confrontée au problème de savoir quelle place on peut laisser, dans le cadre d'une philosophie, à une compréhension symbolique, alors même que nous sommes sortis, par la modernité, de la conscience mythique. C'est donc sur le statut de cette activité symbolique présente dans un « sujet » – activité relevant de ce que depuis Kant la philosophie transcendantale appelle l'imagination productrice – que le différend Lévi-Strauss/Ricœur va se déployer. À l'approche fonctionnaliste du symbole par Lévi-Strauss, Ricœur opposera une herméneutique du symbole référée à l'activité du sujet imageant. Plus généralement, cette mise en tension de la structure et de l'événement sous-tendue par une philosophie du sujet imageant traverse toute l'œuvre de Ricœur. Cette dernière n'a de cesse de questionner les racines du symbolisme, qu'elles soient hiérophanique, onirique et poétique. On pense, dans le champ de la psychanalyse, à la controverse de Ricœur avec Lacan sur le symbolique et l'imaginaire. On pense également, dans le cadre de la discussion avec la philosophie analytique et de la linguistique structurale, à l'importance de la métaphore vive, à l'activité poétique nullement réduite à une productivité mécaniste, que mobilise la symbolique langagière, Ricœur rejoignant ici Gaston Bachelard.

L'HERMÉNEUTIQUE À L'ÉCOLE DE L'ANTHROPOLOGIE STRUCTURALE

Le choc parait frontal et l'écart immense entre la thèse défendue par Ricœur : « le mythe est un récit qui donne à penser » ouvrant sur une logique de la surabondance du sens et celle développée par Lévi-Strauss : « la vérité du mythe n'est pas dans un contenu privilégié. Cette dernière consiste en rapports logiques dépourvus de contenu, ou plus exactement, dont les propriétés invariantes épuisent la valeur opératoire »[1], débouchant sur l'homologie généralisée ou le formalisme de la logique symbolique.

Pourtant, plutôt qu'une opposition de face, et sans irénisme facile, Ricœur travaille à donner à la rationalité structurale le rôle « d'intermédiaire nécessaire entre la naïveté symbolique et l'intelligence herméneutique »[2]. Entre le modèle structural qui se concentre sur l'aspect logique dans une « mytho-logique » et le modèle métaphorique qui se concentre sur le sens, Ricœur ne choisit pas. Il insistera plutôt sur le fait que « l'explication par la structure et l'interprétation symbolique se laissent combiner

1. *Mythologiques*, vol. I : *Le cru et le cuit* [1964], Paris, Plon, 2009, p. 246.
2. Voir *Lectures 2*, *op. cit.*, p. 384.

dans des proportions variables en chaque mythe »[1]. C'est à cette disponibilité à l'égard de la thèse structurale que nous nous attacherons, demandant dans quelle mesure une herméneutique de soi et des cultures peut faire de l'anthropologie structurale un allié potentiel pour penser le statut du symbolique et du mythe ? Qu'est-ce qu'une herméneutique qui se mettrait à l'école du structuralisme ? En effet, dans quelle mesure peut-on réintégrer le souci logique d'une étude explicative des structures dans une réflexion plus vaste sur le travail de la compréhension de soi, car cela suppserait de pouvoir réintégrer dans une herméneutique des identités personnelles et collectives une discipline qui a travaillé à désintégrer cette idée même d'identité ? Si l'on radicalise la question on demandera : le symbolique est-il ce qui contribue à individualiser en renvoyant à une faculté propre (l'imagination) ou bien est-il ce qui contribue à une désindividualisation du psychisme individuel dans l'inconscient du formalisme logique ? N'est-ce pas là ce qui fera la différence entre la « fonction symbolique »[2] dont parlera Lévi-Strauss et la « faculté imagineante » présente chez Ricœur ?

Statuer sur la place et la part du symbolique revient à penser le point de connexion sans dilution entre le subjectif et l'objectif. On se demande comment la description empirique des sciences humaines, et plus particulièrement l'anthropologie, entre en dialogue avec la philosophie. Dans quelle mesure l'intelligence herméneutique de soi et des cultures peut-elle faire une place à la compréhension structurale attentive aux lois logiques formelles du symbolique et s'en trouver, non pas amoindrie, mais augmentée ? L'hypothèse qui permet de répondre à cette questions consiste à dire que Ricœur tient à donner à l'anthropologie structurale son juste étiage épistémique : elle est une leçon méthodologique (la science structurale), et non philosophique (la philosophie structuraliste). Il s'agit donc de réintégrer l'exigence anhistorique de la systématique dans le courant ou le procès d'une histoire.

1. Paul Ricœur, « Le mythe » [1971], in *Anthropologie philosophique, Écrits et conférences 3*, Paris, Seuil, 2013, p. 254.

2. « La fonction symbolique, spécifiquement humaine sans doute, mais qui, chez tous les hommes, s'exerce selon les mêmes lois ; qui se ramène, en fait, à l'ensemble de ces lois ». Claude Lévi-Strauss, *Anthropologie Structurale*, Paris, Plon, 1974, p. 224. Pour un développement de ces idées, Bruno Karsenti, *L'homme total, Sociologie, anthropologie et philosophie chez Marcel Mauss*, Paris, P.U.F., 1997, p. 271 *sq.*

Dans cette perspective, qui invite à « penser en termes de procès plutôt que de système, de structuration plutôt que de structure »[1], le statut accordé au symbolique devient un nœud stratégique entre l'objectif et le subjectif qu'il dialectise. La fonction symbolique qu'exhibe la science structurale est le moment qui explicite des usages réglés de l'imagination culturelle et subjective, leur donnant une détermination objective, une logique. L'herméneutique des identités individuelles et collectives contribue, quant à elle, à donner un horizon d'innovation subjective à la stabilité des structures objectives. Mais dialectiser la structure et l'histoire suppose d'identifier un soi minimal, une structure d'accueil[2] préalable qui puisse en être le recueil, afin d'éviter la confusion entre le transcendantal et l'empirique. Elle sera celle d'un cogito apprenant à se déchiffrer dans le temps de son histoire, un cogito imaginant pris entre son empiricité et des visions/visées d'autres figures de soi. Dire cela sera se tenir à égale distance d'une conception naïve du symbolique et d'un inconscient logicien. En ce sens le débat Ricœur/Lévi-Strauss prend place dans une interrogation relative à la nature de l'activité de l'*animal symbolicum* (Cassirer), faisant se croiser d'autres pensées du symbolique : Bultmann et la démythologisation ; Schelling et la vérité de la conscience mythique ; la phénoménologie de la religion (Hans Jonas) et le mythe comme forme symbolique (Cassirer)[3].

Pour l'herméneutique de soi et des cultures, la méthode structurale s'envisage comme un levier précieux pour se déprendre d'une conception molle du symbolique, en même temps qu'elle est une étape à dépasser en vue d'une compréhension de soi et du monde. Ricœur trouve dans le structuralisme une méthode qui bouleverse l'herméneutique du comprendre héritée de Dilthey. Elle montre que dans toute compréhension une dimension d'explicitation est présente. Mais inversement l'herméneutique phénoménologique résiste à cette herméneutique tronquée qu'est pour elle le structuralisme en procédant à une critique de la métaphysique de la structure implicite chez Lévi-Strauss et en ne cédant pas sur une attente de sens.

1. Paul Ricœur, « La structure, le mot, l'événement », dans *Le conflit des interprétations*, *op. cit.*, p. 95.

2. Paul Ricœur, « Herméneutique et structuralisme », dans *Le conflit des interprétations*, *op. cit.*, p. 55-56.

3. Voir sur ce point Jean Greisch, « Pour une phénoménologie herméneutique des mythes » dans *L'itinérance du sens*, Grenoble, Jérôme Millon, 2001, p. 112-123.

Levier tout d'abord, où il s'agit de reconnaître que le monde humain est un univers symbolique. Le mot de symbole offre l'avantage, plus que celui de représentation, de mettre la philosophie en lien avec les richesses empiriques des sciences de l'homme engagées dans les arts, les rituels, les religions, les coutumes, la langue, etc. On entend par là ni le sens pauvre du mot symbole identifié à la notation mathématique, ni le sens riche et proliférant du symbole ésotérique. Le symbole se situe dans l'entre-deux de ce que Cassirer a pu appeler forme symbolique ou « principe d'organisation spirituelle » [1], ce qui toutefois dans sa philosophie d'inspiration kantienne suppose sa subordination à une conscience constituante et donatrice de sens, ce qui est déjà de trop par rapport au projet de Lévi-Strauss.

Si le mot symbole n'est pas convoqué de façon similaire par les deux auteurs, il est au moins de façon minimale, l'occasion d'une double convergence. D'une part, celle qui consiste à se préserver de la naïveté symbolique consistant à dire que tout est symbolique. D'autre part, prendre ses distances à l'égard d'un positivisme rapide qui ne s'en tiendrait qu'aux faits en extériorité (soit l'explication biologisante du symbolique : expliquer la prohibition de l'inceste par des raisons sanitaires ; soit l'explication culturaliste du symbolique par des intérêts concrets à résoudre). Reconnaître son importance au symbolique c'est se donner les moyens de comprendre que les hommes engagent leur énergie sur des enjeux de compréhension et de mécompréhension ; qu'ils échangent sur des signes de signes[2]. Ainsi Lévi-Strauss dira-t-il, dans le sillage de Marcel Mauss que « toute culture peut être considérée comme un ensemble de systèmes symboliques au premier rang desquels se placent le langage, les règles matrimoniales, les rapports économiques, l'art, la science, la religion ». Le symbolisme au sens large y est entendu comme un système logique. Le social relève d'une socio-logique. « Les hommes communiquent au moyen de symboles et de signes. Pour l'anthropologie, qui est une conversation de l'homme avec l'homme, tout est symbole et signe qui se pose comme intermédiaire entre deux sujets » [3]. De son côté Ricœur écrira que

1. Ernst Cassirer, *La philosophie des formes symboliques* [1925], I, Paris, Éditions de Minuit, 1972, p. 20.

2. « Les sciences physiques et naturelles travaillent sur les symboles des choses, tandis que les sciences humaines travaillent sur des symboles de choses qui sont elles-mêmes déjà des symboles », Claude Lévi-Strauss, *Mythologiques*, vol. IV, *op. cit.*, p. 574.

3. « Introduction à l'œuvre de Marcel Mauss », dans *Mauss, Sociologie et anthropologie*, Paris, P.U.F., 1950, p. XIX.

> Si l'on n'accorde pas que la vie sociale a une structure symbolique, il n'y a aucun moyen de comprendre comment nous vivons, faisons des choses et projetons ces activités dans des idées, pas de moyen de comprendre comment la réalité peut devenir une idée ou comment la vie réelle peut produire des illusions; elles ne seront toutes que des événements mystiques et incompréhensibles [1].

En un sens moyen qui ne fera du symbolisme ni une approche fonctionnaliste, ni une approche psychologisante, en parlant de « structure symbolique » Ricœur maintient une attention extrême aux objectivations qui stabilisent le monde humain en monde et qui sont susceptibles d'études rationnelles et positives. Les structures sont en ce sens ces médiations, héritées ou instituées, contribuant à styliser, à donner forme et à régler les conduites humaines.

À un premier niveau, méthodologique, structuralisme et herméneutique se confortent. En partageant une même attention au langage comme institution symbolique majeure, quoique dans des perspectives fort différentes, Lévi-Strauss et Ricœur s'accordent sur l'idée que l'activité symbolique est réglée, structurée. Le rôle du symbolique est de venir rendre compte de l'articulation de la nature et de la culture, rendant indistinct ce qui est donné et ce qui construit. Dire que c'est le symbolique qui fait le social, c'est dire que ce qui fait du monde humain un monde, c'est le rôle constituant/instituant du symbolique prenant la relève du biologique.

Levier, la compréhension structurale force à se débarrasser d'un symbolisme mal interprété, c'est-à-dire réduit à la manifestation d'un signifiant fluctuant et indéterminé. Ceci permet de faire la part entre une complaisance à l'égard d'un symbolisme vaporeux (l'allégorie) ou dogmatique (l'usage instrumental du « symbolique » : le langage des fleurs) et une bienveillance herméneutique. La leçon structurale consiste en effet à montrer que l'activité symbolique n'opère pas sans règles, qu'il y a une logique du symbolique qui règle l'activité de l'imagination. En ce sens, le symbolisme est un dispositif logique qui prépare une anthropo-logique. Il sera un système inconscient... « réduit à un terme par lequel nous désignons une fonction : la fonction symbolique, spécifiquement humaine, sans doute, mais qui, chez tous les hommes, s'exerce selon les mêmes lois; qui se ramène, en fait, à l'ensemble de ces lois » [2].

1. Paul Ricœur, *L'idéologie et l'utopie*, Paris, Seuil, 1997, p. 25.

2. « Introduction à l'œuvre de Marcel Mauss », dans *Sociologie et anthropologie*, Paris, P.U.F., 1950, p. XXXI.

Après Mauss, Lévi-Strauss et Ricœur posent que ce n'est pas le social qui fait le symbolique, mais que c'est le symbolique qui fait le social. S'il peut y avoir là le risque d'un formalisme, le projet est surtout de montrer qu'il y a une systématicité du symbolique, ce qui le prémunit d'une interprétation débridée, posant une prolifération de l'expressivité symbolique (le lapidaire, le bestiaire). Ceci ouvrira pour Ricœur sur l'idée que l'imagination culturelle est réglée selon des lois. Mais surtout, on a là une recherche d'intelligibilité qui veut montrer la cohérence de la réalité sociale en faisant apparaître l'existence de principes classificatoires, de jeux d'oppositions (les écarts différentiels) et des principes de traduction rendant possible des passages d'un monde à l'autre (les homologies entre systèmes de parenté, langage et musique; homologies règles de mariages et interdits alimentaires), le tout unifiant le monde humain de façon opératoire. On voit ici quelle leçon Gilbert Durand tirera de cette idée lorsqu'il travaillera, de son côté, à faire apparaître des *Structures anthropologiques de l'imaginaire*.

Levier donc, l'approche structurale rappelle que l'on ne peut pas comprendre l'expressivité symbolique qui mobilise au plus haut point les affects (celle de la famille, du mythe, ou de la musique) sans mettre au jour les éléments logiques qui structurent ces réalités et leur donnent forme. Rendre compte de l'expressivité et de l'inventivité symbolique n'est pas simplement se contenter de constater et de s'émerveiller qu'elle émeuve ou passionne mais se demander comment, par quels moyens logiques, elle y parvient. La mise au jour de structures élémentaires, semi-complexes, complexes dans l'étude de la parenté; la mise en évidence de mythèmes dans l'analyse des mythes ou celle d'invariants ou de couples d'oppositions structurantes dans les cultures (ex. le cru et le cuit) en sont les illustrations les plus fécondes. En somme la force de l'approche structurale est de donner les moyens de rendre intelligible le monde humain par une attention à ce qui le codifie. La difficulté consiste alors à se demander comment articule-t-on, sans éclectisme, intelligence structurale et intelligence herméneutique?

Pour Ricœur, l'approche structurale pourrait demeurer une herméneutique tronquée si l'on n'interrogeait pas ce qu'il en est de la réception des différents codes structuraux par les acteurs et les interprètes. Aussi doit-on se demander si la mise en évidence de structures est la finalité et le terme du travail de recherche ou si elle doit être inscrite dans un mouvement réflexif plus vaste encore. Il y a en effet, chez Claude Lévi-Strauss un formalisme, si on pense par exemple au traitement des cousins croisés dans *Les structures élémentaires de la parenté*, dont on voit mal comment il s'accommode avec le projet de Ricœur de tenir une philosophie du sujet. Or c'est à opérer cette inscription des formes, ramenées au rang de médiations, dans le cadre d'une herméneutique qui est essentiellement une herméneutique de la réception et non de la production, que travaillera Ricœur. Concernant le statut du symbolique, les lignes de front qui le séparent de Lévi-Strauss doivent pouvoir s'envisager comme des points de passage. Pour ce faire, Ricœur dénonce dans le formalisme une métaphysique et en détache et isole la partie méthodologique. Formes, structures deviennent ainsi des étapes ou des médiations dans la compréhension de soi ou de l'autre. On aurait pu les penser fixes et figées. Ricœur les envisage comme des processus dans la confrontation desquels un déchiffrage est envisageable.

Si tous deux engagent une analyse du symbolique en interrogeant le statut du langage, ils se séparent comme on peut distinguer sémiotique et sémantique. L'un l'appréhende en termes de code, théorie de signes à la signification stabilisée, recherchant le langage sous la langue; l'autre l'envisage en termes d'expression culturelle et de chiffre, recherchant la parole dans la langue (l'innovation sémantique dans la métaphore vive), et la communauté langagière dans la langue (la langue comprise comme vision du monde ou milieu).

Tous deux ont le souci de montrer l'importance du symbolique, mais l'un l'envisage comme une structure inconsciente alors que l'autre interroge ce qu'il peut en être de sa reprise consciente. En effet, s'ils identifient le besoin d'une interprétation du symbolique, le premier valorise la logique, le second le chronologique. Lévi-Strauss considère que son interprétation doit s'arrêter une fois mise au jour les structures anonymes et intemporelles qui les investissent[1], alors que Ricœur rattache le symbolique à l'histoire des acteurs et à une dimension référentielle[2].

1. « [N]ous avons toujours affaire à une double opposition : binaire/ternaire ; asymétrique/symétrique ; mécanismes sociaux fondés sur la réciprocité ou sur la hiérarchie », *Tristes tropiques* [1955], Paris, Plon, Éditions 10-18, 1965, chap. XX, p. 168.

2. « Reconnaître que le texte suspend la référence directe à la situation expérimentée par les interlocuteurs d'un discours oral ne signifie pas que le texte n'a pas de référence du tout. [...] C'est au plan de la référence que le structuralisme est réducteur, car d'une manière ou d'une autre tous les textes parlent d'un « monde ». [...] Le monde dont les textes parlent est un monde symbolique qui ouvre pour nous de nouvelles dimensions « d'être dans le monde ». Voilà en quoi nous rejoignons notre propre situation présente. À travers l'analyse explicative des textes peut nous être fourni le moyen d'une meilleure compréhension de nous-mêmes », Alain Thomasset, *Paul Ricœur, Une poétique de la morale*, Leuven, Leuven University Press, 1996, p. 118.

En réintroduisant l'importance des acteurs, il infléchit ainsi le formalisme pour l'installer dans un parcours, une narration. À cette fin, il rappelle qu'il y a un amont de l'expressivité symbolique (les attentes imprécises ou mal formulées des hommes) et un aval qui relève d'une herméneutique de la réception (que signifie se comprendre dans les grandes expressions symboliques d'une culture (arts, religions, règles alimentaires ou de parenté, etc.) ?

Enfin, et dernier trait important, il est une divergence fondamentale. Tous les deux parlent du symbolique, mais l'un en l'appréhendant d'un point de vue en extériorité comme structure logicomathématique anonyme dont on peut faire apparaître les différences, les oppositions et l'épaisseur feuilletée, alors que l'autre le réfère à une intériorité, celle d'un sujet imaginant. Pour Ricœur, il relève d'un « fond symbolique »[1] constituant un ensemble de précompréhensions théoriques et pratiques dans et par lesquelles l'homme se comprend. Ce fond symbolique relie l'histoire d'un individu à des traditions symboliques singularisantes (hiérophanie, imagination matérielle et rôle des éléments, onirisme et poétique), le concept de tradition étant à entendre dans sa dimension existentiale comme élément de traditionalité qui unifie le temps des individus et des collectifs.

En un mot, on dira donc que Lévi-Strauss aborde le symbolique à partir de la classification, là où Ricœur le fait à partir de la narration, le premier présentant en un tableau ce que le second dépliera en un récit. On peut résumer tout cela dans la figure suivante :

	Paradigme	Méthode	Rapport au temps	Visée	Mode d'exposition
Lévi-Strauss	linguistique	décoder	structure logique	extériorité	Classification : le fichier
Ricœur	historique	déchiffrer	structuration chronologique	intériorité	Narration : le texte

1. Paul Ricœur, « Structure et herméneutique » dans *Le conflit des interprétations*, *op. cit.*, p. 58.

Pour une herméneutique des identités, l'analyse structurale devient donc, dans le travail de la compréhension, un moment, le moment objectivant, mais non son achèvement. Le moment structural de la connaissance n'épuiserait donc pas le parcours de la reconnaissance et de déchiffrement de soi qui l'englobe. Nous prendrons deux exemples : famille et herméneutique des identités ; musique et herméneutique de soi.

La famille tout d'abord. Les structures élémentaires de la parenté ont une fonction symbolique d'institution du monde humain, relevant d'un fonctionnement anonyme et autonome que l'anthropologue peut rigoureusement décrire. Par-là, il nous rend plus lucide sur ce que nous croyons être la liberté des acteurs, laquelle est le plus souvent l'ignorance des causes qui les déterminent, en l'occurrence le rôle structurant des structures d'alliance et de parenté. Mais, ce travail de connaissance peut être repris subjectivement, individuellement ou collectivement, en vue d'un « apprendre à se comprendre et à consentir à sa famille ». Ainsi n'est-il pas étonnant que dans son dernier ouvrage consacré à un *Parcours de la reconnaissance*, Ricœur revienne sur la leçon de l'anthropologie, se référant certes non pas à Lévi-Strauss mais à Françoise Héritier, proposant ce que l'on pourrait appeler une herméneutique de la famille ni biologisante, ni culturaliste. Si effectivement *trois invariants structurent notre être au monde familial* (être né d'une union d'un homme et d'une femme ; être situé dans une fratrie ; être placé dans un ordre de fratrie indépassable), un des enjeux à la croisée de l'individuel et du collectif pour la famille, est bien d'apprendre à « se reconnaître dans le lignage »[1]. Sur la voie longue de l'herméneutique, les structures deviennent des médiations qui nous mettent à l'école de la lucidité, le détour par l'objectivation structurale devenant la condition d'une réappropriation de soi et d'une élucidation du lien. Unité sentie, la famille n'en est pas moins une unité structurée en ses alliances et parentés. Là où la naïveté consisterait à penser la famille comme une institution de l'entente donnée initialement dans la spontanéité irréfléchie des pulsions et des sentiments, ignorante de l'objectivation des liens qui la structure, on découvre l'unité familiale comme un travail de consentement dans le temps qui n'exclut pas le conflit. En famille ce qui est donné sur le mode du sentiment est à rependre sur le mode de l'argument et de la discussion, s'appuyant pour cela sur la médiation des structures de

1. Paul Ricœur, *Parcours de la reconnaissance, Trois études*, Paris, Stock, 2004, p. 280-281.

parenté et d'alliance. Ainsi est « motivé et justifié le naturalisme pratiqué dans les sciences humaines »[1].

Dans le même esprit, on interrogera ce qu'il en est d'une approche structurale de la musique, et plus largement de l'art, Lévi-Strauss valorisant la musique, Ricœur la littérature. Les travaux de Ricœur sur l'expérience esthétique privilégient la médiation textuelle et la narration. Sans doute parce qu'il se méfie de la fusion affective et de la fascination pour l'immédiate mise en présence (être en prise avec l'œuvre d'art), ses réflexions sur l'art se sont consacrées presque exclusivement à des analyses de la littérature. On pense à celles développées dans *Temps et récit*. Comme si l'attention portée à la narrativité permettait une mise à distance de l'épreuve esthétique dans ce qu'elle a de captivant. Abordée à partir de la *mimesis*, l'expérience esthétique est conçue non plus comme ce qui permet de reconnaître des objets (l'imitation) ni comme ce qui nous met en prise poétique avec le monde de façon immédiate. Dans le travail mimétique des formes reconfigurées, s'ouvrent des dimensions de l'expérience, absentes avant le travail à l'œuvre, mais qu'autorise le travail de l'œuvre. Ainsi peinture, littérature et musique pour Ricœur, libérées du figuratif renouvellent l'expérience du réel selon elles. « C'est seulement dans la mesure où elle peut refigurer ce monde que l'œuvre se révèle elle-même comme capable d'un monde »[2]. Inversement, on doit le noter, c'est à l'exacerbation de l'opposition de l'émotionnel et du rationnel que se situe toujours Lévi-Strauss, que ce soit l'affectivité familiale, sociale ou esthétique. Ainsi, lorsque l'approche structurale s'intéresse aux relations formelles objectivables dans les œuvres, la sémiologie comparée du mythe, de la musique et du langage de Lévi-Strauss découvre dans la musique, un part d'émotion et d'affect incompressible, quelle que soit l'époque ou la culture, part qui doit pourtant avoir ses raisons. « Que la musique soit un langage, à la fois intelligible et intraduisible, fait de la musique elle-même le suprême mystère des sciences de l'homme, celui contre lequel elles butent et qui garde la clé de leur progrès », écrivait Lévi-Strauss dans *Le cru et le cuit*[3]. La fin des *Mythologiques*, dans le passage consacré au boléro de Ravel, précise encore cette intuition forte. La musique raconte une histoire ; elle est aussi une manière de résolution symbolique d'un problème existentiel. C'est ce qu'éclairerait le concept

1. Paul Ricœur, *À l'école de la phénoménologie*, *op. cit.*, p. 219.
2. Paul Ricœur, *La critique et la conviction*, *op. cit.*, p. 263.
3. Claude Lévi-Strauss, *Mythologiques*, I, *op. cit.*, 1964.

d'*induction narrative*[1], d'inspiration ricœurienne, qui fait la jonction entre structure et herméneutique de soi et qui permettrait alors de nouer un dialogue inattendu entre Lévi-Strauss et Ricœur. Lévi-Strauss ne l'a peut-être pas assez développé, mais on notera que si la musique ne nous console pas toujours, elle déclenche des conduites de récit, la créativité musicale et ses structures réglant le jeu de la créativité et de l'imagination des auditeurs. Dans cet esprit, telle était l'idée développée dans la *Pensée Sauvage*[2] disant que la musique pourrait agir sur nous parce qu'elle est un modèle réduit de nos existences. La fugue serait l'homologue du mythe, un modèle réduit de notre rapport au monde. Elle parle aux êtres à la recherche de leur moi profond grâce aux analogies qu'elle présente avec certains grands moments de l'existence : la quête, la poursuite, les retrouvailles. Ce mouvement trouve sa source, grâce à une technique spécifique, dans un matériau initial, irréductiblement singulier et attaché à telle œuvre – lieu immobile, hors du temps et originel dont on induira tout le développement conduisant à sa résorption dans la strette finale. Car au-delà de l'opposition entre le sujet et la réponse, une fugue, c'est dans son essence, au terme de son déroulement et d'une longue fuite, la musique de l'ultime réconciliation et de la réconciliation avec soi-même : moment du repos enfin atteint où le temps s'abolit. Mais Ricœur et Lévi-Strauss tomberaient d'accord sur ce point. La narration n'est pas la figuration.

> Lorsque nous écoutons *telle* musique, nous entrons dans une région de l'âme qui ne peut être explorée autrement que par l'audition de *cette* pièce. Chaque œuvre est authentiquement une modalité d'âme, une modulation d'âme[3].

L'ANTHROPOLOGIE STRUCTURALE ET L'HERMÉNEUTIQUE PHILOSOPHIQUE FACE AU DÉFI DU MAL. L'INESPOIR OU L'ESPÉRANCE

C'est autour de la question pratique, éthique et politique, et non plus métaphysique d'une réplique à la figure terrible du mal que ces deux pensées feront apparaître davantage encore leurs différences. Le problème du sens et du non-sens, de l'être et du néant, ne sont plus considérés

1. Jean-Jacques Nattiez, *Lévi-Strauss musicien, essai sur la tentation homologique*, Paris, Actes Sud, 2008, p. 212.

2. Claude Lévi-Strauss, *La pensée sauvage*, « Bibliothèque de la Pléiade », Paris, Gallimard, 2008, p. 585-587.

3. Paul Ricœur, *La critique et la conviction*, *op. cit.*, p. 262.

abstraitement (la théodicée) mais envisagés pratiquement. On pense à la trajectoire de Ricœur qui n'a cessé de méditer sur l'expérience du mal que l'homme fait à l'homme dans le cadre d'une réflexion éthique, allant de l'homme coupable à la relève éthique de l'homme capable. On pense, en dépit de son silence sur l'éthique, à la lucidité de Lévi-Strauss sur la violence colonisatrice qui a rendu possible la démarche anthropologique[1]; ainsi qu'à ses prises de positions politiques et juridiques avec *Race et histoire*. Comment en effet ne pas observer que le dernier mot de *Tristes Tropiques* oppose à la fureur humaine, qui anéantit les cultures et les autres vivants, l'échange écologique avec un chat? Comme si le terme d'une démarche conduisant à un cogito humilié consistait, peut-être, à élaborer des retrouvailles, une capillarité secrète unissant l'homme aux autres vivants[2]? La référence à cette communauté des vivants est-elle le premier élément d'un diptyque dont le second serait le mot « rien » concluant les *Mythologiques*? Si ce dernier met un terme à l'idéal cosmopolite issu des Lumières, en faisant référence aux sociétés et aux cultures détruites par d'autres, ne fait-il pas s'éloigner l'idée d'un cosmopolitisme anthropocentré, au profit d'un cosmopolitisme redonnant au cosmos entendu comme sol et socle, au sens stoïcien ou bouddhique, une position prioritaire? Il nous semble que c'est fondamentalement sur ce point, à savoir le défi du mal, que Ricœur prend ses distances à l'égard de Lévi-Strauss.

À cet endroit, l'enjeu est plus conséquent que la contingence qu'impose une psychologie, en l'occurrence, le pessimisme de Lévi-Strauss. Il n'est pas question là de tempérament pessimiste ou optimiste, même si le tempérament ou le caractère, Ricœur nous l'a appris dans sa réflexion sur l'involontaire, peut être l'occasion existentielle d'une expérience de la tristesse du fini : consentir, ou avoir du mal à le faire, à cette limitation et à cette partialité auxquelles nous attache notre caractère[3]. Au-delà de la

1. « L'anthropologie est fille d'une ère de violence ; si elle s'est rendue capable de prendre des phénomènes humains une vue plus objective qu'on ne le faisait auparavant, elle doit cet avantage épistémologique à un état de fait dans lequel une partie de l'humanité s'est arrogée le droit de traiter l'autre comme un objet », *Anthropologie Structurale II, op. cit.*, p. 69.

2. La critique de Lévi-Strauss est récurrente à l'égard du projet cartésien de nous « rendre comme maître et possesseur de la nature » parce qu'il autorise ou laisse penser que la culture pourrait se penser indépendamment de la nature qui l'environne. Ceci l'amène dans un texte présenté à des parlementaires intitulé « Réflexions sur la liberté » à écrire : « Les droits de l'humanité cessent au moment précis où leur exercice met en péril l'existence d'une autre espèce. [...] Le droit de l'environnement dont on parle tant, est un droit de l'environnement sur l'homme, et non un droit de l'homme sur l'environnement », *Le regard éloigné*, Paris, Plon, 1983, p. 374-375.

3. *Philosophie de la volonté, I, op. cit.*, p. 420.

signification psychologique du pessimisme ou de l'optimisme, il y a l'enjeu d'une manière de se rapporter au temps engagée dans le désespoir ou l'espérance, deux mots de poids que nos deux auteurs utilisent avec prudence. En effet, désespoir ou pessimisme, et espérance ne sont pas des concepts majeurs des deux penseurs, et ils ne les thématisent pas. Toutefois, il nous semble possible de dire que l'anthropologie de Lévi-Strauss débouche sur une figure de l'inespoir, là où celle de Ricœur pourrait être appelée une anthropologie selon l'espérance. Nous en donne l'indice le titre de l'ouvrage le plus célèbre de Lévi-Strauss, *Tristes tropiques*, dont il faut entendre le fond de tristesse et de non-espoir, en ce que le temps aurait déjà déroulé toutes les combinatoires possibles et qu'il n'y aurait rien à faire pour enrayer les forces du désordre qui l'emportent sur l'ordre. Se référant au second principe de la thermodynamique selon lequel l'univers va irrémédiablement vers le chaos, Lévi-Strauss écrit à la fin de *Tristes Tropiques*: «Plutôt qu'anthropologie, il faudrait écrire "entropologie" le nom d'une discipline vouée à étudier dans ses manifestations les plus hautes ce processus de désintégration»[1]. C'est ce qui autorisa Catherine Clément à publier un ouvrage intitulé *Lévi-Strauss ou la structure et le malheur*[2]. Face au mal, Lévi-Strauss oppose donc au langage judéo-chrétien du salut celui de la sagesse méditative du stoïcisme, seule philosophie occidentale qu'il envisage à égalité avec le bouddhisme[3]. Il pense que l'on ne sauve pas les civilisations mais seulement les individus. Il substitue enfin l'inespoir à la sotériologie ou aux espoirs euphoriques du siècle des Lumières[4].

En face de quoi, Ricœur développe une philosophie *selon* l'espérance, dans le registre d'une intentionnalité diffuse, référée à la métaphysique de l'espérance présente chez Gabriel Marcel. L'espérance est, comme aime à le dire Ricœur, «un optimisme qui a connu les larmes», un désespoir surmonté. «Il faut avoir le courage d'incorporer le mal à l'épopée de l'espérance»[5]. Parler d'espérance n'est donc pas nier l'existence du mal, mais philosopher en dépit du mal radical. Il s'ensuit qu'un philosopher selon l'espérance engage non pas une eidétique de la volonté mais le régime concret de la volonté engagée dans l'histoire et ses troubles

1. *Philosophie de la volonté, I, op. cit.*, p. 496.

2. Catherine Clément, *Lévi-Strauss ou la structure et le malheur*, Paris, Seghers, 1974.

3. Claude Lévi-Strauss, *De près et de loin*, *op. cit.*, p. 226.

4. Wiktor Stockowski, *Anthropologies rédemptrices. Le monde selon Lévi-Strauss*, Paris, Hermann, 2008.

5. Paul Ricœur, *Le conflit des interprétations*, *op. cit.*, p. 429.

manifestations du mal. C'est pourquoi le mot « selon » est central afin d'éviter l'insulte et la facilité qui pourrait consister à ignorer les souffrances endurées par les hommes[1]. Moins un concept qu'un plan d'intelligibilité, la référence à l'espérance – à mi-chemin entre philosophie et théologie – redéploye philosophiquement un thème chrétien qui n'est pas l'espoir marxiste. L'espérance investit une région frontière, ou, mieux, ouvre un horizon d'attente libérant des perspectives trop courtes : *entre* scepticisme et dogmatisme, *entre* « consentement stoïcien » et « consentement orphique », *entre* une philosophie triomphale de l'histoire et un abandon à l'absurde, *entre* une philosophie des limites et une philosophie systématique. À cet endroit, nous retrouvons alors l'importance du symbolique et de l'imagination. En effet, l'espérance est la manifestation de la brèche poétique, de l'ouverture en imagination de possibles là où la méditation systématique sur le mal est tentée de clore dans l'inespoir. L'espérance imagine la fin du mal, non pas naïvement, mais comme oui fondamental à la vie en dépit du mal. Dans l'épreuve du difficile, voire du pire, dans des itinéraires dont ne connait pas la fin, l'espérance n'est pas un viatique mais ce qui maintient le désir de vivre sous ce qui l'étouffe. Se souvenant de Kant et de la question « que m'est-il permis d'espérer ? », question posée en première personne, Ricœur voit que c'est bien à partir d'une philosophie du sujet qu'elle se déploie. Non plus seulement à partir du sujet responsable de ses actes – le sujet moral – mais du sujet qui questionne ce que veut originairement son vouloir, qui interroge les sources obscures et les attentes originaires de son vouloir et la possibilité de régénérer sa liberté. Or l'espérance consiste à poser qu'il convient d'imaginer plus de possibles pour vouloir mieux, c'est-à-dire ne pas être écrasé par la mémoire du déjà fait, sans pour autant l'ignorer. En ce sens, l'espérance, parce qu'elle manque de la garantie d'un savoir, interdit d'en faire une « happy end » ce que j'espère, *je l'espère dans la nuit*[2].

Si Lévi-Strauss et Ricœur n'ont cessé tous deux de méditer sur le problème éthique et politique du mal, tous deux portent deux options anthropologiques profondément distinctes. Celle de Lévi-Strauss relève d'une anthropologie de l'inespoir ou de la faute déjà commise – le spectacle désastreux de l'histoire objective –. Celle de Ricœur participe d'une anthropologie selon l'espérance ou de la faillibilité qui sait la faute possible, mais qui ne préjuge pas de la possibilité d'une autre issue

1. Paul Ricœur, « La liberté selon l'espérance », dans *Le conflit des interprétations*, *op. cit.*, p. 393-415.

2. Paul Ricœur, *Histoire et vérité*, *op. cit.*, p. 376-377.

temporelle : « l'homme c'est la Joie du Oui dans la tristesse du fini »[1]. Dit autrement, l'anthropologie de la faute se situe en aval, sur le plan de l'effectivité que nous révèlent l'enquête ethnographique, la thermodynamique ou l'histoire des rapports de domination qui ont déferlé et qui déferlent sur le monde, l'ethnologue ayant vu dans l'espace ce que l'historien a découvert dans le temps : l'homme parait avoir déjà tout essayé en manières d'horreur à l'égard de l'autre homme et des autres êtres. Pour Ricœur, son anthropologie de l'homme faillible se situe plutôt en amont, au plan des possibilités ouvertes dans le temps. Sans doute est-ce alors le rôle que Ricœur accordera à l'imagination comme faculté du possible pratique, dans le cadre de sa philosophie de l'homme capable, qui sera décisif. Cette faculté, et non cette fonction, ose maintenir un temps ouvert – le hors-temps du pôle utopique, ou l'agir « en dépit de l'horrible », « malgré le mal » – en sachant la réalité du fini et non en la déniant. Elle autorise une responsabilité non écrasée par ce qui de l'homme donne à désespérer de l'homme. En ce sens, l'intentionnalité propre de l'espérance est un « en dépit de », un « combien plus », et un « afin que ». J'espère « en dépit du » mal ; j'espère aussi que là où il abonde, l'initiative peut « surabonder » ; le j'espère s'achève enfin non pas dans une méditation mais dans une mobilisation vers l'agir, « afin que » justice soit faite. C'est l'imagination qui ose soutenir l'attente de la raison disant qu'il nous est permis d'espérer encore. En permettant de mettre du jeu entre notre situation historique et nos initiatives, l'espérance est ce qui dialectise l'idéal et l'histoire. Il ne s'agit donc ni de fuir dans l'évasion contemplative, ni de s'enfermer dans l'histoire et ses affres, mais de vivre la tension de l'idéal et de l'histoire. Par-là, il s'agit de travailler à réinterpréter nos parcours historiques, à rendre plus fermes nos attentes et moins déterminés ou clos nos constats sur la civilisation et la globalisation planétaire. Ricœur le dira ainsi, pensant peut-être moins à Lévi-Strauss qu'à Hegel, dans le regard qu'il porte sur l'histoire et sur cette modalité du temps traversé qu'elle est aussi, c'est-à-dire sur sa dimension de traditionalité : « L'espérance est destinée à ouvrir ce que le système voudrait fermer »[2].

1. Paul Ricœur, *Philosophie de la volonté II*, *op. cit.*, p. 156.
2. Paul Ricœur, *Le conflit des interprétations*, *op. cit.*, p. 486.

CHAPITRE III

LA TRADITION VIVANTE OU L'ÊTRE AFFECTÉ PAR LE PASSÉ [1]

Pour quel genre de philosophie, la tradition demeure-t-elle un problème ? Il s'agit d'une philosophie non égologique qui reconnaît que le sujet n'est pas autoengendré mais qu'il dépend, en un fond de passivité qui l'affecte, de « sources » extérieures grâce auxquelles il s'épelle. Elle concerne une philosophie pour laquelle le chemin qui va de soi à soi ne peut faire l'économie de la voie longue des médiations historiques déposées et disponibles dans l'*ethos* d'une culture. Elle habite une philosophie moins de l'intuition que du déchiffrement de soi, lequel se lève depuis le fond opaque des traditions où il est inséré. Elle est une herméneutique philosophique pour laquelle se comprendre suppose une confrontation avec les traditions culturelles dans lesquelles on se trouve inscrit. « Être en dette », « débiteur insolvable », « être affecté par le passé », « continuateur endetté », « se reconnaître dans le lignage », toutes ces expressions que l'on trouve sous la plume de Paul Ricœur, manifestent que son herméneutique philosophique est une telle philosophie.

> La philosophie herméneutique est une philosophie qui assume toutes les exigences de ce long détour et qui renonce au rêve d'une médiation totale,

1. Une première version de ce texte est parue sous le titre « La tradition vivante ou l'être affecté par le passé. Une lecture de Paul Ricœur », *in* Paul Marinescu (dir.), *Revue Studia Phaenomenologica*, XI, 2011, p. 110-126.

> au terme de laquelle la réflexion s'égalerait à nouveau à l'intuition intellectuelle dans la transparence à soi d'un sujet absolu[1].

Médiation non totalisante comme l'exalterait le traditionalisme, la tradition sera donc moins un milieu autoritaire qu'un cadre autorisant. Elle serait un cadre grâce auquel épeler les aspirations du soi, maintenant vives des « évaluations fortes » dirait Taylor, lesquelles travaillent à une augmentation réflexive et iconique de soi.

Mais il faut le reconnaitre, repenser l'idée de tradition est à la fois urgent et anachronique. Anachronique car la tradition, qui portait hier encore le caractère douteux du conservatisme dans le pathos de l'ancestralité, parait être un dépôt alors que Ricœur l'envisage comme une source. Urgente, parce que la réinterprétation de nos héritages pourrait être mise au service d'une invention à partir des expériences héritées du passé, d'autres modalités de régulations du vécu que portent les communautés historiques alors que le pathos de la nouveauté voue un culte à l'innovation jusqu'à confondre l'ancien et le vieilli. Or, Ricœur, pour penser la tradition, investit cette *brèche* entre passé et futur comme dirait Hannah Arendt, cet entre-deux de la conservation et de l'innovation qui fait la vie d'une communauté historique, la tradition et l'histoire occupant ce milieu entre la mémoire et l'oubli. Scruter le temps qui passe, interroger comment nous le traversons, rappelle que nos attentes sont toujours vives même s'il n'y a plus de grands récits. Mais comment alors penser à nouveaux frais le temps traversé ensemble ? Faut-il reformuler le temps de l'histoire et le récit que nous en faisons en repensant l'idée de tradition, suspecte pour les modernes soucieux d'émancipation, mais stimulante devant l'érosion des diversités culturelles par l'unidimensionnalisation du monde ?

Alors que l'idée de progrès qui proposait une lecture vectorisée de l'histoire est aujourd'hui critiquée, l'impression d'accélération s'impose comme déploiement d'une temporalité acosmique et psychiquement épuisante. L'accélération malmène les deux dimensions du temps que l'auteur de *Temps et récit* s'est attaché à réconcilier dans l'idée de temps traversé (un autre nom pour dire tradition).

> Dans les sociétés traditionnelles, aux rythmes de transformation plus faibles, les individus sont définis par des structures préexistantes et permanentes donc, dans une certaine mesure, en fonction d'identités « intergénérationnelles », tandis que, dans les sociétés de la modernité tardive, les identités individuelles stables et durables ne sont pas en mesure de suivre le

1. Paul Ricœur, *Du texte à l'action*, *op. cit.*, p. 32.

rythme élevé des transformations et sont marquées de « fractures », de sorte que l'on en arrive à des successions intragénérationnelles (voire intrapersonnelles). Le rythme de la modernité tardive impose donc des changements correspondants dans les rapports à soi et dans les modèles d'identité des individus, sous la forme d'une valorisation de la flexibilité et de l'aptitude au changement, face à la permanence et à la continuité : les sujets doivent soit se concevoir d'abord comme ouverts, flexibles, favorables au changement, soit courir le risque de souffrir en permanence de la frustration causée par l'échec de projets identitaires orientés vers la stabilité face à un environnement en mutation rapide [1].

Ce long texte du sociologue Hartmut Rosa, héritier de l'école de Francfort (Habermas, Honneth), critique le caractère dogmatique de La tradition. Cette thèse qui concentre nombre de positions sociologiques sur les relations entre modernité et tradition, rend la tâche difficile à ceux qui valorisent celle-ci. Mais elle force aussi la théorie critique de l'autorité des traditions à penser quelle part ces dernières pourraient jouer dans le contexte d'une modernité tardive dominée par une accélération aliénante.

Dans un renversement surprenant, Ricœur proposera donc une relecture de « la » tradition pour en faire un élément d'émancipation. Dépassant l'opposition entre herméneutique des traditions et critique des idéologies, il développe les potentialités émancipatrices dont l'idée de tradition est porteuse. Susceptible d'interprétations, de reprises et de configurations ultérieures les traditions n'autorisent-elles pas en effet à envisager l'histoire comme un parcours de la reconnaissance des territoires humains ? Mais à quelles conditions la tradition, héritage de vies ayant-été, peut-elle être potentialité ? Y a-t-il une tradition vive comme il y a une métaphore vive ? S'il n'y a pas de cité heureuse sans combats pour Ricœur, il n'est pas sûr pour autant que le pire advienne, l'histoire étant alors une lutte entre des traditions pour que, dans leurs volontés de se faire entendre et peut être de s'étendre, leur discussion et confrontation rationnelle, l'emportent sur la domination.

Notre génération est sans doute plus sensible que les précédentes à une certaine ambiguïté du développement historique. [...] La ruse de l'histoire est de faire indivisément du positif et du négatif et ainsi d'annuler l'un par l'autre nos schèmes de progrès et de décadence [2].

1. Hartmut Rosa, *Accélération. Une critique sociale du temps*, trad. fr. D. Renaut, Paris, La découverte, 2010, p. 183.

2. *Histoire et vérité*, *op. cit.*, p. 326.

Si la modernité inaugure une tradition de la critique des traditions – le progrès –, ne sommes-nous pas d'un temps qui désenchante ce désenchantement – l'accélération –, livrés que nous serions à une raison qui a perdu (les idéaux de) la raison : la raison instrumentale[1] ? N'est-ce pas ce qu'Habermas suggère aujourd'hui, après avoir été un farouche opposant de l'herméneutique des traditions de Hans-Georg Gadamer, en parlant de société post-séculière[2], désignant par là non pas une récusation de la sécularisation mais de ses traits idéologiques, au service d'un dialogue critique entre traditions ? N'est-ce pas ce qu'engagent de nos jours, les politiques de la reconnaissance que défendent des auteurs comme Michael Walzer ou Charles Taylor ? N'est-ce pas ce que fait Ricœur en pensant la rencontre des cultures comme une confrontation (non une guerre) entre traditions ?

L'ÂGE HERMÉNEUTIQUE DE LA TRADITION

Si le temps est venu d'une pensée tempérée de la tradition, elle dépassera le dilemme entre émancipation et remémoration[3] dans un « apprendre à se déchiffrer et se comprendre dans des traditions ». Sans se résigner à l'alternative mortifère opposant l'*apologie de la tradition*[4] à l'inlassable auscultation de sa dépouille, repenser la tradition s'avance sur une voie étroite. Quelle sera la pertinence du concept de tradition dans une modernité tardive présentée comme post-traditionnelle et émancipée de sa relation de dette à l'égard du passé ? Que reste-t-il de la tradition une fois libérée de sa caricature en traditionalisme[5] ?

1. « Ce que l'Aufklärung n'avait même pas pu imaginer devient sous nos yeux un fait : la science devient l'idéologie régnante. La critique, qui hier encore pouvait se consacrer à défaire les préjugés dogmatiques, doit dorénavant changer de front. », Jean Greisch, *L'âge herméneutique de la raison*, Paris, Cerf, 1985, p. 35.

2. Jürgen Habermas, « A postsecular world society ? », à consulter sur le site : http ://blogs.ssrc.org/tif/2010/02/03/a-postesecular-world-society/

3. « L'*Aufklärung*… c'est bien encore une tradition, la tradition de l'émancipation, plutôt que la tradition de la remémoration. La critique aussi est une tradition. », P. Ricœur, « Herméneutique et critique des idéologies », dans *Du texte à l'action*, *op. cit.*, p. 376.

4. Paul Ricœur, *Temps et Récit III*, *op. cit.*, p. 392.

5. « … Considérer le noyau central de la tradition en confondant ce qui serait une réalité statique plutôt que comme une réalité permanente constitue l'erreur commise par le traditionalisme ou par le conservatisme, qui l'un et l'autre attachent une importance démesurée aux formes extérieures des "traditions" secondaires qui le recouvrent… Mais il faut admettre que la disparition d'un faisceau de traditions secondaires peut en éroder le noyau central. »,

Le concept de tradition réapparait dans le paysage philosophique sur un mode fragile, en raison de la conscience historique de notre précarité. « La continuité de la tradition de pensée de l'Occident ne se fait plus sentir que sur un mode brisé. L'innocence naïve avec laquelle on utilisait les concepts de la tradition au bénéfice de sa propre pensée s'est aujourd'hui évanouie »[1]. Penser la tradition aujourd'hui c'est donc penser une condition de moderne vivant un rapport à l'histoire désaffilié, sinon auto-engendré.

En modernité tardive, l'idée de tradition est libérée de sa détermination théologique par un magistère ecclésiastique. Elle est par contre fortement sociologisée, la « dé-traditionalisation » voyant la *société du risque* dirait Ulrich Beck se substituer à la société traditionnelle. À une interprétation transcendante de la tradition a fait place une description immanente. Pour le théologien[2], la tradition avait parti lié avec la transmission teintée d'un coefficient d'autorité en matière de foi, entrant dans le temps long de l'histoire, pour l'élever au rang d'un « principe Tradition » : la Tradition héritée des apôtres. Pour le sociologue, le concept de tradition interroge le maintien des identités sociales en modernité. Les traditions deviennent des « obstinations durables » dans un contexte de désaffiliation, de fragilisation de l'idée de communauté.

De leur côté, les philosophes Hannah Arendt, Hans-Georg Gadamer, Paul Ricœur, Charles Taylor ou Alasdair MacIntyre, mettent moins l'accent sur le caractère normatif ou magistériel de La Tradition que sur son rôle de source, de médiation pratique servant une herméneutique de soi et des cultures. La tradition n'y est plus un code à honorer mais un cadre au sein duquel apprendre à se comprendre, ou selon l'expression de MacIntyre, un « décor ».

En somme la critique moderne de la tradition suppose une remise en cause des instances de légitimation par la Tradition, ainsi que des modalités de la transmission, mais pas nécessairement une invalidation des contenus. Il faut donc distinguer. L'idée de tradition condense sur elle trois éléments différents : elle est une autorité, forme de légitimation attachée à une

K. Schmitz, « Introduction à Josef Pieper », in *J. Pieper, Le concept de tradition*, trad. fr. C. Champollion, Paris, Ad Solem, 2008, p. 10. Nous soulignons.

1. Hans-Georg Gadamer, *Vérité et méthode. Les grandes lignes d'une herméneutique philosophique*, éd. intégrale rev. et complétée par Pierre Fruchon, Jean Grondin et Gilbert Merlio, Paris, Seuil, 1996, p. 14-15.

2. En théologie, le concept de tradition recoupe des réalités très distinctes : des contenus dogmatiques ou théologiques ; une organisation statutaire (les fonctions définies par le droit canon) ; des formes liturgiques si l'on pense au débat sur le rite et la querelle traditionnaliste.

transmission d'un bien, d'un héritage. Elle concerne également ce qui est transmis, mettant alors l'accent sur le contenu de ce qui se transmet de génération en génération sans que ce contenu soit totalement dissociable du médium des traditions qui le véhiculent. Elle est enfin une modalité de la transmission, c'est-à-dire l'ensemble des procédés par lesquels la transmission s'organise en des manières de faire, des pratiques qui instruisent un monde, l'informent et le conforment. Cette distinction éclaire l'aphorisme de René Char qu'Hannah Arendt plaçait au début de *La crise de la culture*, de *Between past and future*. Cet aphorisme dit: *Notre héritage n'est précédé d'aucun testament.* La crise moderne n'est pas disparition des héritages, mais mort du testament (de La tradition).

C'est pourquoi Paul Ricœur pensera la tradition en liant le thème de la narrativité à celui de la temporalité. Dans *Temps et récit*, la tradition va progressivement être entendue comme une modalité du récit du temps traversé, comme dirait Marcel Proust. À la jonction de la phénoménologie – expérience temporelle de l'historialité et de la traditionalité – et de l'herméneutique – les traditions comme médiations élucidatrices de notre être temporel –, la tradition serait l'arrière-plan sur le fond duquel se déploie une identité narrative et une herméneutique de l'homme capable. Répondre à la question «qui suis-je?» supposerait d'apprendre à se comprendre en se confrontant aux traditions vivantes au sein desquelles on est inscrit.

Si Ricœur n'est pas le premier à se référer aux traditions sans traditionalisme, son originalité tient à ce qu'il les aborde en conjuguant à la fois le statut phénoménologique d'historial, la dimension herméneutique de médiations culturelles et leur portée normative, éthique et politique

Reconfigurant le thème anthropologique kantien selon lequel «l'homme éduque l'homme», l'herméneutique philosophique de Ricœur thématise l'idée de tradition à partir du vocabulaire notarié de la dette[1], de l'héritage et du schème de la filiation opposé à la fiction de l'auto-engendrement. Venir au jour c'est venir en un monde de traditions et d'héritages qui nous devancent. En raison de la proximité, ne serait-ce qu'étymologique, du thème de la tradition et de celui de la transmission[2], il

1. Sur ce thème de la dette en tant que « structure de l'historicité » et « héritages de potentialités vives », voir Paul Ricœur, *Temps et Récit III*, *op. cit.*, p. 253, p. 283 et n. 1, p. 342-348 et p. 412. Voir également Paul Ricœur, *Soi-même comme un autre*, *op. cit.*, 1990, p. 407.

2. Si le grec *paradosis* désigne l'ensemble d'un contenu transmis, le mot « tradition » vient du latin *traditio*, *tradere*, issu de trans « à travers » et *dare* « donner », renvoyant donc à l'idée d'un « faire passer à un autre, remettre, livrer ». Encore présente dans l'anglais *trader*,

apparaît que toute transmission est une affiliation, engageant une inscription généalogique.

Cette thématisation offre plusieurs avantages. Elle donne une dimension transcendantale à la traditionalité qui prend en compte le problème de l'origine (distinct de celui du commencement)[1] en faisant de l'inscription traditionnelle un « fond » originaire. Elle libère d'une conception de la tradition considérée comme un passé dépassé.

> Il faut lutter contre la tendance à ne considérer le passé que sous l'angle de l'achevé, de l'inchangeable, du révolu. [...] Bref, à l'encontre de l'adage qui veut que l'avenir soit à tous égards ouvert et contingent, et le passé univoquement clos et nécessaire, il faut rendre nos attentes plus déterminées et notre expérience plus indéterminée[2].

Si elle présente les traditions comme une contrainte destinale, il s'agit d'un involontaire à l'égard duquel apprendre à se situer et dans lequel se déchiffrer. Être au monde a une dimension d'« involontaire absolu »[3] : on ne choisit pas ses parents, sa langue, son pays de naissance et la culture qui l'investit, sa religion. Par contre, il sera question de se situer à leur égard, d'y renoncer, de s'y opposer ou d'y consentir[4]. À une conception statique de la tradition comprise en termes de dépôts culturels fait place une interprétation dynamique contenue dans le mot de « transmission » (du latin « *transmissio* » qui signifie trajet) : apprendre à se comprendre et se déchiffrer dans, contre, avec une tradition entendue comme un milieu vif. Il est un vif de la tradition comme il est une métaphore vive ! De ce point de vue, le schème dynamique de la filiation donne de penser non génétiquement mais généalogiquement une inscription traditionnelle dont

cette idée rapproche la tradition de la transmission comme manière de traverser ensemble le temps.

1. Cette distinction est décisive car si l'inscription dans une tradition peut avoir un sens chronologique – un commencement historique –, elle revêt également un enjeu ontologique – une épreuve originaire de notre être au temps.

2. Paul Ricœur, *Temps et Récit III*, *op. cit.*, p. 390.

3. Paul Ricœur, *Philosophie de la volonté I*, *op. cit.*, p. 407 *sq.*

4. À titre d'exemple Ricœur dira ainsi de sa propre situation éducative et de son christianisme : « un hasard transformé en destin par un choix continu ». [...] Il y a, dans mes origines, une part d'aléa, si je regarde les choses du dehors, et si je les considère du dedans, un fait situationnel irréductible. Ainsi suis-je par naissance et héritage. Et je l'assume. Je suis né et j'ai grandi dans la foi chrétienne de tradition réformée. C'est cet héritage, indéfiniment confronté, au plan de l'étude, à toutes les traditions adverses ou compatibles, que je dis transformé en destin par un choix continu. », Paul Ricœur, « Fragment 1 », dans *Vivant jusqu'à la mort*, Paris, Seuil, 2007, p. 99-100.

l'enjeu est le « *Se reconnaître dans le lignage* »[1]. Nos filiations sont des filiations symboliques. Le travail de la tradition en nous engage un parcours de la reconnaissance : apprendre à se comprendre d'un lignage. Nos naissances appellent leur déchiffrement dans des reconnaissances lignagères et des suites traditionnelles qui ne vont pas sans combats ! Plus largement, l'humain ne devient pas sujet hors de la culture, hors des traditions (technique, langagière, éthique, politique, religieuse...). Telle sera l'idée de précompréhension, distincte du préjugé, entendue comme implication dans un événement de vérité qui nous devance.

Avant de lui donner cette ampleur servant une herméneutique de soi et des cultures, Ricœur a rencontré une première fois la question de la tradition dans le cadre de l'herméneutique biblique et plus particulièrement de la méthode historico-critique. Avec Bultmann et la méthode exégétique de démythologisation qui désacralise le « texte sacré », il s'agissait de statuer sur la Tradition magistérielle et sur son rôle normatif dans la manière d'interpréter l'Ecriture. Cette question était axiale pour le philosophe et le chrétien de l'Église réformé qu'était Paul Ricœur lorsqu'on se souvient du *sola scriptura* de Luther, défi jeté à l'autorité doctrinale du magistère romain[2]. Maintenir un libre examen tout en reconnaissant une dépendance non autoritaire avec une communauté interprétante, était une première manière d'envisager sa relation aux traditions. Le « Ici je me tiens » de Luther devient un « Je me tiens au cœur de traditions vives » chez Ricœur. Cela révèle que d'ordinaire c'est la pathologie de la tradition – son usage idéologique – que l'on convoque en premier, inversant l'ordre de la réflexion. En dénonçant l'aspect disciplinaire de la tradition, on néglige d'examiner en quoi les sources traditionnelles peuvent aussi être des ressources pratiques. Ce faisant, on néglige l'antériorité originaire d'un

1. Paul Ricœur, *Parcours de la reconnaissance. Trois Études*, Paris, Stock, 2004, p. 281.

2. « L'idée de magistère m'est assez étrangère. Toutefois, je la rejoins autrement par trois voies concourantes. D'abord, [...] il n'y a pas d'interprétation qui soit simplement personnelle, subjective : elle se fait toujours dans une communauté. Cette condition communautaire du processus d'interprétation implique en outre que c'est toujours dans le cadre d'une tradition qu'on s'interprète. C'est alors, dans le cadre d'une tradition, et pour en régler le cours, que s'exerce quelque chose comme une activité de discernement, parfois une instruction mutuelle, mais plus fondamentalement par un certain rapport hiérarchique de maître à disciple. Cette relation pédagogique, à mon sens, ne peut être éliminée. C'est elle qui contient l'essentiel de l'idée de magistère. C'est donc dans une communauté et dans une tradition que s'exerce cette relation enseignante du maître à disciple qui, en tant que telle, ne comporte aucun sens juridique et encore moins disciplinaire. », Paul Ricœur, « Discussion d'ensemble », dans Paul Ricœur *et al.*, *La Révélation*, Bruxelles, Publications des Facultés Universitaires Saint-Louis, 7, 1977, p. 228.

être affecté par le passé et la plasticité des conduites qu'il initie, au profit de la sédimentation d'énoncés rigides.

Parti de l'exégèse biblique, Ricœur est en cela proche de Maurice Blondel (1861-1949) qui, du côté catholique, et en pleine crise moderniste, écrivit un texte décisif sur le concept de tradition intitulé *Histoire et dogme*[1]. Se révèle là un deuxième aspect de la crise de la tradition qu'assumera Ricœur, à savoir l'ébranlement de ce que pouvait signifier un accès à l'origine par l'historicisme. Pour Blondel, l'enjeu était d'élaborer une pensée des relations entre tradition et modernité, à partir d'une mise en perspective de la fonction médiatrice de la tradition pour accéder au Christ – le Christ réel et non seulement le Jésus historique. Dans une interrogation sur l'autorité de La tradition en régime catholique, Blondel proposait une interprétation de la tradition entendue comme médiation non totalisante. Il la compare à un escalier permettant le passage d'un plan à un autre. La tradition permettrait le passage herméneutique du sens de la Révélation d'une génération à l'autre. Elle serait donc une condition de la compréhension[2]. Sa fonction médiatrice prémunirait de la réification traditionaliste de La tradition, comme de la critique de l'exégèse « moderniste ». Car on peut soit sous-évaluer sa fonction médiatrice en n'en faisant pas un passage incarné et historiquement configuré – la tradition comparée à une échelle de cordes : l'historicisme –; soit la surévaluer en faisant de la tradition un escalier monumental qui occupe toute la place dans la pièce où il se trouve, empêchant qu'on accède à sa fonction médiatrice et perdant de vue sa fonction référentielle – l'extrinsécisme du dogme. Pour Blondel il est finalement un régime herméneutique de la tradition. Ce qui se déploie en elle sur le mode historique du commencement (« l'histoire banale ») vise un universel qui est de l'ordre de l'origine (« l'histoire sainte »). À la croisée de l'universel et de l'historique, l'idée de tradition, Ricœur en fera un « universel en contexte ou universels potentiels ou inchoatifs »[3].

Le troisième enjeu qu'assumera Ricœur portera sur une détermination herméneutique du statut de la tradition explicitant son statut de médiation. Une image le fera comprendre. Pour l'homme de la Renaissance qu'était Montaigne, philosopher se fait dans une bibliothèque, dépôt des traditions

1. Maurice Blondel, *Histoire et dogme. Les lacunes philosophiques de l'exégèse moderne, La Chapelle-Montligeon* [1904], réédition « Bibliothèque de philosophie contemporaine », Paris, P.U.F., 1956.

2. Sur ce point voir Jean Greisch, « Maurice Blondel et les aspects herméneutiques de la crise moderniste », dans *L'âge herméneutique de la raison*, *op. cit.*, p. 85-101.

3. Paul Ricœur, *Soi-même comme un autre*, *op. cit.*, p. 336.

qui littéralement l'entourent. Pour Descartes, le geste philosophique inaugural se déploie dans un poêle, au sein duquel il aurait pu dire « commençons par écarter tous les livres et toutes les traditions ». Ni sous l'autorité des traditions, ni dans le refus d'un être affecté par elles, l'âge herméneutique de la tradition ricœurien place tous les livres des traditions ouverts devant lui et les met en discussion. Il relie le poêle à la bibliothèque et vice-versa. Penser herméneutiquement les traditions invite à les envisager comme des espaces temps de la compréhension de soi, de l'autre et des autres. Ceci suppose de prendre ses distances avec l'idée de l'incapacité qu'auraient les traditions à nous affecter, au nom de l'idéal d'émancipation, redécouvrant avec Gadamer combien la modernité a été marquée par un *préjugé contre le préjugé*. C'est pourquoi, l'espace privilégié par l'herméneute sera dialectique : espace d'expériences porté par un horizon d'attente[1], « cadre »[2] herméneutique, « lignage » ou bien « décor »[3].

Mais comment penser cette dépendance à l'égard de l'antériorité sans tomber dans le piège de l'autorité et du conservatisme dogmatique ? Ricœur répondra à cette question en réfléchissant phénoménologiquement sur ce qui fait le là de notre être-là. « D'où parlez-vous quand vous en appelez à la *Selbstreflexion*, si ce n'est pas de ce lieu que vous avez-vous-même dénoncé comme un non-lieu, le non-lieu du sujet transcendantal ? C'est bien du fond d'une tradition dont vous parlez »[4]. Il s'agira alors de préciser ce que signifie parler du fond d'une tradition et quel est ce fond originaire sur lequel s'appuyer pour donner une consistance au soi.

Pour répondre à ces interrogations, Ricœur distinguera ultérieurement entre trois réalités : l'être affecté par le passé accessible à la description phénoménologique ; le déploiement de cette expérience de passivité dans les diverses médiations culturelles qui l'épèlent et la configurent en une vie singularisée ; le coefficient d'autorité qui peut exalter l'une ou l'autre de ces médiations dans l'idéologie traditionnaliste.

1. Paul Ricœur, «Être-affecté par le passé », *Temps et Récit III*, *op. cit.*, p. 391-414. Pour l'ensemble de la réflexion de Ricœur sur la tradition ce passage est central.

2. Charles Taylor, *Les sources du moi, La formation de l'identité moderne*, trad. fr. Ch. Melançon, « La couleur des idées », Paris, Seuil, 1998, p. 16-41.

3. Alasdair MacIntyre, *Après la vertu, Étude de théorie morale*, trad. fr. L. Bury, Paris, P.U.F., 1997, p. 201.

4. Paul Ricœur, *Du texte à l'action*, *op. cit.*, p. 376.

D'UNE PHÉNOMÉNOLOGIE DU « ÊTRE AFFECTÉ PAR LE PASSÉ » À L'HERMÉNEUTIQUE DE LA TRADITION VIVANTE

Ricœur estime que la tâche d'une herméneutique philosophique est de « reconstruire l'ensemble des opérations par lesquelles une œuvre s'élève sur le fond opaque du vivre, de l'agir et du souffrir, pour être donnée par un auteur à un lecteur qui la reçoit et ainsi change son agir ». C'est à l'élucidation de ce « fond opaque du vivre » que s'attache son analyse de la tradition entendue comme une greffe herméneutique sur la phénoménologie. Elle l'amène à distinguer entre la *traditionalité* (concept formel explicitant ce qui nous lie au passé), *les traditions* (concept matériel disant le contenu de ce qui est transmis) et *La Tradition* (concept axiologique ayant une fonction d'instance légitimante)[1], cette dernière faisant l'objet d'une critique de la part des Modernes. Cette distinction a également une fonction stratégique : contribuer à sortir de l'enfermement qui oppose les Anciens et les Modernes pour penser notre historicité.

Parler du fond d'une tradition consiste à dire qu'il y a là une expérience première qui précède l'analyse. Une vérité s'y donne, attachée à notre inscription dans le mouvement de l'histoire, qu'il s'agira d'apprendre à déchiffrer. Cette expérience phénoménologique originaire, Ricœur la place sous la rubrique générique du *être-affecté-par-le-passé*[2], à laquelle il donne le statut de transcendantal de la conscience historique. Elle pointe ce fond de passivité par lequel une subjectivité se laisse toucher par ce qui la devance. Toutefois Ricœur ne dira pas comme Heidegger qu'il « est appelé » ou comme Levinas qu'il « est otage » de cette passivité. Si cette dimension originaire inscrit une subjectivité dans l'histoire sur un mode passif, elle suppose une capacité à ressaisir cette affection. C'est pourquoi il précise que s'engage dans cette affection une « tension … entre l'efficience du passé, que nous souffrons, et la réception, que nous opérons »[3]. La passivité, à l'égard du fond de la tradition dont nous parlons, n'est donc pas totale : elle suppose une structure d'accueil, un sujet transcendantal. Nous retrouvons là l'importance de la philosophie réflexive. C'est pourquoi entre l'efficience du passé, en nous sans être de nous (transmission transgénérationnelle, langue, imaginaires de l'agir, etc.) et la réception de ce passé, s'engage une dialectique de la clôture et de

1. Paul Ricœur, *Temps et Récit III*, *op. cit.*, p. 397.
2. *Ibid.*, p. 391.
3. *Ibid.*, p. 397.

l'ouverture. Elle permettra de rendre compte en quel sens la traditionalité engage en nous le travail d'un hasard transformé en destin !

Mais on n'a pas encore tout dit de ce que signifie parler du fond d'une tradition. Ce fond manifeste que le passé qui nous affecte n'est ni un passé totalement révolu, ni inversement un passé intégralement retrouvé. Le sujet affecté par le passé est précisément sujet, et non objet, de la traditionalité. Il est essentiellement une identité en travail qui ne s'achève ni dans la fusion romantique dans le passé avec lequel on communierait, ni dans l'impassibilité critique qui ferait du passé une réalité définitivement dépassée. S'engage là ce qu'il peut en être de notre présence au présent du monde dans l'épaisseur temporelle laissant sa part au présent du passé. Se découvre alors cette ontologie progressive attachée au mystère de notre être temporel qu'il s'agira de déchiffrer. Ricœur l'élaborera avec son concept central d'identité narrative attaché à la dimension éthique de l'endettement. Poussée jusqu'à l'originaire en nous, la dimension de traditionalité révèle la part d'altérité de la conscience dans ce qui opère en nous comme « icône de l'ancestralité ». L'attestation de l'Autre que soi en soi pourra prendre, si nous utilisons une dernière fois le paradigme de la filiation, la dimension immémoriale de « l'ancêtre, figure générationnelle de l'Autre »[1]. Avec la traditionalité se manifeste donc quelque chose comme l'originaire énigme de notre être au temps, dont les devanciers sont la figure iconique.

Parvenir à l'articulation entre l'expérience phénoménologique originaire d'un « être affecté par le passé » et l'explication herméneutique du cadre au sein duquel se déploiera la signification d'une telle affection, redéfinit le sens même d'une compréhension herméneutique de la tradition. Si la traditionalité définit un lien transcendantal au passé, elle doit pouvoir s'épeler concrètement, relativement à des contenus, à des propositions de sens portant sur le beau, le bien, le vrai, la nature, Dieu, etc. et tenus disponibles dans une culture. La rubrique notariale de l'héritage prend ici toute sa place : « nous ne sommes jamais en position absolue d'innovateurs, mais toujours d'abord en situation relative d'héritiers »[2]. Sur ce point, il est notable que la question de la tradition, qui aurait pu rester enfermée dans le cadre d'une herméneutique des mythes et des symboles dans les premiers travaux de Ricœur, ait été considérablement modifiée par

1. Paul Ricœur, *Soi-même comme un autre*, *op. cit.*, p. 408.

2. Paul Ricœur, *Temps et Récit III*, *op. cit.*, p. 400. « L'idée d'héritage, qui est une des expressions les plus appropriées de l'efficience du passé, peut être interprétée comme la fusion des idées de dette et de tradition. », *ibid.*, p. 412.

ses travaux ultérieurs consacrés à une herméneutique des textes, de l'action et de la culture. Il a ainsi déplacé la centralité de la réflexion sur la tradition du couple Tradition/Autorité qui caractérise le traitement moderne de la tradition, vers le couple herméneutique des cultures/herméneutique de soi. La tradition n'y est plus un code, mais un cadre contenant, dans la discussion duquel apprendre à épeler qui nous sommes. « On entend par traditions les choses dites dans le passé et transmises jusqu'à nous par une chaîne d'interprétations et de réinterprétations (*une suite de générations*) [...] le passé nous interroge et nous met en question avant que nous ne l'interrogions et ne le mettions en questions. »[1]. Que serait alors un homme auquel aucunes traditions ne seraient venues à lui, à part ce « monstre » sans cité dont parlait Aristote? Que deviendrait cet enfant auquel on ne donnerait pas la chance de se confronter à des questions qui l'interrogent en profondeur sur ses capacités? Quel devenir pour celui à qui on n'offrirait pas de questions qui comptent grâce auxquelles se conter qui il est ou qui il veut être, sinon celui d'un « enfant sauvage » ? Toutes ces médiations traditionnelles (outillages institutions, valeurs) que traverse le désir originaire d'une subjectivité ont ceci de singularisant qu'elles lui donnent corps en une histoire insubstituable. Elles le civilisent et elles le cultivent. Elles l'élèvent. Par-là, une signification éthique attachée à la tradition s'élève, qui débouchera sur sa portée normative (La Tradition), formulant ce qui doit être offert et promis à la discussion critique.

L'analyse de Ricœur consacrée à la tradition tient donc et à son souvenir de l'importance que la phénoménologie de Husserl dans les *Ideen I* reconnaissait au pouvoir de l'imagination, et à son apport propre d'herméneute. De Husserl, il retient l'importance de la description phénoménologique, y découvrant une méthode pour penser le « être affecté par le passé » comme un invariant. De l'herméneutique, il apprendra que la pluralité des traditions opère comme différentes variations imaginatives, ouvrant sur du possible. Loin de n'être qu'un « dépôt inerte », la tradition est vivante. La tradition qui vient nous visiter est alors une tradition que l'on peut revisiter. Cet aspect décisif ouvre sur l'idée d'une « dépendance sans hétéronomie. »[2]. Ce qui nous lie à la tradition concerne moins la soumission de notre volonté à l'autorité disciplinaire de la tradition

1. *Ibid.*, p. 401.

2. « Pourquoi [...] avons-nous tant de peine à concevoir une dépendance sans hétéronomie ? N'est-ce pas parce que nous pensons trop à une volonté qui se soumet et pas assez à une imagination qui s'ouvre ? », Paul Ricœur, « Herméneutique de l'idée de révélation », dans *Écrits et conférences 2, Herméneutique*, Paris, Seuil, 2010, p. 268.

– la distorsion argumentative à quoi peut la réduire la critique des idéologies –, qu'un appel à ouvrir et déployer notre imagination à des possibles expérimentés hier par d'autres. Ce qui nous affecte dans le passé ne le sera qu'en raison de cette disposition à l'ouverture à l'autre, l'imagination devenant cette disponibilité à se laisser toucher par le texte du monde et l'épaisse texture des médiations traditionnelles. L'imagination ne le permet que par la grâce, non du raisonnement analogique de proportionnalité, mais du transfert analogique qui autorise des explorations et des variations. Mais sitôt reconnu ce rôle à l'imagination, il s'agira immédiatement de le temporiser par le biais des médiations qu'identifie l'herméneute pour éviter de croire éluder sans difficultés les différences traditionnelles présentes dans les situations interculturelles (familiales, soignantes, religieuses, etc.)

ENTRE LA CRITIQUE DES IDÉOLOGIES (HABERMAS) ET L'HERMÉNEUTIQUE DES TRADITIONS (GADAMER) : L'HERMÉNEUTIQUE CRITIQUE DE PAUL RICŒUR

Si la tradition est un objet délicat à penser, c'est en raison d'une modernité qui y a dénoncé une figure de l'aliénation, parce qu'elle en a vu les méfaits. Penser la tradition suppose de ne pas ignorer cet aspect. Toutefois, envisager un dépassement du rejet de la modernité à l'égard de la tradition est rendu possible par l'analyse d'une controverse importante pour la pensée du XXe siècle. Cette controverse, à tort perçue comme une défense des anciens et des modernes et présentée comme l'apologie de la tradition, s'est concentrée dans l'opposition entre l'herméneutique des traditions de Hans-Georg Gadamer[1] et la critique des idéologies de Jürgen Habermas[2].

Entre Gadamer et Habermas, le cœur de la discussion a porté sur la question de savoir si l'entente est le point de départ de la communication ou son point d'arrivée. Gadamer pose qu'assumer la tradition dans laquelle nous sommes inscrits en fait la condition préalable de l'échange. Habermas observe quant à lui, que c'est là réifier un moment rare – l'entente –,

1. « C'est commettre un grave contresens que de supposer que l'insistance sur ce facteur essentiel qu'est la tradition (présent en toute compréhension) implique une acceptation non critique de la tradition, ou un conservatisme social et politique. », Hans-Georg Gadamer, *Le problème de la conscience historique* [1958], introduction [1975], trad. fr. Pierre Fruchon, Paris, Seuil, 1996, p. 19.

2. Voir sur ce point l'important article de Paul Ricœur, « Herméneutique et critique des idéologies » dans *Du texte à l'action*, *op. cit.*, p. 333-377.

ignorant que la plupart de nos échanges font d'abord l'expérience du désaccord, de la mécompréhension et de la distorsion idéologique qu'induit notamment la référence à l'autorité traditionnelle. L'accord n'est pas donné, il est conquis. Cette querelle repose, comme l'observe Ricœur, sur deux prémisses distinctes. L'herméneutique romantique de Gadamer attachée à la compréhension fait de la tradition un préjugé favorable. L'expérience d'appartenance contenue dans le « être au sein de traditions » y est une condition de la compréhension. La critique d'Habermas trouve, quant à elle, dans la tradition une forme d'idéologie engendrant une distorsion de l'activité communicationnelle, consistant en la manifestation d'arguments d'autorité.

Or Ricœur propose de sortir de cette opposition, en précisant ce qu'il en est de la nature de l'argument engagé dans l'agir communicationnel, notamment à partir du statut des « convictions ». Pour lui, l'enjeu de la discussion est, par la confrontation, de permettre la traduction de la conviction précritique en argument critique. Dans sa discussion d'Habermas, Ricœur emprunte en effet à Rawls l'expression de « convictions bien pesées »[1]. Ces dernières renvoient à des convictions raisonnables mais que l'on ne parvient pas entièrement à justifier ou à expliciter parce qu'elles relèvent de précompréhensions du monde, d'inscriptions dans des traditions, de ces opinions vraies dont parlaient les classiques. Parler de convictions bien pesées se distancie d'une éthique de la discussion qui oppose l'argumentation à la convention, laquelle ne serait qu'idéologie et traditions. En lui substituant la dialectique fine entre argumentation et conviction, faisant sa place, dans la discussion publique, notamment aux convictions religieuses, il ménage un espace tiers où s'opère la médiation de l'efficience du passé en nous à sa réception critique. « Avec ce concept [de convictions bien pesées], le philosophe cherche à légitimer l'affirmation publique par le citoyen de ses enracinements culturels et religieux, même s'ils font place à des éléments de croyance non immédiatement traduisibles dans le langage de la raison »[2]. Il peut y avoir là une facilité, inattentive à la dimension passionnelle et violente du vivre ensemble. Celle qui consiste à croire qu'il est possible de résoudre un problème social ou politique par des distinctions conceptuelles. Même s'il est attentif à promouvoir une raison pratique contre une science de l'action, la domination du paradigme textuel chez

1. Paul Ricœur, *Soi-même comme un autre*, *op. cit.*, p. 335.

2. Philippe Portier, « La question politique », *in* Jérôme Porée et Gilbert Vincent (dir.), *Paul Ricœur, La pensée en dialogue*, Rennes, Presses Universitaires de Rennes, 2010, p. 210.

Ricœur l'entraine vers une attitude qui tend à traiter les difficultés en lecteur. Cela comporte le risque de croire qu'un problème, parce qu'il est conceptuellement bien posé, serait de ce fait résolu. Néanmoins conscient de cela, il n'ignorera pas le façonnage qui s'opère entre la temporalité rapide de l'argumentation et la temporalité lente des convictions[1]. Il supposera la nécessité d'inventer, dans les sociétés pluralistes, des institutions où ces convictions bien pesées pourront être débattues, argumentées, conflictuellement discutées. De fait, de quoi discute-t-on dans l'éthique de la communication qui s'attache à définir les conditions formelles de la discussion afin d'empêcher l'argument d'autorité, sinon des traditions morales au sein desquelles nous sommes inscrits ou que nous portons? Parce que «[les] traditions sont le véhicule historique des convictions. L'éthique de la discussion ne peut faire l'économie de ce concept de tradition.»[2]. L'évolution ultérieure d'Habermas, à propos de la société post-séculière semble avoir donné raison à Ricœur sur ce point. Si l'on comprend que la sécularisation a contribué à séparer la sphère publique où se forme l'opinion, de la sphère étatique où se prend la décision afin de neutraliser la domination autoritaire des traditions religieuses, la post-sécularisation, sans annuler les acquis de la sécularisation, découvre l'intérêt qu'il y a à permettre que les ressources sémantiques des traditions morales et spirituelles s'expriment dans la sphère publique.

Dans une ultime métamorphose, la modernité tardive a déplacé ce problème presque convenu des relations entre tradition, autorité et discussion. En effet, lorsque l'autorité traditionnelle de l'ancien disparaît c'est la figure de l'expert qui prend sa place. Si nous avons besoin de la figure médiatrice de l'expert dans nos sociétés complexes qui vivent de l'accès à l'information, l'idéologie de l'expertise, qu'encourage la rationalité instrumentale, occupe alors le devant de la scène. Elle introduit de nouvelles distorsions, cette idéologie servant la plupart du temps le conseil du prince plutôt que le conseil du peuple, voire le maintien des objectivations techno-administratives du monde commun. Toute la réflexion classique sur le conseil du prince (Machiavel, Hobbes) rappelait que le conseiller est considéré comme le responsable de son conseil, là où le prince est le responsable de l'acte. Raison pour laquelle, contre les

1. «La qualité de la discussion publique donne vie au consensus par recoupement, et à l'échange entre des convictions d'arrière-plan à évolution lente et des convictions de premier plan à évolution rapide.», Paul Ricœur, *Lectures I. Autour du politique*, Paris, Seuil, 1991, p. 191.

2. *Ibid.*, p. 285.

éthiciens, Ricœur est le fervent défenseur des cellules de conseil. Si la fonction de l'expertise est différente de celle de conseil, c'est que le contexte de l'action a changé. Le conseil (y compris expert) prenait place dans le cadre d'une compréhension de la pratique qui sait la contingence et qui l'assume. L'expertise, dans une société du risque, relève de la volonté d'élaborer une science de l'action réduisant la décision à un calcul des risques, s'appuyant sur des pratiques d'évaluation quantificatrices. Si l'on admet avec Habermas que l'idéologie de l'expertise voit le plan de l'action communicative être colonisé par celui de l'action instrumentale, « comment faire pour que l'intérêt pour l'émancipation ne reste pas un vœu pieux, sinon en l'incarnant dans le réveil de l'action communicative elle-même ? Et sur quoi appuierez-vous concrètement le réveil de l'action communicative, sinon sur la reprise créatrice des héritages culturels ? »[1]. Aussi surprenant que cela paraisse, cette reprise créatrice n'est qu'un autre nom pour parler de la tradition vivante ! Nous le signalions en ouvrant cette réflexion. La domination technoscientifique qui triomphe dans la marchandisation de la sphère publique par les médias de masse et l'idéologie de l'expertise invite probablement à unir, dans une alliance inattendue, herméneutique de la remémoration et herméneutique de l'émancipation, récitation (idéologie) et anticipation (utopie). L'enjeu en est d'expliciter la façon dont notre culture, qui connaît une cohésion technologique sans précédent, pilote sa traversée temporelle.

Fond opaque, la traditionalité est ce site que l'herméneutique s'attache à déplier dans l'expression des traditions. De la sorte, le paradoxe des relations herméneutiques entre identité et tradition peut être présenté comme l'effet d'une dialectique de la remémoration et de l'émancipation, de la dette et de la perte, du cadre et de la liberté, de l'institution et de l'intuition présente dans ce que Ricœur appellera le témoignage à l'échelle individuelle et la mémoire heureuse à l'échelle collective. L'identité personnelle, celle du témoin, et l'identité attestante des communautés historiques (de la protestation indignée à l'attestation de droits fondamentaux) déploient leurs capacités dans un cadre herméneutique dépositaire de pratiques et d'imaginaires de l'agir dont elles ne sont pas les auteurs même si elles peuvent en être les acteurs. Le témoin atteste de ce qui n'est pas lui mais le fait dans le cadre interprétatif singulier des traditions culturelles où il est inscrit. Telle est sa condition d'inscription, d'appartenance à un monde de traditions qui le devancent et qui font de lui

1. Paul Ricœur, « Herméneutique et critique des idéologies », dans *Du texte à l'action*, *op. cit.*, p. 375.

un débiteur. Mais cette même identité narrative, en son déploiement mimétique, est ouverte sur d'autres possibles. Elle travaille par-là à modifier ses héritages, instillant de l'ouvert dans la clôture des traditions. Telle est la condition d'émancipation d'un sujet libre de reconfigurer sa vie ou d'une communauté historique réorientant sa trajectoire temporelle. De cette manière, Ricœur peut résoudre le conflit qui oppose l'herméneutique des traditions de Hans-Georg Gadamer à la critique des idéologies de Jürgen Habermas, en parlant de « Tradition vivante ». Ce n'est qu'une fois fait ce long parcours critique, que ce qui paraît être le poids mort de la tradition entendue comme dépôt peut être mis à sa juste place. Loin d'être un pléonasme, l'idée de tradition vivante est le fruit d'une conquête et d'un travail critique de notre relation au passé. Tel est le vif de la tradition : témoignage de ce qui fut dans le mémorial, attestation de l'essentiel au présent et communauté attestante porteuses de traditions vives qui n'ont pas toutes tenues leurs promesses et qui attendent d'être revisitées. Ce lien fort entre tradition et témoignage ne fait-il pas alors du témoignage un concept central de la philosophie pratique ?

CHAPITRE IV

IMAGINATION ET ÉTHIQUE

Dans un texte, contemporain des réflexions sur l'innovation sémantique déployées dans *La métaphore vive* (1975), Ricœur en vient à parler de « l'imagination comme fonction générale du possible pratique »[1]. Ce faisant, il franchit un pas de plus dans sa méditation plus générale portant sur les relations entre la structure et l'événement, le contexte et l'action. En effet, un trait fondamental de sa philosophie de la liberté tient en ceci qu'elle installe au cœur de la volonté un fond de passivité et d'opacité avec laquelle elle lutte. L'initiative n'est pas un commencement absolu mais un acte de commencer en situation. « Vouloir n'est pas créer »[2]. Cette idée germinale l'a conduit à penser l'initiative dans le champ de la dynamique psychique du soi (la tension conscient/inconscient en psychanalyse), puis dans le champ du discours (la tension événement/structure) ; et enfin dans le champ de l'action (la tension action/contexte). Ainsi Ricœur est-il passé d'une réflexion portant sur l'innovation sémantique, autrement dit sur la capacité d'initiative engagée par le sujet parlant dans la structure codifiée de la langue (la langue comme milieu préalable structurant un dire : parole/langue en psychanalyse ou en linguistique), vers une analyse

1. Paul Ricœur, « L'imagination dans le discours et dans l'action » [1976], repris dans *Du texte à l'action*, *op. cit.*, p. 225. D'une façon plus générale, l'ouvrage de Jean-Luc Amalric, *Paul Ricœur, l'imagination vive. Une genèse de la philosophie ricœurienne de l'imagination*, Paris, Hermann, 2013 est une excellente synthèse concernant la question de l'imagination chez Ricœur. Voir les notes 6-8 dans cet ouvrage p. 20-22 pour une synthèse rapide des publications sur ce thème.

2. Paul Ricœur, *Philosophie de la volonté I, op. cit.*, p. 456.

concentrée sur l'innovation pratique[1]. Cette dernière engage une méditation sur l'homme capable, sur ses capacités d'initiatives. L'innovation pratique autoriserait à parler de l'action en termes d'inventivité ou de créativité morale, laquelle engagerait une discussion-confrontation avec la communauté historique en laquelle elle s'insère, entendue comme vie éthique concrète porteuse de traditions pratiques structurantes.

L'enjeu est donc, en donnant toute sa place à l'imagination, de construire non seulement une théorie de l'action mais, dans le cadre d'une anthropologie philosophique, d'élaborer une anthropologie de l'homme capable. Ce faisant, Ricœur a donc mené, dans les champs éthique, juridique et politique, un combat similaire à celui qu'il a pu mener dans le champ épistémologique des sciences humaines. Là où du point de vue théorique il s'agissait de sauver la possibilité de l'événement au cœur même de la structure (de parenté, langagière, métaphorisante, textuelle), il s'agira du point de vue pratique de maintenir la possibilité d'une action libre au sein de ce qui tend à restreindre ou aliéner ses marges d'initiatives (les interactions réglées, les objectivations du social, les institutions). Comment alors penser une imagination de la liberté dans des contextes marqués par la grande rationalisation du monde vécu, l'administration, la complexité et la pluralité ?

Parler de l'imagination comme fonction du possible pratique comme le fera Ricœur portera un triple enjeu. Résister à la société bureaucratique qui conduit à confondre le monde vécu avec la causalité du monde des choses[2] ; responsabiliser par une conception renouvelée de la raison pratique[3] capable d'étayer les acteurs trop souvent confondus, par la théorie des jeux et la science de la *praxis* des « éthiciens », avec des agents ou « idiots rationnels » selon l'heureuse formule d'Amartya Sen ; et enfin anticiper en explorant en imagination d'autres possibles qui pluraliseraient les manières de faire monde commun. Bref, il s'agit de se rendre attentif à l'importance de l'anticipation dans le projet, au rôle de motivation et de ressources imageantes que jouent les grandes images qui nous habitent ;

1. Voir sur ce point, le texte charnière de Ricœur, « L'initiative » [1986], repris dans *Du texte à l'action*, *op. cit.*, p. 261-277.

2. « C'est la tâche de l'imagination productrice de lutter contre cette terrifiante entropie dans les relations humaines. [...] de préserver et d'identifier la différence entre le cours de l'histoire et le cours des choses », Paul Ricœur, « L'imagination dans le discours et dans l'action », *op. cit.*, p. 228.

3. « Peu d'idées sont aujourd'hui plus salubres et plus libérantes que l'idée qu'il y a une raison pratique, mais non une science de la pratique », Paul Ricœur, « La raison pratique » [1979], dans *Du texte à l'action*, *op. cit.*, p. 250.

et de se livrer à ces variations imaginatives en lesquelles le sujet capable s'essaye à être autrement qu'il n'est dans des explorations de soi comme soi agissant.

Mais préalablement on peut se demander pour quel genre de philosophie l'imagination est-elle un enjeu? Comment et quelle place Ricœur accorde-t-il à l'imagination dans son anthropologie de l'homme capable et sa réflexion éthique? Kantien mais d'un kantisme non orthodoxe, Ricœur aborde l'éthique en reconfigurant l'idée de raison pratique. L'imagination y subvertit le raisonnement pratique, refusant aussi bien un universalisme de principes abstraits que l'idée d'une science de la *praxis* telle qu'on la trouve aujourd'hui encouragée par l'idéologie de l'expertise éthique sous la figure de l'éthicien. En valorisant le vif de l'action, peut-on en venir à parler légitimement d'un schématisme pratique et d'un contextualisme éthique non relativiste?

POUR QUELLE PHILOSOPHIE L'IMAGINATION EST-ELLE UN PROBLÈME ?

Penser les relations entre philosophie pratique et imagination à propos de Ricœur pourrait se faire d'une façon génétique. On interrogerait alors le parcours d'une philosophie qui annoncera très tôt une poétique de la volonté (*Le Volontaire et l'involontaire*, 1950)[1], mais qui la laissa en suspens au profit d'une herméneutique des symboles (*La symbolique du mal*, 1960), greffe herméneutique sur la phénoménologie de l'imagination. Mais en prolongeant cette dernière par une herméneutique des textes attentive à l'inventivité sémantique qui travaille le vif de l'activité métaphorisante (*La métaphore vive*, 1975), Ricœur retrouvera bientôt le monde de l'action, en insistant sur l'idée que la poétique, en reconfigurant le monde, est l'occasion d'une poïétique, d'une recréation du monde (*Temps et Récit*, 1983-1985), subvertissant au passage l'idée de *mimesis*. Cette dernière n'est plus subordonnée au couple modèle-copie dans l'imitation mais, parce qu'elle sait apercevoir le semblable, elle propose une redescription, une recréation du monde de l'action. Enfin, et finalement Ricœur se concentrera sur l'importance de l'imagination dans l'action éthique (*Soi-même comme un autre*, 1990) et politique (*L'idéologie et l'utopie,* 1997). Sous cet angle, il apparait que la question des relations de l'imagination et de l'action tonalise tout le parcours philosophique de Ricœur,

1. Paul Ricœur, *Philosophie de la volonté I*, *op. cit.*, p. 456.

y compris dans sa lecture de la Bible et de la narrativité des paraboles, pour résoudre des situations pratiques.

De la sorte, ce n'est pas tant le couple imagination-entendement mais le couple imagination-volonté qui retient Ricœur comme ce fond de passivité et de créativité qui contribuerait à redéployer autrement la compréhension de l'autonomie morale. En cela fidèle à sa méthode relevant d'une dialectique à synthèse ajournée, Ricœur déploie, sur le plan pratique, une dialectique des relations entre imagination et volonté. Là où la raison théorique en son programme épistémologique investissait la tension « expliquer plus pour comprendre mieux », la raison pratique, en se faisant sagesse pratique, investira la tension d'un « imaginer plus pour mieux vouloir ». Là où les critiques et moralistes dévaluent l'imagination comme ce qui détournerait de l'action voire la fuirait en rêvant d'un autre monde ou en s'aliénant à des illusions, Ricœur soutiendra la thèse contraire. Il ne faut pas confondre les pathologies de l'imagination avec ses puissances. Là où d'ordinaire la valorisation de l'imagination est conçue comme une diminution, voire une abdication du rôle de la volonté, Ricœur montrera que travailler à imaginer davantage augmente iconiquement notre pouvoir de vouloir en en pluralisant les possibles, invitant à repenser l'idée d'autonomie. Ce sera là l'objet d'une discussion et d'une prise de distance avec Kant pour un philosophe qui renoncera à Hegel, devenant ce faisant un « kantien post-hégélien »[1]. En effet, s'il retient de Kant l'importance du schématisme pour rendre compte du caractère productif de l'imagination, (cet « art caché dans les profondeurs de l'âme humaine »)[2] il s'en démarque, en démontrant l'efficacité de la schématisation dans le cadre de la philosophie pratique. On notera que c'est cette attention au schème qui lui fera également prendre ses distances avec les approches structuralistes et formelles qui ne parviennent pas à rendre compte de ce travail d'innovation engagé dans le schématisme.

Mais, on doit aussi se demander pourquoi la question de l'imagination s'impose comme décisive pour servir une compréhension plus ajustée de la philosophie pratique ? Le travail de Ricœur est révélateur du moment de l'imagination dans la philosophie contemporaine. Si on raisonne en histoire des idées à partir du concept de moment, au sens où Frédéric Worms a pu parler d'un moment de l'existence, d'un moment de la structure ou aujourd'hui d'un moment du soin, Ricœur fait partie de ces

1. L'expression est de Ricœur lui-même, « La raison pratique » [1979], dans *Du texte à l'action*, *op. cit.*, p. 251.

2. Kant, *Critique de la raison pure*, A 141/B 180.

philosophes et intellectuels qui, diversement, rappelèrent dans l'après-guerre ce qu'il en est du pouvoir de l'imagination. Sartre publie *L'imaginaire, essai sur une phénoménologie de l'imagination* en 1940; Gaston Bachelard publie ses poétiques des éléments, notamment *L'air et les songes* en 1942 en pleine guerre mondiale avant de revendiquer un droit de rêver, son disciple Gilbert Durand écrivant un peu plus tard ses *Structures anthropologiques de l'imaginaire* (1960), etc. Ce moment de l'imagination a une signification non seulement en philosophie française mais au-delà. Le courant pragmatiste inspiré de John Dewey insiste, contre un usage trop rigide de l'application des règles en morale, sur la souplesse qu'introduit l'imagination morale[1]. L'éthique des vertus contemporaine avec Martha Nussbaum valorise le rôle de l'imagination, des sentiments et de la littérature pour enrichir notre compréhension de la vie morale[2]. Un courant de philosophie analytique lié à la psychologie morale et aux sciences cognitives, malheureusement amnésique sur toute la recherche développée en « philosophie continentale », travaille également sur le rôle de l'imagination en morale et sur les mécanismes psychologiques le rendant possible[3]. Dans le domaine de l'agir, la prise en compte de l'imagination renvoie à la nécessité de repenser une raison pratique tenue en échec par l'expérience du mal totalitaire (Hannah Arendt et sa réflexion sur le jugement), technologique (Hans Jonas et le mal imaginé de la catastrophe; Günter Anders et le télé-meurtre) ou administratif dans l'invisibilisation de l'autre homme (l'héritage wébérien critique de la rationalité instrumentale).

Si Ricœur a contribué à revaloriser l'importance de l'imagination, il s'est singulièrement attaché à en explorer la fécondité dans le champ pratique. Certes la raison théorique a longtemps dévalué l'imagination, préférant le vrai au vraisemblable, le prouvé au plausible. Pour une théorie de la connaissance, l'imagination a été discréditée, psychologiquement comme n'étant qu'un duplicata, ontologiquement comme un moindre être. N'ignorant pas ce statut épistémique de l'image, Ricœur en explorera pourtant la fécondité pratique. Une poétique de l'action explicitera les conditions de possibilité de l'expérience pratique, individuelle ou collective, en s'attachant à l'importance des symboles de l'agir.

1. Steven Fesmire, *John Dewey and Moral imagination: pragmatism in ethics*, Bloomington, Indiana University Press, 2003

2. Martha Craven Nussbaum, *La connaissance de l'amour : essais sur la philosophie et la littérature*, Paris, Cerf, 2010.

3. Martin Gibert, *L'imagination en morale*, « L'avocat du diable », Paris, Hermann, 2014.

Mais pour quel type de philosophie, l'imagination devient-elle un problème ? Pour une philosophie qui est davantage une philosophie de l'expression qu'une philosophie de l'intuition dans la relation qu'elle entretient avec le vrai, le bien ou le sens : la vérité se fait cheminement dans un patient travail d'interprétation et non évidence intellectuelle dans l'idée claire et distincte. Elle serait également une philosophie qui accorde sa valeur, parce qu'elle se situe dans le plein des médiations sensibles, aux expériences imageantes (mentales ou plastiques) n'ignorant pas que l'imagination n'est pas sans la vie des images et ces expressions pratiques qui donnent un style à une culture ou à une existence. Elle est une philosophie qui ne réduit l'image ni à une illustration (exemple), ni à un symptôme (pathologie) mais bien à une expérience médiatrice. Une philosophie de l'imagination pratique se refuse à ne penser et à ne vivre les enjeux humains qu'à partir de l'efficacité de la raison abstraite, calculante et technicienne sans pour autant être irrationnelle. Paul Ricœur développe une telle philosophie, adjoignant à l'herméneutique du récit, une herméneutique des images. Certes, il ne le fait pas à la manière d'un Gadamer car chez Ricœur l'image ou l'imagination se fait la plupart du temps image racontée. Sa philosophie n'est pas une philosophie de la spatialité mais de la temporalité. L'image chez lui n'est pas spatialisante mais narrative. Sans doute est-ce pourquoi, plutôt que d'image, il parlera de métaphore, de mythe, de parabole ou de symbole.

Mais cette philosophie de l'imagination est une philosophie de la fonction tierce, du schème situé entre le percept et le concept. Héritier de la tradition kantienne, Ricœur à la différence de Kant ne construit pas la raison pratique sur le modèle de la raison théorique, mais plutôt du côté du jugement réfléchissant exploré dans la *Critique de la faculté de juger*, proche en cela des derniers travaux d'Hannah Arendt. L'imagination, fonction du possible pratique, se fera attentive à la dynamique des forces plutôt qu'à la statique des formes engagée dans la vie éthique concrète. Elle suivra les processus pratiques plutôt que de se cantonner dans les dualismes.

Cette philosophie se libère d'un fonctionnalisme des symboles qui n'y voit que ce qui structure un collectif ou d'un psychologisme qui ferait du monde, l'espace d'une projection psychique. Elle montre que l'activité de l'imagination sert une approche approfondissante du monde en nourrissant les mobiles de l'action, promeut un élargissement des possibles et l'exploration de possibilités non existantes, renouvelle la compréhension de la responsabilité, et enrichit la délibération morale par une mise en perspective. Le symbole ne sert pas une évasion mais une intensification de notre présence au monde dans sa dimension interne et travaille en externe à l'ouverture des possibles dans l'anticipation. En somme, la philosophie de l'imagination de Ricœur articulera les trois dimensions de l'activité symbolisante[1] : l'articulation au monde présente dans sa dimension de cosmicité (la hiérophanie étudiée par l'histoire des religions); l'onirisme présent dans la dynamique psychique et pulsionnelle du sujet (*cf.* la psychanalyse) et la portée poétique qui est puissance de déformation des images (la poétique des éléments bachelardienne). Ricœur en montrera la fécondité dans le champ pratique.

L'IMAGINATION ET L'ANTHROPOLOGIE DE L'HOMME CAPABLE

Parler de l'imagination comme fonction du possible pratique est révélateur du projet philosophique de Ricœur. Dans l'anthropologie ricœurienne, qui est une anthropologie de l'homme capable et pas seulement de l'homme coupable, l'imagination tient une place majeure. Le cogito ricœurien, s'il est capable de sentir, de désirer, de percevoir, de penser, de vouloir est donc aussi un cogito capable d'imaginer. L'homme capable ne manque pas d'imagination. Plus et davantage même, l'imagination fait partie de ses capacités fondamentales qui lui signifient sa liberté. Elle manifeste en l'homme la possibilité de configurer un monde comme son monde et d'explorer et de faire advenir des attentes en rupture avec « l'ordre des choses », fût-il un ordre moral ! Puissance de subversion, il y a dans l'imagination une capacité d'ouverture qui installe le cœur de la philosophie pratique moins du côté du souci de la norme et de la loi que du côté de l'éthique et de la visée. L'aspiration et l'anticipation en imagination de ce qui pourrait être ou de ce qui est souhaitable est premier par rapport à ce qui devrait être. Il faudra nous en souvenir car dans la thématisation ricœurienne, l'antériorité logique de l'éthique sur la morale tient à cette importance donnée à la visée en imagination préférentiellement à l'exigence de la norme ou du principe moral. N'est-ce pas dû au fait que

> le jugement moral […] a besoin de l'art de raconter pour, si l'on peut dire, schématiser sa visée ? Cette visée (éthique) ne peut manquer, pour devenir vision, de s'investir dans des récits à la faveur desquels nous mettons à l'essai divers cours d'actions en jouant, au sens fort du terme, avec des

1. Paul Ricœur, La symbolique du mal, *Philosophie de la volonté II*, *op. cit.*, p. 174.

possibilités adverses. On peut parler à cet égard d'imagination éthique, laquelle se nourrit d'imagination narrative [1].

Cette capacité d'imaginer trouvera à s'exprimer, de façon privilégiée, dans la capacité qu'a l'humain de raconter des histoires – avec toute l'équivoque que cette expression peut avoir en français. Par ce recours au rôle de l'imagination dans l'action, la philosophie morale de Ricœur diffèrera de celle de Kant qui récusera l'idée d'un schématisme pratique. Pour Kant, la faute est déjà commise; pour Ricœur elle est seulement possible. Telle est la « liberté selon l'espérance ». Si pour Kant, l'homme est fautif, pour Ricœur l'homme est faillible (*L'homme faillible*, 1960). Méditant sur le mal, notamment sur le rôle des mythes et de toutes ces histoires que les hommes et les peuples se racontent, Ricœur en conclut qu'il ne s'agit pas là d'un détournement de la responsabilité et de l'attention. Au contraire, par les symboles, les mythes, les récits, les histoires, réelles ou fictives qu'ils se partagent, les hommes déploient un répertoire d'actions, une grammaire des pratiques avec lesquelles l'imagination joue. Les reprenant, les reconfigurant diversement, jouant à les faire varier, l'imagination explore diverses voies et ouvre des possibles inédits. L'imagination inaugure le tiers lieu transitionnel où des variations sont envisagées, testées, éprouvées en images et, ce faisant, mettent du jeu dans la réalité pour le dire comme Winnicott, et ce faisant, libèrent. « Entre ce qui pourrait être une logique des possibles narratifs et le divers empirique de l'action, la fiction narrative intercale son schématisme de l'agir humain » [2]. Si tel est le cas, l'imagination restitue le mal en sa dimension de contingence. Il aurait pu ne pas être. Mais plus en profondeur, elle réinstalle au cœur de l'homme capable ce qui fait sa capacité d'initiative : l'innovation pratique. Décider n'est pas déduire; l'innovation pratique est une invention.

L'anthropologie de l'homme capable révèle chez Ricœur un souci constant : travailler à une « poétique de la volonté » liée à une phénoménologie de l'imagination. Dans la tension du volontaire et de l'involontaire, il s'agit de se rendre attentif au fond de passivité qui est en nous et qui attend d'être réflexivement repris. Cela le conduit à se pencher, dans l'analyse pratique non seulement sur le lien entendement-volonté comme le fait la tradition rationaliste, mais aussi sur le lien imagination-volonté. L'imagination est cette disponibilité à laisser retentir et réverbérer en nous les effets du monde. Fin lecteur de Kant, dans sa lecture de la raison pratique,

1. Paul Ricœur, *Soi-même comme un autre*, *op. cit.*, p. 194-195, n. 1.
2. Paul Ricœur, « L'imagination dans le discours et dans l'action », *op. cit.*, p. 223.

Ricœur ne privilégie plus la construction d'une raison pratique construite sur le modèle de la raison théorique (la recherche de la loi)[1], mais lit la raison pratique à partir du libre jeu des facultés examiné dans la *Critique de la faculté de Juger*. L'imagination met du jeu entre l'entendement et la volonté. Au sens fort, le jeu (c'est la différence en anglais en *game* et *playing*) essaye d'autres possibilités, associe de nouvelles manières de voir et de faire. Il augmente notre intelligence d'une situation, y ouvrant des perspectives, d'autres solutions, là où tout paraît bloqué. Mais, la fonction de l'imagination n'est pas que redescriptive. Elle a aussi une dimension de simulation, de variation et d'anticipation qui élargit le monde de la moralité : « l'imagination a une fonction projective qui appartient au dynamisme même de l'agir »[2].

Ensuite, si elle est une fonction du possible pratique, l'imagination n'est pas sans règles. Elle n'est pas cette force déréglementée qui fit parler d'elle comme d'une « folle du logis », même si une de ses forces est d'ouvrir « follement » un tiers-lieu transitionnel, critique et libérateur. L'activité de l'imagination est médiatisée dans et par des pratiques et des imaginaires sociaux qui la régulent : les imaginaires culturels ou la culture pensée comme un univers symbolique. Ils ont été analysés par une herméneutique des symboles et des textes mais aussi dans l'attention portée au rôle actif des imaginaires sociopolitiques dans le cas de l'utopie et de l'idéologie.

Enfin, en faisant place à l'imagination dans sa méditation sur l'homme capable, Ricœur renouvelle la pensée de l'éthique, du juridique, de la politique. Il légitime l'augmentation de la compréhension d'une situation pratique que mobilisent les forces imaginantes de la pratique. En faisant une place singulière à l'imagination dans sa « petite éthique », il se démarque des approches intellectualistes de la décision éthique (les approches dites conséquentialistes) pour leur substituer une approche délibérative qui parait classique dans la sagesse pratique, même s'il serait trop court d'en faire une éthique des vertus. Ici, on doit se souvenir de *Soi-même comme un autre*, et de l'interlude qui sépare la huitième de la neuvième étude. Ricœur y ralentit la conclusion qui le conduit à l'idée de sagesse

1. « …en construisant le concept d'*a priori* pratique sur le modèle de celui d'*a priori* théorique, Kant a transféré l'enquête sur la raison pratique dans une région du savoir qui n'est pas la sienne », Paul Ricœur, « La raison pratique » [1979], *Du texte à l'action*, *op. cit.*, p. 250.

2. Paul Ricœur, « L'imagination dans le discours et dans l'action », *op. cit.*, p. 224.

pratique ou d'agir phronétique[1]. L'interlude opère comme un moment de temporisation[2]. Interlude : le mot n'est pas choisi au hasard. Le temps du jeu en suspendant la décision, permet une intensification et fait varier des possibles (simuler, tester, improviser, décaler). On doit se demander quelle est la portée stratégique de l'interlude, dans tous les sens de l'expression (moment de suspens, libre jeu des facultés, espace transitionnel entre jeu et réalité, variations et exploration en imagination de formes de vie possibles) dans la vie éthique. Comment et dans quelle mesure l'imagination travaille-t-elle à augmenter iconiquement le sens de l'action, à enrichir la délibération éthique et à pluraliser les réponses possibles engagées dans le tragique de l'action ?

SAGESSE PRATIQUE ET IMAGINATION : L'IMPORTANCE DES INTERLUDES DANS L'INNOVATION PRATIQUE

Peut-on parler d'action vive comme on parle de métaphore vive ? Que veut dire : l'imagination rend attentive au vif de l'action ? Ricœur, en dialectisant les grandes traditions morales arétiques (Aristote) ou déontologiques (Kant) maintient vive leur relation, en reconnaissant leur importance aux « ressources (symboliques, imaginaires) de singularités inhérentes à la vie de la vraie vie »[3]. Cette dialectique, non ce dilemme de la visée éthique et de la norme morale, ouvre et élargit les horizons de pensées. Elle rend à la raison pratique les intérêts de la raison. Cette attention subtile, ce tact soucieux de la fragilité propre à l'innovation morale (la justesse de la décision juste) ce sont déposés dans les récits et grandes traditions culturelles. Ils sont actifs dans le monde des arts et des religions, vivifiés dans la place décisive reconnue au « nulle part »[4] de

1. Là où le latin *prudentia*, que Cicéron retiendra pour traduire le grec *phronêsis*, incite à parler de prudence, Ricœur préfère, suivant en cela Aristote, l'idée d'agir phronétique. Ce dernier rend compte de la sagesse pratique attentive au caractère contingent des choses relevant de la vie de l'action.

2. « Interlude. Le tragique de l'action », dans *Soi-même comme un autre*, *op. cit.*, p. 281-290. Un des enjeux de cet interlude sera, dans l'esprit de la connaissance de troisième genre dans l'éthique de Spinoza, de « réveiller des ressources de singularité inhérentes à la visée de la vraie vie », *ibid.*, p. 279.

3. *Soi-même comme un autre*, *op. cit.*, p. 279.

4. De ce « nulle part », Ricœur écrit : « il faut remarquer le bénéfice de cette extra-territorialité. De ce non-lieu, une lueur extérieure est jetée sur notre propre réalité, qui devient soudain étrange, plus rien n'étant désormais établi. Le champ des possibles s'ouvre largement au-delà de l'existant et permet d'envisager des manières de vivre radicalement autres. [...] Ne

l'utopie qu'inaugure l'exigence d'un « autrement que », voire d'une révolution en philosophie morale ou politique sans que pour autant qu'il s'agisse là d'une esthétisation de l'éthique. Si une éthique sans la morale est aveugle et une morale sans éthique est vide, il appartient à l'imagination de mettre du jeu entre la visée et la norme en travaillant à ce que la visée devienne vision. C'est ce qui révèle le caractère artificiel de la distinction analytique entre éthiques arétique, déontologique et conséquentialiste embrassées par un Ricœur dans un même mouvement.

Dans *Soi-même comme un autre*, Ricœur observe qu'en modernité tardive, le contexte de l'agir impose une prise en compte renouvelée de l'imagination comme fonction du possible pratique, comme si ce cadre se caractérisait par une forme d'anesthésie de notre capacité d'initiative. En effet, une attention au cadre herméneutique de l'agir (contextualisme)[1] rappelle qu'il y a une configuration historique au sein de laquelle la visée de la vie bonne et l'attente d'universalité apprennent à s'expliciter.

Dans notre modernité tardive dominée par la rationalité instrumentale, trois traits majeurs s'imposent qui paraissent anesthésier notre sens de l'agir : la complexité de situations liées au développement de l'activité technoscientifique qui encourage la convocation de l'expertise (y compris éthique) ; le pluralisme éthique qui met en discussion des traditions morales diverses ; la normalisation de pratiques protocolisées qui confond monde des choses et monde de l'agir. Ces trois traits définissent un portrait du contexte contemporain de l'agir auquel l'imagination entendue comme fonction du possible pratique apporte une triple réplique. Face à la complexité des situations, l'idéologie de l'expertise encourage « l'idée mortelle … d'une science de la praxis[2], ou une forme d'*hubris* de la raison pratique »[3] dans l'exaltation des arbres de la décision, réduisant la décision éthique à une déduction logique. N'est-ce pas à l'imagination d'instruire

pouvons-nous pas dire que l'imagination elle-même – à travers sa fonction utopique – a un rôle constitutif en nous aidant à repenser la nature de notre vie sociale ? », *L'idéologie et l'utopie*, trad. fr. Myriam Revault d'Allonnes, Paris, Seuil, 1997, p. 36.

1. Le contextualisme se concentre sur les conditions de mise en contexte de l'exigence d'universalisation éthique, mot en ce sens donc plus prudent que ceux d'historicisme ou de communautarisme. Voir *Soi-même comme un autre*, *op. cit.*, p. 333.

2. Paul Ricœur, « La raison pratique », *op. cit.*, p. 250. Il est notable alors que Ricœur, s'il a défendu l'idée d'éthique régionale, se soit toujours abstenu de parler d'éthicien ou d'éthique appliquée ; comme pour se prémunir par avance de la tentation de mettre en œuvre une science appliquée de la pratique dont on mesure les effets désastreux dans le monde fragile des affaires humaines.

3. *Soi-même comme un autre*, *op. cit.*, p. 281.

l'éthique par le tragique de l'action et une attention au fait que nos raisons d'agir ne sont pas toutes des raisons ? Face au pluralisme éthique comment inventer des dispositifs institutionnels qui le prennent en compte sans céder au relativisme et au dogmatisme. N'est-ce pas le rôle de l'inventivité institutionnelle que d'y répondre ? Face à la normalisation de l'agir par une rationalisation bureaucratique des interactions réglées, la force de l'imagination est de réveiller le vif de l'initiative en travaillant à pluraliser, explorer et inventer des réponses possibles. Elle ouvre du côté de l'évènement ce que la protocolisation tend à fermer du côté de la structure de l'action.

Ricœur, dans l'économie de sa propre démonstration, redonne donc à l'imagination/interlude une place stratégique au sein de l'éthique conçue comme sagesse pratique. Nous l'avons signalé, la dialectique de la vertu et du devoir, de la visée de la vie bonne et de la loi morale n'est pas close et définitivement achevée dans cette grande synthèse que pourrait être la vie éthique concrète, la *Sittlichkeit*. La vie morale reste une vie avec ce qu'elle porte d'imprévisible : le tragique de l'action. Pour Ricœur, soucieux d'une balance équilibrée, une morale sans éthique est vide; une éthique sans morale est aveugle. Mais le tragique de l'action fait sortir de cet équilibre en confrontant à des situations inédites. Ce balancement reste vif, parce qu'il est habité par le suspens – non l'irrésolution ou la belle âme, laquelle n'est d'ailleurs pas toujours scandaleuse posture mais courageuse protestation – de variations imaginatives qui explorent ce qui fait la chair opaque [1] de l'agir humain. En effet, que serait un agir totalement dévitalisé de sa puissance d'imaginer sinon celui d'un automate rationnel ? En instaurant un pas de côté, l'interlude éthique redécouvre qu'une résolution pratique ne saurait se confondre avec une solution logique. Entre la délibération et la décision, l'interlude dilate et temporise en des variations imaginatives ce que pourrait signifier opter et agir. « Une des fonctions de la tragédie à l'égard de l'éthique est de créer un écart entre sagesse tragique et sagesse pratique. [...] Cette réponse (celle de la sagesse pratique) est différée par la contemplation festive du spectacle » [2]. La fête, le jeu, l'interlude ne sont pas, dans la vie morale, que divertissements mais plutôt augmentation iconique des acteurs moraux. C'est là le rôle décisif du jeu qu'avait étudié Winnicott, qu'Axel Honneth a récemment revalorisé et que Ricœur

1. « ...le fond ténébreux de motivations que nulle analyse de l'intention morale n'épuise », *Soi-même comme un autre*, *op. cit.*, p. 282.

2. *Ibid.*, p. 288.

pointait comme majeur dans *Parcours de la reconnaissance*[1]. La culture, avec les arts, les religions, les récits historiques ou de fiction est travaillée par l'espace-temps transitionnel de jeu. Cette aire intermédiaire met en relation l'universel et l'histoire, une exigence de principe et la singularité insubstituable d'une situation sur le mode d'un jeu. Il est du rôle de l'éthique de parvenir à la maintenir vive et à la faire exister dans les instances ou les institutions régulatrices de l'agir. Là où les théories de l'action décrivent les jeux d'agents comme des interactions réglées quasiment naturalisées, l'agent disparaissant sous la description objective de l'agir, Ricœur fait entendre que ce jeu est l'instauration/restauration des capacités d'initiatives des acteurs, y compris dans ce qu'elles ont d'imprévisibles (hésitation, mensonge, illusion, attentes). Comment alors instituer cette possibilité du jeu, laquelle restaure les agents dans leurs statuts d'acteurs, lorsqu'il s'agira de la complexité, de la pluralité et de la normativité ?

La complexité des situations que crée la techno-science moderne appelle une intelligence de cette complexité. Les experts y ont un rôle déterminant afin d'éclairer l'agir dans un monde incertain. Dans la complexité des situations (médicale, biotechnologique, militaire, humanitaire, etc.) inventer une conduite juste, arbitrer sans arbitraire, tout en tenant compte de la singularité des cas est un enjeu. Si la complexité appelle l'intelligence experte de cette complexité, la tentation est grande d'affirmer que seule la formulation experte des enjeux d'une décision en termes de calcul des bénéfices/risques est pertinente. Or une déduction est la conclusion d'un raisonnement; une décision est une invention consécutive à une délibération déployée en action. L'expert nous instruit de la consistance des contrées troubles et opaques de l'agir, mais il appartient à la responsabilité éthique de vivre l'intensité de cette complexité, pour initier une réplique à l'irremplaçable d'une situation. L'idéologie de l'expertise est tentée d'appliquer la loi (jugement déterminant) là où il s'agit d'inventer la loi pour le cas (jugement réfléchissant). L'expert réglemente; l'acteur invente. C'est pourquoi, en lieu et place de cette idéologie, il incombe pour Ricœur d'initier des « cellules de conseils », de pluraliser les réponses pratiques, de maintenir le souci de réguler sans en venir à croire pouvoir réglementer.

1. *Ibid.*, p. 278.

> La sagesse pratique consiste à inventer les conduites qui satisferont le plus à l'exception que demande la sollicitude en trahissant le moins possible la règle [...]. Jamais la sagesse pratique ne saurait consentir à transformer en règle l'exception à la règle. Encore moins devrait-on légiférer dans un domaine où la responsabilité de choix déchirants ne saurait être allégée par la loi[1].

Il s'agit donc de sortir des approches binaires afin de permettre aux acteurs d'imaginer et de penser, tout en étant instruits du caractère complexe des situations. L'acteur moral occupera donc une position médiane entre l'agent rationnel aux conduites prédictibles et mécanisables, et l'auteur qui pense s'être auto-engendré. L'acteur est porteur de traditions morales et d'attentes, et c'est ce jeu entre sa mémoire de l'agir et son imagination, discutant avec d'autres, qui peut contribuer à inventer la réponse ajustée dans une authentique clinique de l'action.

Concernant le pluralisme, comment les institutions font-elles vivre la pluralité des traditions morales qui les traversent ? Le rôle dévolu à l'éthique de la discussion habermassienne qui se concentre sur la forme par laquelle ces traditions plurielles entrent en discussion n'épuise pas l'enjeu. À la question « comment » s'adjoint la question « de quoi » discute-t-on. Si le formalisme procédural attaché à l'éthique de la discussion est précieux, comment y intégrer la prise en compte de l'inventivité pratique, d'une créativité institutionnelle résistant à l'idée de réduire le pluralisme des traditions morales ? Maintenir ouverte, au sein de l'institution, une forme de flou de l'action – non de mou – mobilise la responsabilité des acteurs en stimulant leur puissance d'initier (dédier des espaces et des temps à rien de dédié ; organiser dans le temps des institutions des temps d'analyse de la pratique). Pluraliser les réponses en proposant non pas un, deux mais trois scénarios possibles dans la résolution d'un cas difficile est une autre option. C'est ce que cherche à faire l'éthique clinique par exemple. La prise en compte du pluralisme éthique invite à penser le passage de la dimension individuelle à la dimension collective en méditant sur l'importance des institutions. Lier ensemble institutions et imagination envisage celles-là dans leur dimension utopique : celle d'une entente enfin conquise. Installer l'imagination au cœur de l'institution y découvre la vive tension de la réforme et de la révolution. La triple *mimesis* ricœurienne est ici féconde pour décrire ce processus de formation, déformation, réformation propre à l'institution !

1. *Soi-même comme un autre*, *op. cit.*, p. 313.

Face à la normalisation de l'agir par les protocoles, les guides de bonnes pratiques, qu'encourage une application mécanique et standard de la théorie des jeux, le rôle de l'imagination, entendue comme faculté du possible pratique est de redonner toutes leurs places aux motivations et aux hésitations, aux explorations pratiques des acteurs. À un intellectualisme de l'agir, elle oppose un volontarisme tempéré, un volontarisme imaginatif. Il est une tentation : la violence totalisante sinon totalitaire voulant imposer une conception et une conduite univoque relatives à ce qui devrait être fait, éludant « les tâtonnements historiques de la compréhension de soi de l'homme moderne »[1]. Reconnaitre ce rôle de l'imagination éthique contribue à résister à cette tentation. L'enjeu n'est pas de rendre la décision plus compliquée, mais d'en rappeler le fond complexe. Il est dans le monde des affaires humaines de légitimes objectivations des pratiques. Elles sont observables dans les processus dit d'implémentation, de traductions (on pense ici à la sociologie dite sociologie de la traduction) des *guidelines,* dans ce que l'on nomme aujourd'hui l'amélioration continue de la qualité ou les activités d'accréditation des organisations. Mais la discussion de ces légitimes pratiques de planification des institutions montre qu'elles ne relèvent pas de l'ordre de l'application stéréotypée et mécanique d'une logique de la coordination (le point de vue de l'action prescrite) mais d'une forme de traduction et d'appropriation par les acteurs. Ces dernières mobilisent leur créativité et leur ingéniosité pratique dans des formes vives de la coopération ou de compréhension de ce qu'est l'excellence pratique (le point de vue de l'action réelle)[2]. Il ne s'agit pas là de parasites mais bien au contraire du vif de l'action à reconnaitre et à valoriser comme tel.

En accordant à l'imagination la fonction du possible pratique, l'éthique ricœurienne délaisse le langage du substantif – accentuant une dimension ontologique attentive au fondement des principes de l'agir – au profit du verbe, d'une capacité d'initier. Ce faisant, Ricœur soustrait la réflexion éthique au prestige de la substance qui veut s'assurer définitivement de la vérité morale. Il l'envisage comme capacité à faire advenir dans le monde un essentiel attesté. Son éthique ne relèvera pas d'une logique de la fondation mais de l'attestation. Elle n'est pas un programme normatif à honorer mais un processus ne cessant d'expliciter une visée en visions.

1. *Soi-même comme un autre*, *op. cit.*, p. 303.

2. « Le principe unificateur d'une pratique ne réside pas seulement dans des relations logiques de coordination, voire de subordination ou d'enchâssement, ni même dans le rôle des règles constitutives, au sens de la théorie des jeux et de la théorie des actes de discours, dont la neutralité éthique doit être rappelée », *ibid.*, p. 206-207.

CHAPITRE V

PAUL RICŒUR, PENSEUR DU TÉMOIGNAGE

Valeurs incarnées en des personnes, styles d'existences assurés sans se confondre avec des incarnations définitives du bien ou des valeurs, le saint, le génie, le héros ont attiré. Max Scheler dans *Le formalisme éthique et l'éthique matériale des valeurs*[1] les compris comme des modèles-types initiant à la vie morale. La vie éthique ne se livre pas ailleurs que dans des existences. Bergson avant lui, dans *Les deux sources de la morale et de la religion* (*1932*) valorisait l'importance de l'initiation plutôt que l'imitation en morale. Dans les saints, les génies, il découvrait des figures d'une morale ouverte opposées à la clôture des normes et à la contrainte des habitudes sociales. Il situait le dynamisme moral du côté d'une aspiration à la vie plutôt que du côté de la contrainte.

Se référant rarement à Bergson ou Scheler, Ricœur a repris cette distinction entre l'obligation dans la contrainte et l'appel ouvert à l'aspiration à la vie. La distinction entre morale et éthique qu'il thématisera en est l'héritière. Par contre, il ne parle plus de saint ou de héros, mais de témoin.

> L'obligation cesse d'être une contrainte quand les valeurs illustrées par les mœurs prennent le visage de quelqu'un, sont portées par l'élan de décisions vivantes, bref sont incarnées par des personnes authentiques [...]. Il paraît bien que la contrainte des impératifs moraux soit liée à leur anonymat [...] plus une valeur comme la justice est incarnée par une conscience militante qui lui confère l'élan de son indignation et de sa générosité, plus la

1. Max Scheler, *Le formalisme en éthique et l'éthique matériale des valeurs. Essai nouveau pour fonder un personnalisme éthique*, trad. fr. M. de Gandillac, Paris, Gallimard, 1955, p. 571-594.

> contrainte se convertit en appel. La contrainte est le signe d'une déshumanisation [...], l'appel est le signe d'une création, d'une « historialisation » vivante des valeurs par des hommes eux-mêmes vivants. Contrainte et appel sont la limite inférieure et la limite supérieure des « représentations collectives » [...] la zone du « social » [...] a pour limite inférieure la contrainte ou l'esclavage où il n'y a plus de société ni de droit et où le vouloir est aliéné ; elle a pour limite supérieure l'amitié où il n'y a plus de société ni de droit, mais un appel libérateur, et où le vouloir n'est plus motivé, conseillé mais créé [1].

Cet appel créatif engagé dans la vie pratique conduit Ricœur à promouvoir une éthique du témoignage attentive à des expériences morales plutôt qu'à des constructions normatives anhistoriques. Le témoignage est inscription d'une exigence éthique en une biographie. L'herméneutique du témoignage, en tant qu'elle rappelle que toute bonne interprétation s'achève en ses conséquences pratiques, reprend donc le thème classique du modèle moral. Mais si l'éthique du témoignage, prend ses distances avec le thème du modèle ou de l'exemplarité en morale, elle le doit à l'introduction d'une herméneutique de soi. Le modèle (saint, génie) s'accordait encore avec une conception substantielle de la vérité morale. L'exemple (*Beispiel*) se réduit au rang d'illustration de la loi morale. Le témoignage, quant à lui, se fera l'interprète, comme on le dit en musique, de la visée éthique. Mais comment comprendre cette interprétation ? Le témoignage, distinct en cela du militant ou du martyre (l'autre nom pour témoignage en grec) initie-t-il une modalité singulière de l'expressivité morale ?

Notre temps, en rompant avec le substantialisme moral, valorise l'authenticité plutôt que la normativité, l'imprévisibilité d'une réponse éthique plutôt que des postures morales attendues. Tels sont les témoins, les justes. Sans servir un nouveau discours édifiant, ils attestent de ce qui se noue entre la visée de l'action morale et celui qui l'actualise. Aussi n'est-il pas étonnant que chez des auteurs aussi différents que Nabert, Heidegger, Levinas, Ricœur ou Agamben, le témoignage apparaisse comme décisif. Il est orienté non du côté de la traditionnelle critique testimoniale (la critique des sources documentaires en droit, en théologie ou en histoire) mais du côté de son pôle d'attestation, voire d'une sorte d'esthétique testimoniale concentrée sur la subtile parenté du beau et du bien dans l'examen de la beauté d'une vie.

1. Paul Ricœur, *Le volontaire et l'involontaire*, Paris, Aubier, 1963, p. 121-123.

En contrepoint, l'époque contemporaine a donné au témoignage, entendu comme capacité à exprimer des valeurs, des développements thématiques en histoire, littérature et droit, trois lieux de l'herméneutique qu'explorera Ricœur. Expression d'autre chose que de soi – on témoigne de… –, la médiation testimoniale, hantée par l'équivoque, appelle l'interprétation. Dans l'historiographie tout d'abord, elle statue sur le type de source documentaire valide pour l'historien que serait un témoignage. Mais dans l'histoire du temps présent, le travail de la mémoire par les historiens cherchant la vérité objective, est entré en débat avec le témoignage de contemporains ou de survivants soucieux d'une vérité d'existence. Cette concurrence entre *mémoire travaillée* par l'historien et *mémoire déclarative* du témoin engagé dans son témoignage[1] questionne la vérité testimoniale. Le premier explique plus dans une logique de l'exactitude ce que le second comprendrait mieux dans une logique de la rectitude éthique.

Dans la littérature ensuite, on a vu apparaître le récit de témoignage – un genre littéraire ? – qui maintient vive la brèche entre le roman et l'autobiographie. Les récits de survivants des génocides, les récits de grands malades sont témoignages d'une expérience du mal commis ou subi. Au cœur de ce qu'ils relatent, la protestation contre ce qui déshumanise y prépare l'attestation que c'est un homme qui est engagé là. La protestation à l'égard de ce qui indigne est en creux une voie vers l'attestation de ce qui devrait être. Dans le récit de témoignage, le récit y est simultanément attesté comme un récit de vie à portée axiologique, entrelaçant « l'écriture ou la vie » comme le dira Jorge Semprun. Le « ou » en question, dans l'écriture ou la vie laisse une part d'indétermination ouverte à des horizons d'universalisation, alors qu'on pourrait être dans l'opposition entre la fiction dans l'écriture ou la fixation traumatique dans la vie. On pense au témoignage relatif au mal subi dans la maladie (témoignages littéraires de malades, de médecins ou de proches), ou au mal commis par l'homme à l'égard de l'autre homme dans la violence génocidaire et les autres contrées du mal (Primo Lévi et Auschwitz, Vann Nath et le génocide cambodgien, Hatzfeld et le génocide rwandais, etc.). La force figurative de la littérature testimoniale noue un lien éthique fondamental entre le témoin et ses récepteurs par le biais de la figuration (présentation) esthétique, sans être donneuse de leçon.

1. Paul Ricœur, *La mémoire, l'histoire, l'oubli*, Paris, Seuil, 2000, p. 181.

Ces deux premières voies – la vérification documentaire et la vérité présentifiée –, accentuent la dialectique de l'universel et de l'historique présente dans le témoignage. Elle sera dramatisée par le témoignage des survivants dans l'enceinte des tribunaux jugeant les violences génocidaires. Il y a là des enjeux épistémologiques : la construction critique du jugement judiciaire fait du témoignage une ressource documentaire, non une source de sens. Il y a là également des enjeux éthiques qui nouent existentiellement le témoignage et ce qu'il atteste à l'histoire. Si le témoignage adjoint à un universel attesté une expérience, comment rendre compte en lui du lien entre sa dimension historique et l'universel qu'il atteste ?

Ce problème de la vérité (historique, littéraire et juridique) du témoignage tient à ce qu'il noue paradoxalement de l'absolu et l'historique. C'est à l'idée de l'absolu à laquelle se joint une expérience de l'absolu[1] que Ricœur s'est rendu attentif dans une éthique du témoignage. Il demande si l'on a le droit, sans violence, d'absolutiser une singularité historique, c'est-à-dire de quelle nature est la communication éthique engagée dans le témoignage ? Cette interrogation rejoint, en ce sens, les analyses de Søren Kierkegaard portant sur les relations entre parole et éthique, avec son cortège de craintes et de tremblements, et que ce dernier avait appelé la *dialectique de la communication éthique et éthico-religieuse*. Ce lien figuratif du témoin à la vérité peut expliquer que ce théoricien du fantastique en littérature[2] qu'est Tzvetan Todorov ait rencontré, dans sa méditation sur le mal, l'importance des grands témoins, compris comme de grands courages jamais élevés au rang hagiographique d'incarnation du bien[3] ?

L'analyse des relations entre esthétique et éthique à partir du thème de la figuration testimoniale, d'un universel sans concept est nourrie par la réflexion ricœurienne sur l'imagination éthique. Certes, toute figuration

1. Paul Ricœur, « L'herméneutique du témoignage » [1972], repris dans *Lectures 3*, *op. cit.*, p. 105.

2. Le fantastique est compris comme dispositif narratif maintenant instable la frontière entre le merveilleux (le surnaturel) et l'étrange (un surnaturel apparent mais dont on peut rendre raison). Cette tension, toujours laissée à l'appréciation de ceux qui le reçoivent, n'est-elle pas celle que l'on peut retrouver dans le témoignage puisqu'il porte à la fois une dimension d'extraordinaire dans ce à quoi il se réfère (le mal, le Bien) et à la fois l'ordinaire d'une vie, le témoin devenant une visée de l'absolu qui ne se prend pas pour une incarnation du bien ?

3. *Mémoire du mal, tentation du bien, Enquête sur le siècle*, Paris, Robert Laffon, 2000, ouvrage dédié à un grand témoin : « pour Germaine Tillion qui a su traverser le mal sans se prendre pour une incarnation du bien », p. 7.

est ambivalente et la question de l'exemplarité en morale est épineuse. Kant, à la fin de la *Critique de la raison pratique*, notamment dans la méthodologie, consacrée au statut de l'exemple en morale, et dans la *Critique de la faculté de juger* consacrée au rôle de l'attrait et de l'ornement mêlant considérations esthétiques et considérations pratiques, avait déjà sondé l'intérêt moral de l'esthétique. Le témoin n'est-il qu'un habillage ornemental extérieur à l'absolu auquel il fait signe, encourage-t-il la visée vers l'absolu (voir le § 14 de la *Critique de la faculté de juger*) ou la capte-t-il (parure) au profit d'une fascination pour le personnage charismatique qu'il peut être, ou de la sidération qu'encourage la sublimité du terrible qu'il rapporte ? Kant n'ira pas jusqu'à admettre un schématisme pratique, mais pour Ricœur ni simple exemple, ni symbole, le témoignage sera figuration du bien. La relation que le témoin entretient à la vérité dans son témoignage n'est pas qu'ornementale. Elle se fait médiation indispensable à la présentation de la vérité morale qu'il porte comme expérience humaine de l'absolu. Ce renouvellement de la réflexion morale du thème romantique d'abord, bergsonien ensuite, du rôle moral des grands hommes, délaissera la grandeur extraordinaire d'actions exemplaires (saint, génie, héros) au profit des témoins d'une vie ordinaire, de ces héros du quotidien que sont les justes.

Entre empiricité et véracité, la médiation testimoniale

Dans l'herméneutique du témoignage s'exacerbe une tension figurative entre montrer la vérité sans pouvoir la démontrer; emporter l'adhésion d'une confiance alors que le contexte de réception exige la défiance suscitée par la crainte de la manipulation, du mensonge. Cette tension illustre l'approche ricœurienne du témoignage : le témoignage est une source documentaire à analyser et critiquer épistémologiquement (expliquer plus) qui engage des motifs et des mobiles pratiques (comprendre mieux). Il le traite du point de vue d'une herméneutique de la réception.

En droit, par exemple, l'institution judiciaire vise à interpréter la valeur de ce qui est attesté, instaurant une concurrence entre le dire testimonial qui appelle à la confiance et la vérification judiciaire qui cultive la défiance sur la qualité de ce dire. Ce type de témoignage, à la frontière du juridique et de l'éthique, se trouve notamment, à côté du martyr ou des grandes figures de vie de ceux qui furent pour nous des témoins d'humanité, chez les réfugiés politiques ou les demandeurs d'asiles. C'est sur cette modalité du témoignage que nous voudrions nous arrêter à titre de cas caractéristique.

Dans le cadre de la demande d'asile de personnes réfugiées, menacées dans leur pays en raison de leurs convictions politiques ou religieuses et non reconnues ni protégées par le droit national – ce que Derrida appelle l'homme sans *oikos* –, le rôle du témoignage est empiriquement décisif : justifier la légalité de leur demande. Relatif aux horreurs qu'ils ont endurées, les incitant à fuir leur pays en devenant des hommes ou des femmes « sans qualité », leur témoignage conditionne l'acquisition d'un statut de réfugié, puisque retrouver un *oikos* suppose de se placer sous l'hospitalité du droit – cette « institution de la paix » comme dit Ricœur –, lieu à partir duquel pouvoir déployer sa revendication de la justice. Dans le même temps, la demande de droit est une première manière de renouer avec l'humanité, alors qu'on témoigne d'une blessure : l'effondrement de la confiance éthique originaire qui lie à l'autre homme et qui a motivé le départ, la fuite. Ainsi le témoignage du demandeur d'asile est-il d'ordinaire consigné dans un récit administratif : le « récit de vie »[1]. Dans ce type de témoignage, si le primat de l'exactitude narrative l'emporte sur la sollicitude éthique, elle ne la fait pas disparaître pour autant. Certes, la qualité documentaire de ce récit conditionne l'obtention du statut de réfugié. Mais ici le témoignage relève, du côté empirique d'une question de véridicité – le témoignage doit être vérifiable dans le cadre d'une phase procédurale d'enquête contradictoire relative à des faits localisables et datables (torture, humiliation, viol, etc.)[2] –; et du côté transcendantal, d'une question de véracité. Sur ce point, le témoignage engage le témoin dans sa parole, dans une déclaration devant autrui qui en appelle à sa confiance, au maintien d'une relation éthique fondamentale : la reconnaissance éthique

1. On pourra rattacher ce travail sur le récit de vie, aux analyses du philosophe de l'éducation Gaston Pineau qui a publié précisément sur la dimension auto-bio-graphique attachée au récit de vie.

2. Au niveau descriptif, tout témoignage relève d'une enquête documentaire, qui en fait l'objet d'une critique à la fois externe –comment il a été recueilli, les conditions de son recueil – et d'une critique interne –le contenu et la fiabilité de ce qu'il transmet comme informations. Il faudrait ici travailler à décrire les conditions de recueil du témoignage (le temps du juridique très court exige de recueillir des « données » dans une certaine défiance, entrant alors en conflit avec le temps post-traumatique du témoignage livré supposant l'établissement d'une relation de confiance) ; sur les incidences psychologiques de la narration du témoignage (le rappel violent et destructeur de l'horreur endurée ou du traumatisme vécu qui empêche la réparation) ; sur l'âge du témoin (le témoignage des enfants souffrants du traumatisme qu'ont subi leurs parents ; le conflit entre fiabilité et conviction intime, intensité des engagements psychiques, etc.)

et juridique d'une commune humanité, celle-là même qui a été ébranlée. C'est là la grandeur et la fragilité du témoignage. D'une part il peut tromper dans la hantise du faux témoignage et de l'autre on ne doit pas

> oublier que, quoi qu'il en soit du manque principiel de fiabilité du témoignage, nous n'avons pas, en dernière analyse, mieux que le témoignage pour nous assurer que quelque chose s'est passé, à quoi quelqu'un atteste avoir assisté en personne, et que le principal, sinon parfois le seul recours, en dehors d'autres types de documents, reste la confrontation entre témoignages[1].

Sous l'angle de sa valeur épistémique, la vérité testimoniale n'est donc pas apodictique. Le témoignage manque de preuve. Il en appelle à l'épreuve de confiance. Ainsi la dimension figurative du témoignage assume-t-elle une tension que l'on est toujours tenté de vouloir résoudre en l'écartelant par l'inscription soit dans l'enquête empirique qui le réduit au rang de document; soit en exaltant l'enjeu éthique originaire « immédiat » que découvre la confiance qui lie le témoin à ses témoins. Cette tension engage le rapport du témoignage à son témoin, de l'absolu à l'histoire, notamment à partir de l'engagement du témoin dans son dire et son agir (son corps, sa psyché, son inconscient), l'ensemble relevant d'une certification biographique : la constance du témoignage tout au long d'une trajectoire de vie. C'est pourquoi

> Le témoin est toujours plus qu'« un petit rapporteur » ou qu'un « grand reporter », pour autant que sa parole ne devienne témoignage que si elle s'accompagne d'un « J'y étais », implicite ou explicite[2].

Signe qui fait signe, le témoignage est un indice expressif plutôt qu'un seul indicateur.

Cette tension est sensible dans le rôle décisif que joue le détail dans le récit de témoignage comme élément expressif. Le détail y a une signification épistémique majeure. Il est, si l'on ose l'oxymore, un « détail immense ». Il échappe à la logique de l'accumulation d'indices multiples propre à l'entreprise descriptive, au profit d'une recherche de l'indicateur le plus puissant de la vérité en sa portée axiologique. Le détail fait sortir de l'anonymat des stéréotypes que sont malheureusement les récits de vie qui se « ressemblent » tous – un récit de viol ou d'une violence génocidaire rappelle étrangement et terriblement les autres récits de scènes similaires –.

1. Paul Ricœur, *La mémoire, l'histoire, l'oubli, op. cit.*, p. 182.
2. Jean Greisch, *L'itinérance du sens,* Grenoble, Jérôme Million, 2001, p. 394.

Le détail est alors ce qui fait retrouver de la différence singulière dans la similitude généralisante, tout en donnant de percevoir de l'universel dans l'historique. Ce sera alors dans *Si c'est un homme*, la scène où Primo Levi, parlant de son entretien pour travailler comme chimiste à l'usine d'Auschwitz, se remémore le responsable nazi qui le regarde comme à travers un aquarium. Ce sera le chant du kaddish qu'évoque Jorge Semprun alors qu'il accompagne la fin de vie de Maurice Halbwachs dans *l'Ecriture ou la Vie*; le bruit des machettes que rapporte Jean Hatzfeld à propos du génocide rwandais, etc. Le détail y révèle sa portée outre-descriptive[1] qui consiste à rendre présent l'absent; à faire voir ce que l'on ne pourra pas observer. Il éveille l'imagination éthique, ouvrant une brèche dans l'expérience pour y laisser entendre ou se manifester l'épreuve de l'autre. En ce sens, le témoignage en appelle à une herméneutique de la réception, à une forme de disponibilité éthique fragile, livrée à la contingence des rencontres.

Ricœur survalorise probablement le paradigme herméneutique du narratif pour penser le témoignage, même si le « récit de vie » invite à l'exposer ainsi. Il tend à présenter comme une réalité linéaire et relativement cohérente, ce qui peut être haché, fracturé, mal formulé et pourtant expressif. Or si la narration donne au témoignage une forme mise au service de l'entreprise de la vérification, l'autorité de la force testimoniale accentue le moment de la manifestation engagée dans la figuration. Tel est le moment phénoménologique du « Me voici » d'un témoin faisant son entrée dans le monde des normes en les vivant. Il précède le déploiement herméneutique dans une reconnaissance juridique d'un statut et d'une histoire irremplaçable. Ricœur ne laisse guère de place à ce moment égoïque et poétique de présentation testimoniale entendu comme choc de la présence, soucieux qu'il est, contre la fascination idolâtre, de vite conceptualiser et interpréter cette rencontre. Toutefois l'importance de la narration tient au fait que sa cohérence est un des critères centraux du droit positif et de ses procédures qui veut se préserver de l'arbitraire de la partialité et de la fragilité des critères externes ou extra-techniques comme aurait dit Aristote. Mais il y a dans le témoignage une dimension pré-narrative : l'entrée figurative d'un « J'y étais ». Cette dernière révèle la manière irremplaçable dont le témoin a pu lier l'absolu dans et par sa présence à l'histoire. Cette dimension pré-narrative – qui peut parfois conduire au silence de la sidération (*cf.* Le *Shoah* de Claude Lanzmann) –, et qui relève de ce que Jean-François Lyotard a appelé un figural, investit la faille où l'absolu et

1. Paul Ricœur, *La critique et la conviction*, Paris, Calman-Lévy, 1995.

l'histoire se rencontrent en une histoire. Elle y trouve ses structures d'accueil dans le corps propre du témoin entendu comme corps expressif (l'inflexion de sa voix; la force de son regard; la gestualité de ses mains, etc.); sa traduction psychique inconsciente, sa ritualité propre. Probablement que la structure de ce cogito attestant se tient alors sur cette ligne de crête où, traumatisé par l'absolu du terrible manifesté dans l'histoire, il révèle une activité dans la passivité : celle d'oser attester et de dire je, « j'y étais ».

LE TÉMOIGNAGE ET LE PROBLÈME DE LA FIGURATION

Ricœur privilégie la linéarité distanciante de la narration à l'immédiateté fusionnelle de la figuration, mot qui ne fait guère partie de son style herméneutique, lequel met à distance l'immédiateté de la sympathie[1]. On peut comprendre la figuration au sens pauvre « faire de la figuration » (*eidolon*, *fantasmata*) ou très riche, le témoignage comme « transfiguration » (*fantasia*), ou gloire de l'infini comme dira Levinas. Entre les deux, il y a le « travail de la figuration » présent dans l'idée d'un « figure-toi » invitant à se représenter en imagination une situation ou une expérience morale. Ce travail de figuration pose une question redoutable : que montre le témoin qu'il ne peut démontrer ? Si le témoignage est une médiation pour ceux qui le reçoivent, ne porte-t-il pas une dimension d'immédiateté à l'égard de l'absolu qu'il atteste ?

Entre l'idole et l'icône, la symbolique du témoignage occupe une place médiane. Comme le symbole donne à penser, le témoignage donnera à vivre parce qu'il donne quelque chose de la vie bonne à interpréter. Entre la perception ordinaire qui le fait signe visible et la saturation du visible qui invite à passer par le témoignage pour « voir » autre chose, le témoignage sera une médiation symbolique. Ricœur privilégiera le témoignage qui demande à être interprété, n'ignorant pas qu'il y a en lui la surabondance du don.

> Ce premier trait marque l'aspect *manifestation* du témoignage. L'absolu se déclare ici et maintenant. [...] Cette parole est dure à entendre pour le philosophe. Car l'automanifestation de l'absolu, ici et maintenant, marque le cran d'arrêt – le coup d'arrêt – au mauvais infini de la réflexion. L'absolu se

1. Voir l'article « Sympathie et respect » [1954], dans *À l'école de la phénoménologie*, Paris, Vrin, 2004, p. 333-360, où il discute la thèse de Max Scheler sur la fusion affective.

montre. Dans ce court-circuit de l'absolu et de la présence, une expérience de l'absolu se constitue. De cela seul le témoignage témoigne[1].

Cette dimension figurative, Ricœur la nomme donc manifestation. Il la quitte très vite pour s'attacher à la réception du témoignage, engagée dans un travail d'interprétation de ce que le témoin a choisi de retenir comme non seulement significatif mais signifiant pour devoir le figurer en une histoire de vie. Cette prise de parti n'est pas arbitraire – une mémoire manipulée – mais arbitrée par le poids figuratif du détail. Elle retrouve le témoin sous le témoignage, la personne sous le cas, la figuration expressive sous la narration cohérente.

Dans « L'herméneutique du témoignage »[2], Ricœur pose qu'une philosophie du témoignage est une « philosophie qui ne trouve ni dans l'exemple ni dans le symbole la densité de cette expérience »[3] qui joint à l'idée de l'absolu une expérience de celui-ci. Ce mot d'absolu, emprunté à Nabert, désigne cette aspiration à être dans la plénitude qui habite le sujet ou l'ouverture à une altérité radicale manifestée dans l'histoire. Le témoignage, entendu comme médiation, mobilise l'imagination éthique. Cela rend compréhensible ce que peut être la présentation subjective du principe moral, si l'on pense au rôle accordé au beau symbole du bien ou à la sublimité morale dans la *Critique de la faculté de juger*[4], s'approchant de cette expérience absolue de l'absolu sans se l'approprier. C'est là le problème kantien de l'hypotypose non pas schématique mais de l'hypotypose symbolique. Cette dernière se comprend comme présentation indirecte du principe. Or le témoignage, médiation pratique, rend possible, « sans saut trop brusque » comme dira Kant, le passage entre l'absolu et l'historique. En effet, le témoignage mobilise assez pour engager à l'action. Il rend sensible, présent et accessible l'absolu qui l'a touché. Pour en rendre compte, l'expérience esthétique est riche d'enseignement pour l'expérience morale. Témoin et œuvre d'art relèvent d'une manifestation indépassable du singulier et sont ouverts à une communicabilité universelle. Il y a de belles vies, concept qui va au-delà de l'hagiographie ou de l'imitation servile, car il y a la « beauté spécifique des actes que nous admirons éthiquement »[5].

1. « L'herméneutique du témoignage », *op. cit.*, p. 130.
2. *Ibid.*, p. 105-138.
3. *Ibid.*, p. 106.
4. Kant, *Critique de la faculté de juger*, § 59 : « De la beauté comme symbole de la moralité », trad. fr. Alexis Philonenko, Paris, Vrin, 1965, p. 173.
5. Paul Ricœur, *La critique et la conviction*, *op. cit.*, p. 273.

La figuration testimoniale ne relève donc pas de l'illustration d'un absolu par l'exemple. Elle n'est pas exemple subsumé sous une loi générale. L'exemple (*Beispiel*), dans ce qu'il a de déterminé, enferme dans l'empirique et le particulier. Il n'y a rien en lui qui augmente la compréhension de l'absolu qu'il illustre. La figuration testimoniale n'est pas non plus rendue adéquatement par l'équivocité du sens donné dans le symbole. Ce dernier renvoie à une signification flottante qui prête le flanc à de folles proliférations expressives. Or le témoignage rend déterminée et circonscrite sa dimension figurative. Il le fait par le biais des règles de production et de réception qui contraignent son expressivité, que l'on pense à l'exégèse juridique exercée sur le récit de vie du réfugié; à la contrainte d'écriture du témoignage littéraire; à la manière de travail sur la figuration auquel est confronté le vidéaste qui veut saisir sans s'en saisir un témoignage. Entre exemple et symbole, entre la loi morale et l'expérience éthiquement vécue, la figuration testimoniale convoquerait un schématisme pratique. À cet endroit, Ricœur n'est plus kantien. Le témoignage, au point de jonction de l'universel et de l'historique, rend sensible l'universel du principe moral. En son témoin, il se constitue en signe historique sensible du caractère intelligible de l'universel. Rattaché au problème de l'exemplarité en morale, le témoignage préfigure un rapport possible à l'absolu dont il montre qu'il est possible d'en vivre tout en attestant et rendant sensible l'absolu.

Le témoignage dans son « j'y étais » révèle le travail par lequel l'universel et l'historique trouvent à se conjoindre. Par-là, il maintient simultanément une ouverture en lui à plus que lui, une dimension d'appel. Le témoignage ne témoigne pas de lui ni pour lui seul mais d'une réalité extérieure à lui. D'autre part il renvoie au caractère insubstituable du témoin dans le témoignage puisque le témoin est toujours, dans la vie morale quelqu'un. Médiation pratique, sur le témoignage se condense trois moments interprétatifs distincts mais intimement liés qui font du témoin, au sens kierkegaardien, une Exception.

Le premier moment interprétatif porte sur la tension entre l'absolu visé et le singulier qui le figure. Cet amont du témoignage est orienté en direction d'un absolu à portée universelle dans le « témoigner de ». Il est ici question du « quoi » engagé dans le témoignage, de l'événement, du sens ou du traumatisme qu'il atteste. Ce pôle d'extériorité fait du témoignage une figure de l'excès qui ouvre à plus que soi. Cela questionne, en termes de réceptivité, le statut du cogito attestant, disponible à l'absolu qui le devance.

Le second moment interprétatif concerne la relation qui s'établit entre le témoignage et la communauté historique qui le reçoit ou non. À l'aval, du point de vue de sa réception, on questionne devant qui ou pour qui le témoignage se présente. Cette part du « pour qui ? » concerne tout témoignage, ouvert sur l'horizon d'autrui et des autres. Une herméneutique de la réception se fera attentive aux conditions dans et par lesquelles le témoignage est rendu. Si elle le reçoit et se laisse bouleverser par lui, elle devient communauté attestante mobilisée dans sa capacité d'agir par l'appel du témoin. Recevoir le témoignage dans ce que peut avoir d'incomparable ce qu'il figure fait de lui, pour cette communauté historique, de quoi se constituer et se mobiliser pour un monde commun. Ce sera là le lien entre témoignage et traditions. À cet endroit, des ponts sont possibles entre les analyses de Ricœur et celles de Bergson dans *Les deux sources de la morale et de la religion*, à propos des figures attestantes et de l'ouverture que sont le saint ou le héros. Mais Ricœur se réfère, étonnamment, très rarement à Bergson en ce qui concerne la réflexion morale alors qu'il le mobilise abondamment dans ses analyses sur la mémoire.

Le troisième moment interprétatif concerne la tension entre le témoignage et son témoin, inventant pratiquement, dans le cadre d'une imagination créatrice, le lien entre le contexte singulier d'une vie et l'universel absolu dont elle témoigne. Ce moment médian du témoignage pour lequel le témoignage est toujours celui d'un témoin, est important parce que dans le laboratoire du témoignage, pour plagier une formule de Blondel consacrée à l'action, le témoin réussit à faire pleinement ce que l'on ne parvient pas à expliciter entièrement. Il y a dans la réalité de l'agir pratique une résistance à l'intelligence théorique. Or, le témoignage montre pratiquement, dans son « je l'ai fait parce que je l'ai fait », ce que l'on ne parvient pas à démontrer théoriquement.

Le témoignage est bien l'expérience d'un plus que soi… en soi… mais pour et devant l'autre et les autres. S'il porte bien en lui une dimension d'apparition, son travail de figuration est donc triplement à interpréter. Du point de vue de la description procédurale le témoignage se décode, du point de vue figuratif il se déchiffrera !

LA DESTINATION ESTHÉTICO-ÉTHIQUE DU TÉMOIGNAGE

L'enjeu de la figuration n'est pas du même ordre que celui de la description. Dans le premier cas, l'enjeu est épistémologique; dans le second il est esthético-éthique. Au point charnière de la poétique et de l'éthique, le témoignage lie le problème de l'unicité historique avec celui de l'incomparabilité morale (liée à l'épreuve d'un absolu). Comme l'observe Paul Ricœur, il y a une différence majeure entre l'irrépétabilité du fait objectivé et l'incomparabilité de l'éprouvé. La première on l'enregistre; la seconde nous mobilise. Cette dernière appelle alors une responsabilité éthique et une réplique juridique et politique en tant que fracture sur laquelle il s'agit de revenir pour ne pas que s'effondre le monde commun. Il y a erreur à «confondre l'exceptionnalité absolue au plan moral avec l'incomparabilité relative au plan historiographique»[1], c'est-à-dire «l'incomparabilité absolue des irruptions de l'horreur». Ce caractère incomparable du témoignage affecte le socle «poéthique» du monde commun, interrogeant une communauté historique sur la capacité qu'elle aura de se laisser ébranler en ses pratiques et ses institutions par les répercussions d'un tel témoignage. Cet incomparable explique pourquoi Ricœur attend d'expliquer plus le témoignage par la critique documentaire, pour le comprendre mieux en son efficacité éthique. On en pense la fécondité lorsqu'il s'agit de témoignages de malades relatifs à l'ébranlement ontologique qu'est l'épreuve de la maladie nouant littérature, médecine et éthique. On en voit la portée en droit, dans la perspective judiciaire plutôt que dans une théorie de la justice, Ricœur situant le témoignage à l'interface de la critique des sources et de l'affirmation d'un essentiel manifesté, dans la protestation ou l'attestation.

Ce problème de la destination éthique du témoignage convoque la fonction de l'imagination productrice comme ressource poétique pour l'éthique. Ricœur en parle en termes de poétique de la volonté. Entre l'imagination mise au service de la connaissance dans le schématisme théorique, et le libre jeu créateur de l'imagination dans l'imagination fictionnante, l'imagination comprise comme faculté du possible pratique convoque une créativité morale. Elle mobilise la portée figurative du témoignage. Dans le témoignage, entendu comme schème, s'exprime un universel dans le particulier, et l'on peut remonter du particulier jusqu'à la règle. Mais Ricœur, méfiant sur le fait de croire pouvoir trouver un absolu dans un moment de l'histoire, garde une distance critique, herméneutique, à l'égard de ceux qui

1. Paul Ricœur, *La mémoire, l'histoire, l'oubli*, *op. cit.*, p. 435.

prétendraient être une incarnation du bien. C'est la raison pour laquelle il pense un schématisme à partir d'une approche herméneutique de la raison pratique, comme un processus, et non comme relevant d'une philosophie du savoir absolu de type hégélien. Le témoignage peut manifester l'absolu de la loi morale, mais ceci à chaque fois qu'il témoigne et sans prétention à se faire une totalisation définitive et close de celle-ci. Telle est la fécondité de l'idée de schème qu'elle insiste sur ce travail créatif de manifestation qui est un travail de déchiffrement et non une subsomption.

À cet endroit, Ricœur est proche des analyses de Hannah Arendt relisant le Kant de la *Critique de la faculté de juger*. La raison pratique aurait été autre si, au lieu de prendre pour modèle l'analyse de la raison pure, elle s'était pensée à partir de la faculté de juger et du réfléchissant. Pour le jugement déterminant, l'exemple est une illustration (*Beispiel*) du jugement. Subsumé sous la règle, le témoignage n'y est pas pensable. Pour un jugement réfléchissant, l'exemple devient une aide pour faire voir la règle. Il devient ce qui a une « valeur exemplaire » (*Exempel*), sauvant ainsi la singularité irremplaçable du témoignage[1]. Dans son interprétation du texte d'Arendt commentant la *Critique de la faculté de juger*, Myriam Revault d'Allonnes, s'arrête sur la « valeur d'exemplarité ».

> Si la validité spécifique des jugements prend la forme de l'exemplaire, ce n'est pas pour exalter l'exception (l'isoler dans l'horreur ou la rehausser dans l'admiration), mais pour *sauvegarder l'unicité d'une figure, d'un geste, d'un acte qui ne s'anéantit pas dans la fragile révélation qu'il porte au-delà de lui-même*. Il est aisé de concevoir que cette « validité exemplaire » est celle des hommes (Achille, François d'Assise, Jésus de Nazareth), des penseurs (Socrate, Lessing, Kant), des événements (conseils révolutionnaires, soviets, insurrection hongroise de 1956) dont la « compagnie » peut guider nos jugements et nos décisions[2].

Ricœur est un fin lecteur de Kant. Or Kant, dans l'Analytique du sublime de la *Critique de la faculté de juger* distinguait entre le sublime mathématique, expérience d'une immensité quantitative incommensurable nous renvoyant à notre disproportion, et le sublime dynamique relative à l'immensité qualitative des forces de la nature effrayantes, pouvant nous écraser dans l'humiliation impuissante ou relever en nous

1. Sur ce point, voir la conférence d'Hannah Arendt, « L'imagination », prononcée dans le cadre du Séminaire sur la *Critique de la faculté de juger*, donnée à la New School for Social Research à l'automne 1970 reprise dans *Juger, Sur la philosophie politique de Kant*, *op. cit.*, p. 118-126.

2. *Ibid.*, p. 237-238.

notre sens moral. « On peut considérer un objet comme *susceptible de* faire peur sans avoir peur *devant* lui, si nous le jugeons justement en telle manière que nous ne fassions que *penser* le cas »[1]... Cette distinction éclaire le témoignage absolu de l'effroyable. Si l'on a peur devant lui – on pense au retour des déportés des camps de concentration lors de la deuxième guerre mondiale –, nous cédons à cette fascination pour l'horrible qui nous tétanise en nos passions, nos affects et nos fragilités morbides. Telle est la raison de la lassitude compassionnelle : une usure de nos capacités devant l'immensité de la catastrophe qui réduit « notre pouvoir de résister à quelque chose de dérisoire en comparaison de la force qui leur appartient »[2]. Fatalité du « on n'y peut rien » où la déroute de l'imagination s'accompagne d'une déroute de notre capacité d'initiative. En effet, le propre de l'horrible est de niveler précisément les plans d'action, perturbant notre jugement devenu incapable d'exercer sa clairvoyance afin de déterminer les niveaux propres de responsabilité. Mais le sublime dynamique relatif à ce qui est « susceptible de faire peur » sur le plan esthétique n'est-il pas aussi ce qui peut mobiliser notre résistance éthique ? L'attestation du témoignage qui témoigne du terrible absolu, – celui des terribles contrées du mal que peuvent être la maladie, le génocide ou la catastrophe technologique – ne peut-il pas aussi, – ce « aussi » est central –, réveiller notre capacité d'initiative en augmentant la lucidité de notre jugement ? Pensée dans le registre du sublime, la figuration testimoniale est donc ce qui peut réveiller de la peur qui tétanise. Sera-t-elle ouverture, pour ses témoins, de la pleine mesure de leurs capacités et stimulation de l'initiative de ceux qui le reçoivent et l'entendent ?

Dans le cadre du projet ricœurien d'une poétique de la volonté, le témoignage donne de repenser les relations de l'imagination et de la volonté.

> Les moralistes aiment à nous parler de l'invention en morale, comme si la vie morale était l'œuvre de l'intelligence ! Qu'on nous parle plutôt de la puissance primitive : *l'imagination morale*. C'est l'imagination qui doit nous donner la ligne des belles images le long de laquelle courra le schème dynamique qu'est l'héroïsme. *L'exemple, c'est la causalité même en morale*[3].

1. Kant, *Critique de la faculté de juger*, § 28 : « La nature comme force », *op. cit.*, p. 99 (l'auteur souligne).

2. *Ibid.*

3. Gaston Bachelard, *L'air et les songes, Essai sur l'imagination du mouvement* [1943], Paris, José Corti/Le Livre de poche, 2004, p. 144. Nous soulignons.

Cet inattendu propos de Bachelard donne à l'exemple cette portée figurative reconnue au témoignage : par les forces de l'imagination productrice, réveiller l'exercice de notre volonté. Il explicite le rôle de l'imagination en morale comme en contrepoint du travail de Ricœur. Bachelard écrira une poétique de la volonté elliptique sur la dimension morale ; Ricœur annoncera une poétique de la volonté qu'il ne développera pas sans cesser d'explorer les relations entre éthique et imagination. Le témoignage occupera ce point nodal du poétique et de l'éthique : la présentation d'une visée de la vie bonne est toujours représentation comme un quelqu'un, un témoin.

> Ce que nous pouvons reconnaitre dans un témoignage – au sens non du récit d'un témoin qui rapporte ce qu'il a vu, mais d'une œuvre qui atteste –, c'est qu'il est l'expression de la liberté que nous désirons être. Je reconnais existant ce qui est seulement pour moi une idée [1].

Pourquoi Ricœur retient-il le témoignage alors ? Le témoignage partage avec le mot d'origine grecque « martyre » l'idée d'un engagement pour une vérité qui mobilise assez pour engager le prix du sang. Mais, de nos jours, son rapport à la vérité s'est fragilisé. En raison d'une critique des discours moralisateurs édifiants, il est devenu moins une attestation de ce qui devrait être, que protestation à l'égard de ce qui ne devrait pas être. Ricœur observe d'ailleurs combien la protestation prépare le chemin de l'attestation. De la sorte, le témoignage devient la figure de la médiation éthique propre à la modernité sécularisée et pluraliste, là où hier, dans le cadre d'une société du Code, elle se formalisait dans ces grandes figures de la moralité, culturellement codifiées et socialement stabilisées qu'étaient le saint pour la religion ; le héros pour le politique et l'armée ; le génie pour l'art. Le témoignage est ainsi la médiation pratique majeure d'une culture marquée par le pluralisme éthique et la diversité culturelle, ne parvenant plus à s'accorder sur ce qui absolument devrait être. Le témoignage, en raison de sa tension interne, devient alors l'expression ultime qu'un accord ne peut se faire que sur ce qui absolument ne peut pas être, ne doit pas être : le terrible [2].

Médiation sécularisée, le témoignage est également une médiation fragile. Attestation non hautaine de la Hauteur – le faux-témoignage est la hantise indépassable du témoignage –, il se fragilise jusqu'au risque du

1. Paul Ricœur, « L'herméneutique du témoignage », *op. cit.*, p. 137.

2. Voir Myriam Revault d'Allonnes, « Peut-on élaborer le terrible ? » dans *Fragile humanité,* Paris, Alto/Aubier, 2002, p. 169 *sq.*

discrédit alors qu'il attend précisément la confiance. Cette fragilité du témoignage peut se caricaturer en faiblesse : celle du faux témoignage que traque le juriste ou celle du contre-témoignage honni par le moraliste. Mais elle force à rompre avec la facilité d'une expression du bien ou du vrai lisse et transparente à soi, au profit de la fragilité de l'équivoque. Figure médiatrice à interpréter, tout témoignage, par son équivocité même, est une brèche, faisant percevoir la tension vivante entre un absolu et sa traduction dans l'histoire. Cette fragilité est celle même de la vie morale comme visée non dupe de ses inscriptions. Engagé dans sa parole, le témoin est livraison singulière d'une vérité en personne. Dans notre moment culturel dominé par la rationalité instrumentale (de la colonisation administrative à l'idéologie de l'expertise) où tout dire ou agir finit par être protocolisé, le moment du témoignage, bien plus qu'une rupture fonctionnelle, est une brèche existentielle. En lui émerge une « parole véridique », un dire vrai (*parrêsia*)[1], une exigence axiologique, un évènement. Face à la technologie du dire qui fait de ce dernier une information, la parole du témoin réplique par la force de son attestation. Attester n'est pas informer. Partout où l'humanité du monde s'effondre, se lève alors la fragile voix du témoignage demandant : est-il encore possible de faire monde alors que s'atteste le déferlement tranquille de l'immonde ? Cette brèche, Ricœur la nomme crise ou procès du témoignage. Fragile, balbutiant, l'écart n'est jamais définitivement comblé dans le témoignage entre ce qu'il atteste et manifeste et les signes historiques auxquels il donne corps. Le dire du témoin est irréductible au dit communicationnel.

Pour dire cette fragilité du témoignage, il peut être utile de convoquer un concept aux frontières de l'esthétique et de l'éthique : celui de figuration ou de style[2]. La figuration testimoniale n'est pas qu'une pâle figure rhétorique incapable de mobiliser, mais convoque les ressources de l'imagination morale. Les liens entre forme et contenu sont majeurs dans le témoignage. Plus, le style testimonial pose que certaines expériences morales ne s'expriment que par la narration testimoniale. Plus qu'un exemplaire historique des drames humains, le témoignage est une présentification axiologique, invitant à la mobilisation par la narration. Sa contribution à l'élaboration du jugement moral est d'autant plus importante aujourd'hui que l'inflation informative d'exemples recouvre de son bruit une figuration

1. Voir sur ce point Michel Foucault, *Le Gouvernement de soi et des autres, Cours au Collège de France. 1982-1983*, Paris, Gallimard/Seuil, 2008.

2. Pour de plus amples développements, nous nous permettons de renvoyer à notre ouvrage *Le passage de témoin, Une philosophie du témoignage*, Paris, le Cerf, 2006.

testimoniale puissance d'insurrection et de surrection éthique. Finalement, le témoignage retrouve le problème de la *vera icona*, de l'augmentation iconique : comment faire voir l'invisible ? Comment montrer sans démontrer ni caricaturer ? Ces questions relatives à la vérité du témoignage ont raisonné terriblement dans l'enceinte des tribunaux lors des grands procès pour crime contre l'humanité. L'attestation du témoin envisagée comme figuration dans la narration de ce qui a été vu ou entendu établit un lien entre l'éthique et le juridique. Il interroge la nature de l'herméneutique juridique.

CHAPITRE VI

LE DROIT : ENTRE SCEPTICISME ET SCIENTISME, LE JUSTE ?

Il n'y a pas de droit sans *expression* de droit.
Que le droit s'exprime sans attendre et c'est la probabilité
que, tôt ou tard, la justice qu'il fonde viendra au monde. [...]
Faire taire le droit jusqu'à ce que la justice soit établie,
c'est le faire taire à jamais puisqu'il n'y aura
plus lieu de parler si la justice règle à jamais.

A. Camus [1]

Parmi les hauts lieux de l'herméneutique que Paul Ricœur a explorés, à côté de la littérature, de l'exégèse biblique et de l'historiographie, le droit occupe, avec la médecine, une place éminente et singulière. Sa philosophie de l'homme capable, entre l'éthique et le politique, fait place au juridique. L'herméneutique juridique conduit Ricœur à confirmer combien l'interprétation est un procès à portée théorique et pratique. En droit, l'interprétation est une pratique. Dans son examen du droit, plutôt qu'à une réflexion sur l'idée de justice, c'est au processus interprétatif engagé dans l'activité judiciaire et le procès sur lequel Ricœur se concentre. L'épreuve phénoménologique d'une attente de justice trouve dans le droit son déploiement

1. Albert Camus, *L'homme révolté, Œuvres Complètes*, t. III, « Bibliothèque de la Pléiade », Paris, Gallimard, 2006, p. 310. Nous soulignons.

herméneutique[1]. « Notre première entrée dans la région du droit n'a-t-elle pas été marquée par le cri : c'est injuste ! »[2]. En cela, le traitement ricœurien du droit est l'illustration parfaite de son herméneutique phénoménologique. Comme il le dira dans *La critique et la conviction*[3], la philosophie du droit peut s'exposer en cercles concentriques déployant trois figures phénoménologiques de la justice : la situation de partage inégal, la promesse trahie et la rétribution disproportionnée. Le cercle extérieur de la justice distributive porte le souci social de la distribution des parts en vue d'un *équilibre réfléchi*. Le cercle médian de la justice contractuelle, comme *fidélité créatrice*, assume la dimension fiduciaire des contrats dans les liens de promesses engageant les contractants. Enfin le cercle intérieur de la justice judiciaire, forme de *sagesse pratique*, veut résoudre les conflits en vue d'une vie en commun pacifiée.

La réflexion de Ricœur sur la raison pratique et la nature du jugement manifeste sa fécondité à propos du droit. En examinant le rôle de l'imagination au sein du judiciaire, ce que le scepticisme conçoit comme révélateur d'un jeu de forces extérieures au droit et que le positivisme dénonce comme contraire à son exigence de cohérence logique et systématique, Ricœur enrichit la compréhension du raisonnement juridique et en complexifie l'épistémologie. Entre le droit manifestation d'une entente dans les traditions d'une communauté historique et le droit pure construction rationnelle et positive, il ouvre la voie d'une herméneutique critique. Entre le bon que vise l'éthique et le légal qui définit des normes objectives du raisonnement, le juste révèle sa dimension d'innovation pratique attentive au singulier d'une situation. Cette singularité du droit, Ricœur l'éclaire en rapprochant le juge du médecin dans sa réflexion sur l'acte de juger. Dans l'acte médical comme dans l'acte juridique le moment de la prise de décision qui doit arbitrer entre la loi et la situation, l'universel et l'historique, est central.

> Cet aller et retour entre la règle et le cas est opéré chaque fois par un acte comparable, le jugement : le jugement médical dans un projet

1. Pour une mise en perspective plus générale, on consultera Olivier Abel, *Paul Ricœur, La promesse et la règle*, Paris, Michalon, 1996.

2. Paul Ricœur, *Le juste*, Paris, Éditions Esprit, 1995, p. 11.

3. Paul Ricœur, *La critique et la conviction*, *op. cit.*, p. 178-181. Pour un développement de cette idée voir Adrien Lentiampa Shenge, *Paul Ricœur, La justice selon l'espérance*, Bruxelles, Éditions Lessius, 2009.

thérapeutique, le jugement judiciaire dans un projet qui a pour enjeu le prononcer d'une parole de justice[1].

En pensant le jugement en droit comme interprétation, Ricœur reprend la question académique des relations entre la règle et le cas, moins à partir d'une théorie du droit qu'à partir du judiciaire envisagé comme acte d'interprétation et pratique argumentative. Sans ignorer le débat qui opposera les théoriciens du droit entre positivisme juridique (Kelsen) et attention portée à l'importance de l'exception (C. Schmitt) il entre dans le champ juridique par la pratique judiciaire, *ce lieu de la société où la parole l'emporte sur la violence*[2] – et de façon plus contingente à l'invitation, faite par le juriste Antoine Garapon, de contribuer à la création de l'Institut des hautes études pour la justice (IHEJ, 1992). Comparer droit et médecine éclaire la nature du jugement, Ricœur n'ayant de cesse d'y mettre en tension le pôle épistémologique de l'expliquer avec le pôle éthique engagé dans le comprendre. Médecine et droit mobilisent un art du décider pensé moins comme un « déduire » que comme un « interpréter ». En droit comme en médecine, l'interprétation mêle alors finalité courte du jugement (décider, trancher) et finalité longue (le juste et la paix, la santé et le bien-être) ouverte sur un prendre soin du corps et du corps social.

Toutes les disciplines exégétiques ont conscience qu'il y a nécessité de l'interprétation parce qu'il y a le risque de mésinterprétation attaché au caractère équivoque de l'énoncé ou du contexte. Mais elles ont également conscience des contraintes techniques, formelles, et institutionnelles qui structurent le raisonnement même si elles ne l'épuisent pas. Questionner l'interprétation, c'est être hanté par des expériences malheureuses faites par ce tiers qu'est l'interprète : celle du faux-sens ou du contre-sens. Lever l'équivocité, épeler la signification cachée serait la tâche de l'interprétation comme son horizon d'attente, le travail d'interprétation s'arrêtant une fois l'énoncé ou la situation clarifiés. *In claris cessat interpretatio.*

Une spécificité de l'interprétation juridique tient au tragique de son arrêt dans le dit du droit. Ricœur trouve dans le droit la mise en œuvre d'une intelligence interprétative portée par une visée éthique (le bon) à laquelle elle donne une consistance (le juste). Il est une pratique du juste, médiée par des institutions (le légal). Dans sa dimension judiciaire, on pense à ce cadre interprétatif qu'offre la cour, le tribunal avec son rituel judiciaire, le rôle des normes et de la jurisprudence, etc. Si la médecine est l'art d'interpréter

1. Paul Ricœur, « La prise de décision dans l'acte médical et dans l'acte judiciaire » [1996], dans *Le juste 2*, Paris, Éditions Esprit, 2001, p. 245.

2. Paul Ricœur, *Le juste*, *op. cit.*, p. 10.

les signes équivoques qu'exprime le corps malade, le droit interprète les signes (preuve ou témoignage) de la conflictualité inhérente au corps social. Mais ce qui dramatise l'interprétation médicale et juridique, c'est qu'en raison du cadre où elles se déploient – détresse vital du mal subi dans la maladie; violence sociale du mal commis –, elles mobilisent – c'est un euphémisme – des « incidences » existentielles. L'interprétation, en droit, tranche dans les existences et parfois, – c'est là une hantise –, au nom de la possible exécution de la justice, rajoute de la peine à la peine ou la violence de l'erreur judiciaire. Il n'y aura pas de droit sans une pensée du malheur. Il se fait *erreur* dans la mésinterprétation ou le faux sens dû à la technique interprétative (problème technique); *faute* dans l'arbitraire de l'interprétation par un coup de force interprétatif (problème épistémologique et éthique); ou *mal* dans la clôture interprétative qui donne un coup d'arrêt brutal à la recherche du sens ou qui rajoute de la peine à la peine (problème ontologique). En droit, le tragique de l'interprétation est sous-tendu par une « pathétique de la souffrance »: le différend, le litige, le délit, la sanction, la peine. Le dit du droit n'y est donc pas uniquement de l'ordre de la connaissance (le schéma question-réponse) mais de l'ordre de la reconnaissance (le schéma appel-réponse), le droit n'ignorant pas que l'on ne répond pas à un appel comme on répond à une question. L'interprétation doit, à la différence de l'interprétation littéraire ou historienne, y mettre fin au débat par une décision ayant des conséquences pratiques et vitales. Technique, l'interprétation est une pratique figurée symboliquement et rituellement chez cet interprète qu'est le juge. Le dit s'y renforce par un dire : une prescription ou une sentence. Si Pascal raillait comme étant des sciences imaginaires la pratique des médecins et des magistrats[1], c'est parce qu'il n'ignorait pas la dimension d'oralité et d'expressivité attachée à ces pratiques où le dit, conséquence d'un interprétation, a besoin de passer par l'expressivité gestuelle et corporelle de l'interprète pour devenir un dire, une parole qui informe !

1. « Nos magistrats ont bien connu ce mystère. Leurs robes rouges, leurs hermines dont ils s'emmaillotent en chats fourrés, les palais où ils jugent, les fleurs de lys, tout cet appareil auguste était fort nécessaire. Et si les médecins n'avaient des soutanes et des mules et que les docteurs n'eussent des bonnets carrés et des robes trop amples de quatre parties, jamais ils n'auraient dupé le monde, qui ne peut résister à cette montre si authentique. S'ils avaient la véritable justice et si les médecins avaient le vrai art de guérir, ils n'auraient que faire de bonnets carrés. La majesté de ces sciences serait assez vénérable d'elle-même. Mais n'ayant que des sciences imaginaires il faut qu'ils prennent ces vains instruments, qui frappent l'imagination, à laquelle ils ont affaire. Et par là en effet ils attirent le respect », Pascal, *Pensées*, éd. Lafuma, Paris, Seuil, 1962, N° 44.

Le droit et la médecine, que Ricœur fait se rencontrer dans ses ouvrages *Le Juste* et *Le Juste 2*, ne prennent pas à la légère la narration et l'interprétation car leur fonction de tiers arbitre est hantée par le risque d'un arbitraire aux conséquences mortelles. Ils savent que l'arbitrage théorique se caricature dans l'arbitraire pratique. Plus que d'autres disciplines exégétiques, le droit et la médecine vivent ce qu'a de crucial et parfois de crucifiant l'expérience de l'équivoque. Décider de la validité d'une interprétation dans le « dit du droit » a certes une signification théorique – lever l'équivoque d'une situation –, mais aussi une signification pratique – la décision a des effets sur l'histoire d'une vie. Il porte littéralement des enjeux de vie ou de mort liés à la violence de la force du droit (de la peine à la peine de mort). S'il y a une pratique juridique – voire s'il y a de la ritualité en droit si l'on pense à la scène judiciaire –, c'est parce que le sens du juste n'est pas immédiatement donné dans une évidence intellectuelle, invitant à une acceptabilité rationnelle. Il se déchiffre dans des expressions symboliques qui font que le droit accompagne des histoires. Mise en récit du temps, le droit engage une trajectoire de vie que fait parfois oublier, dans l'instant, la dramatique du procès et du verdict. Toutefois, pour se prémunir de l'arbitraire, le droit devra donc être confronté à l'explicitation du statut des signes sur lesquels s'appuyer pour juger. À cet endroit s'ouvre la carrière de la narration et de l'interprétation.

L'ÉQUIVOCITÉ DU SIGNE

Heidegger dans *Acheminement vers la parole* explicite la dualité attachée à l'équivocité du signe. Il observe que le signe, sur l'étude duquel repose l'interprétation juridique pour sécuriser la décision, s'entendra différemment, voire concurremment.

> À la grande époque des Grecs, le signe (*Zeichen*) est expérimenté à partir du montrer (*zeigen*). En revanche, depuis l'époque hellénistique (*Stoa*), le signe se voit attribuer une consistance propre et se caractérise ainsi par sa fixité. Ainsi réifié, il est conçu comme l'instrument d'une désignation (*Bezeichnung*)[1].

Entre montrer et désigner, entre signe-expression et signe-indice se déploie la tension inhérente au droit. Soit on tire la science du droit du côté

1. Martin Heidegger, *Acheminement vers la parole*, trad. fr. Jean Beaufret, Paris, Gallimard, 1976, p. 231.

du modèle explicatif des aux sciences naturelles par une intelligence qui décode, soit on soutient une science du droit attachée au modèle compréhensif des sciences humaines, servi par une intelligence qui déchiffre. Mais si l'on rêvera d'une voie courte, d'une conception oraculaire du juste se dispensant des institutions de la justice (Antigone) en l'opposant à une approche technicienne et froidement instrumentale des pratiques judiciaires (Créon), pour Ricœur il apparaît que le droit déploie une herméneutique de la voie longue[1]. L'exigence du « désigner » au service du démontrer y est habitée par l'horizon du juste que l'on exprime médiatement. Le droit, comme « sagesse pratique » est travaillé par une tension entre cohérence et justesse, articulant sans choisir logique de la preuve et logique du témoignage. Cette tension dialectique entre une conception indicative du signe et une conception expressive, fait du droit l'institution d'un cadre capable de faire parler le signe et de lui garder sa portée expressive. Le procès, le système judiciaire, les différentes Cours de justice, la vie du droit, et les diverses traditions juridiques qui valorisent plutôt la dimension inquisitoriale ou l'intime conviction (etc.) sont alors, sur différentes échelles, autant d'élaborations de cadres herméneutiques déployés pour faire parler le signe, la signification d'un énoncé ou d'un contexte d'action. La dramatique du procès scénographiera l'acte de décider comme une résorption de l'équivocité, le procès se déployant « entre le moment de l'incertitude caractéristique de l'ouverture du procès et le moment du prononcé de la sentence où il est mis fin à cette incertitude initiale par une parole qui dit le droit »[2]. Il s'agit de préciser alors la nature, le statut et la portée d'un signe.

Si le droit fait des histoires, il y a une histoire du droit travaillant à l'élucidation du sens du juste. Le droit est traversé par la tension entre une conception indicative du signe qui, en interne, cautionne une institution judiciaire qui s'est conçue et construite comme cadre logique cohérent et une conception expressive du signe qui, en externe, fait de l'institution juridique la traduction d'une attente du juste. Il s'y vit l'écart tragique entre justice rendue et justice visée qu'il serait caricatural de justifier comme étant un dilemme entre le pôle explicatif de la cohérence et le pôle compréhensif de l'attente de justice. La vie du droit est bien plutôt animée par une dialectique, non un dilemme, entre la cohérence que sert la conception indicative du signe et la confiance que porte la conception expressive du signe.

1. Voir Paul Ricœur, L'interlude « le tragique de l'action », dans *Soi-même comme un autre*, *op. cit.*, p. 281-290.

2. Paul Ricœur, *Le juste*, *op. cit.*, p. 163.

Dialectique car il y a de la cohérence dans l'attente de droit, à savoir des techniques interprétatives, des structures institutionnelles et des Codes ; et inversement il y a de la créativité et de l'innovation dans les pratiques juridiques fixées. Dialectique qui se prolonge dans la « judiciarisation des pratiques sociales » et les « usages sociaux du droit » [1].

L'interprétation questionne donc la nature de la rationalité juridique et revisite l'épistémologie du débat judiciaire. L'originalité de Ricœur est de construire une analogie entre la dialectique de l'expliquer et du comprendre propre aux sciences humaines et celle de l'interpréter et de l'argumenter en droit[2]. Si l'interprétation ne s'entend pas au sens large comme application de la norme à une situation litigieuse mais en un sens plus technique, elle entre en discussion avec l'argumentation lors des procédures contradictoires. Tout comme on peut chercher à expliquer plus pour mieux comprendre, on doit argumenter davantage pour interpréter de meilleure façon. Dans l'esprit d'un Ronald Dworkin[3], l'interprétation est moins un procédé, que le processus au cœur de la vie du droit. Quel est alors le statut de la conclusion « assurée » à laquelle parvient l'interprétation dans le cadre du raisonnement juridique ? De quelle assurance parle-t-on ? Si on la tire du côté du signe-indice, l'incertitude est conçue comme indétermination et la sûreté comme certitude. Si on la tire du côté du signe-expression, la sûreté se fera assurance dans la confiance. Jürgen Habermas, dans les mots de la tradition critique, a bien formulé cette tension, observant que

> Pour remplir la fonction d'intégration sociale qui revient à l'ordre juridique et pour satisfaire à l'exigence de légitimité du droit, les jugements rendus doivent en même temps remplir les conditions d'une décision cohérente et celle d'une *acceptabilité rationnelle*. Dans la mesure où ce sont là deux aspects qui ne vont pas de pair sans plus de façon, il faut donc que, dans la pratique de la décision judiciaire, deux ensembles de critères soient mis en harmonie. D'un côté, le principe de sécurité juridique requiert des décisions qui, dans le cadre du code juridique existant, soient rendues de manière cohérente. [...] D'un autre côté, l'exigence de légitimité de l'ordre juridique exige des décisions qui non seulement soient en accord avec le traitement des cas analogues... mais encore doivent être concrètement

1. Mireille Delmas-Marty, *Les forces imaginantes du droit,* t. II : *Le pluralisme ordonné*, Paris, Seuil, 2006, p. 276.

2. Paul Ricœur, *Le juste, op. cit.*, p. 163-184.

3. Ronald Dworkin, *A matter of principles,* Oxford, Oxford University Press, 1985.

fondées en raison, de sorte à pouvoir être acceptées par les sociétaires juridiques comme des décisions rationnelles[1].

Il ne s'agit pas là de les opposer mais de se demander comment cohérence et confiance s'articulent. Là où la cohérence est le critère de justification interne qui garantit la sécurité, l'attente de droit est le critère de justification externe qui autorise de se fier à la cohérence. Ricœur observe toutefois qu'Habermas, en insistant sur l'acceptabilité rationnelle comme critère ultime, met à l'écart comme potentiellement autoritaire la communauté historique sur le fond de laquelle se déploie les institutions juridiques, même s'il reconnaît à l'herméneutique juridique d'avoir montré qu'aucune règle ne peut régler sa propre application. Ce faisant, il poursuit dans le champ du droit la querelle qui l'opposa à Gadamer, à savoir l'affrontement entre critique des idéologies et herméneutiques des traditions. Comme si *l'ethos* d'une communauté historique, manifesté dans sa tradition juridique, n'était ultimement qu'une forme d'idéologie qui s'ignorerait. Mais Ricœur demande : l'attente de droit est-elle toute entière contenue dans son acceptabilité rationnelle ?

La rectitude du droit ne se laisse pas réduire à la rigueur mathématique[2]. Le sens de la dialectique ricœurienne de l'expliquer et du comprendre tient au fait que le phénomène humain vit dans l'entre-deux de l'agir, qui mêle causes objectives et motifs internes. Elle rend compte du fait qu'en droit l'équivoque n'est pas que de l'irrationnel (un pluralisme de juridictions mal coordonnées dans la coutume si l'on pense au débat entre Portalis promoteur du code civil et von Savigny défenseur de la riche histoire des coutumes) et que l'accord n'est pas que de l'idéologique (ex : le domination d'un système juridique sur d'autres dans la colonisation). Il s'agit d'aller au-delà de l'opposition de l'expliquer et du comprendre, de l'argumenter et de l'interjeter, ce lieu topique de l'herméneutique, pour les articuler, afin de promouvoir, non pas un droit mou, mais un *flou du droit*[3].

1. Jürgen Habermas, *Droit et démocratie, Entre faits et normes*, trad. fr. R. Rochlitz et C. Bouchindhomme, Paris, Gallimard, 1997, p. 218-219 (l'auteur souligne).

2. Julien Freund, *Le droit aujourd'hui*, Paris, P.U.F., 1972, p. 86.

3. Mireille Delmas-Marty, bien informée des travaux de Ricœur, creuse cette voie qui veut sortir du dilemme entre l'interprétation ou la cohérence, la compréhension ou l'explication, entendant la forme juridique moins comme une structure que comme un processus. Le flou du droit n'est pas une apologie inquiétante de l'incertain, pas plus qu'il n'est nostalgie d'une hiérarchie des normes, réductrice de la complexité. La forme juridique devient reconnaissance du travail d'imagination interprétative, d'une mise en cohérence processuelle. « Si tout n'est pas flou – les pratiques traditionnelles de la rationalité juridique n'ont évidemment pas disparu – il y a flou et flou […]. Il s'agit d'un flou mathématisable, c'est-à-

Significativement la juriste Mireille Delmas-Marty propose un droit non pas mou mais flou et évoque les « forces imaginantes du droit ». Le syllogisme juridique relèverait davantage du jugement réfléchissant que du jugement déterminant, au sens de la *Critique de la faculté de Juger*. En droit, l'interprétation devient

> le chemin que suit l'imagination productrice lorsque le problème n'est plus d'appliquer une règle connue à un cas supposé correctement décrit, comme dans le jugement déterminant, mais de « trouver » la règle *sous* laquelle il est approprié de placer un fait qui demande lui-même à être interprété [1].

Parce qu'interpréter c'est aussi risquer, le droit se trouve aux prises avec la nécessité d'avoir à canaliser et délimiter le territoire de l'interprétation. Cette tension est contenue dans ce qui oppose un modèle intellectualiste de la décision qui la conduit du côté de la déduction et un modèle volontariste qui la mène du côté de l'arbitrage. Elle se concentre dans le débat qui oppose techniquement l'argumentation à l'interprétation. Mais de façon plus large, il s'agit d'observer que le régime de l'interprétation juridique se dédouble dans la tension interne entre la cohérence et la confiance. Elle engage une lutte entre la structure propre à la procédure qui cherche dans cette cohérence la garantie d'une légitimité par la légalité formelle (le droit compris comme une « forme » pour le positivisme de la théorie pure du droit, Kelsen) et la fidélité à l'attente de droit (le « droit contre la loi » cher à Victor Hugo.) L'herméneutique juridique qui s'explicite dans le juste, vise donc un « équilibre réfléchi » entre le légal et le bon. La justice s'épèlerait dans la justesse d'un dit singulier, dans l'histoire des interprétations et sur la scène juridictionnelle. En somme, l'interprétation juridique engage un parcours de la reconnaissance dont les enjeux portent sur les relations entre attente de justice et institution justes, et au sein duquel la technique interprétative joue un rôle « décisif ».

dire évalué par références à un ensemble de normes spécifiables. Il s'agirait de défendre un "pluralisme juridique ordonné", un pluralisme qui, pour éviter à la fois sclérose et anarchie, saurait se donner comme autre source de cohérence le rêve un peu fou d'un droit devenu flou », Mireille Delmas-Marty, *Le flou du droit, Du code pénal aux droits de l'homme* [1986], « Quadrige », Paris, P.U.F., 2004, p. 386-388. Voir également Martha Nussbaum, *Poetic Justice. The literary Imagination and Public Life* [1995], *L'art d'être juste*, trad. fr. S. Chavel, Paris, Flammarion, 2015, singulièrement le chap. IV « Des poètes pour juge ».

1. Paul Ricœur, *Le juste*, *op. cit.*, p. 184.

LES ENJEUX DE L'INTERPRÉTATION EN DROIT

Les enjeux attachés à l'interprétation juridique sont multiples. Certes, il s'agit de se préserver de l'arbitraire, de l'incertitude et de la relativité aux conséquences violentes. Pour ce faire, le moyen du droit, c'est le souci méthodique positif. Catégorie logique, ce souci de la cohérence et de la validité formelle se concentre dans les techniques d'interprétation. La forme du droit préserve du coup de force. Or, le philosophe du droit Michel Troper note que

> Derrière la discussion sur la logique du droit se profile en réalité, on l'aura deviné, le grand débat qui oppose les doctrines du droit naturel au positivisme juridique. La conclusion à laquelle on est parvenu semble conforter les thèses positivistes, puisqu'elle affirme que les normes sont valides non pas à cause de leur conformité à la raison, mais seulement parce qu'elles ont été posées par la volonté des autorités compétentes. On retrouve ainsi la maxime fameuse *auctoritas non veritas facit jus.* [...] La question de savoir si le droit obéit ou non à la logique n'est donc pas une question empirique à laquelle on pourrait simplement répondre en examinant le fonctionnement réel du système juridique. Elle dépend en définitive d'un choix ontologique, qui lui-même découle d'une option épistémologique. Ce qui est une autre façon de dire que le droit n'est pas donné, mais construit par la théorie qui en traite[1].

Ce propos favorable à l'exercice positif de la raison en droit – positivisme de méthode, sinon de principe –, ne renvoie pourtant pas dos-à-dos l'interprétation et la logique de l'argumentation en droit, ni n'oppose définitivement herméneutique juridique et positivisme. Il laisse prudemment ouverte l'idée d'un renfort mutuel entre argumentation et interprétation. Il y a de l'interprétation dans la logique argumentative – le flou du droit, les logiques déontiques, les forces imaginantes du droit – et du procédural dans l'interprétation – les techniques juridiques d'interprétation –. Mais ces questions techniques ne doivent pas nous tromper. Elles questionnent le statut d'un âge herméneutique de la raison juridique. Il soulèverait des interrogations sur trois plans distincts : technique, épistémologique et éthique et ultimement anthropologique.

Sur le plan technique, les principes méthodologiques de l'interprétation en droit se concentrent sur l'interprétation de la loi. Une analyse de la formulation des arrêts de justice fera observer que le dit du droit ne cesse,

1. Michel Troper, *La Philosophie du droit*, « Que-sais-je ? » n° 857, Paris, P.U.F., 2003, p. 122-124.

non seulement de faire référence, mais d'être travaillé par cette dualité interne de l'interprétation et de l'argumentation. L'objet de la discussion n'y est pas simplement l'opposition entre l'Esprit et la Lettre, opposition transcrite trop facilement dans l'opposition entre la légalité et la légitimité. En effet, le problème de l'interprétation en droit se condense, du point de vue d'une herméneutique de la production, sur l'écart existant entre la fidélité à l'Esprit de la loi dans la volonté du législateur et la conformité à la Lettre, problème dont la scène jurisprudentielle serait le théâtre. Le moment téléologique de la visée du bon en esprit dialectisé avec le moment déontologique de la lettre dans le légal se solutionne dans ce moment de sagesse pratique qu'est le judiciaire avec le juste[1].

Mais qu'est-ce que la Lettre? Qu'est-ce que l'Esprit? On croit trouver là deux massifs extrêmement stables. Il s'agit plutôt de deux colosses aux pieds d'argile. Prenons « La Lettre » au pied de la lettre, tout d'abord. Dans la formulation d'un arrêt de la Cour sera convoqué le pôle de la cohérence manifesté dans le « vu que »; « attendu que », « conformément à la loi du… »; « faisant suite à », etc. Mais on y trouve aussi celui de fidélité confiante : « la Cour estime » ; « la Cour a considéré » ; « le prononcé du jugement doit être apprécié » ; « l'article 5 point 3 du règlement n° 44/2001 doit être interprété en ce sens que… » ; la Cour souligne que… ; les silences du juge entendu comme silence qualifié dans son arrêt; la motivation euphémistique d'un arrêt; la marge d'appréciation, etc. Si l'on s'attache à la rédaction même de ce que l'on appelle la Lettre, la linguistique structurale y voit une tension entre structure et événement. La construction rédactionnelle, avec sa charpente logique extrêmement serrée et ses connecteurs argumentatifs nombreux travaille à brider la force expressive des mots. Cette composante structurelle relève de ce que A.-J. Greimas appelait une isotopie[2], c'est-à-dire ce cadre interprétatif dans lequel tous les mots d'une phrase sont situés sur le même plan de référence. Ayant chassé la polysémie qui introduit du doute ou de l'incertitude, l'isotopie donne au langage cette dimension opérationnelle recherchée, dans le dit du droit. Pourtant l'équivoque se glisse encore dans la littéralité de la Lettre qui fait d'un arrêt, non seulement la simple déduction logique d'un système structuré, mais un événement. Une exégèse littéraire de la Lettre de la loi la découvre extrêmement expressive. Pourquoi des majuscules attachées à tels mots plutôt qu'à d'autres comme le mot « Convention » ? Quel choix

1. Paul Ricœur, « Le juste, la Justice et ses échecs », in M. Revault d'Allonnes (dir.), *Cahier de L'Herne Paul Ricœur*, Paris, L'Herne, 2004, p. 287-306.

2. A.-J. Greimas, *Sémantique structurale*, Paris, Larousse, 1966.

typographique et de mise en page entre titre et intertitres, paragraphes et points de suspension ? Quels statuts pour les parenthèses ? À cet endroit il faut de l'explication pour augmenter notre compréhension de même qu'il faut argumenter plus pour mieux interpréter.

Cette série de questions signale la présence proliférante de signes expressifs au cœur d'une activité rédactionnelle qui recherche des signes indices. Cette expressivité est renforcée par l'étude des actes performatifs et illocutoires, des différents types de silence (ce que choisit de ne pas dire le juge dans la formulation de son arrêt). L'acte législatif est constitué d'énoncés performatifs. De plus, la Lettre se transcrit dans l'empirie sociale en une multiplicité documentaire : Constitution, Codes, Journal Officiel, documents en tous genres, etc., Il apparaît que la Lettre se fait d'abord documents avant d'être règles. Son univocité paraît bien malmenée. Dans la Lettre la plus rigoureuse de la loi positive se découvre qu'il y a du comprendre au cœur de l'expliquer dira Ricœur. Elle n'a donc pas la consistance qu'on lui supposait. Sans dire qu'elle n'existe pas, si la Lettre exprime la Norme, c'est l'interprétation qui opère le passage de La Lettre à la Norme, notamment par l'acte performatif du dit du droit qui trouve dans l'oralité son interprétation ritualisée et scénographiée. En effet, pourquoi le jugement judiciaire n'est-il pas qu'une affaire de greffiers et ne peut-il se passer d'oralité ? Parce que le dit du droit devient une parole qui lui donne son actualité. Son enjeu n'est pas d'expliquer la Lettre mais de s'expliquer avec elle.

Enfin, lorsqu'une Cour formule le dit du droit dans le cadre d'un arrêt, est arrêté le processus interprétatif, afin de ne pas dériver dans le mauvais infini d'une interprétation interminable. L'acte de juger, dans le prononcé du jugement, est ainsi à la fois une opération cognitive intégrant les informations du débat et une clôture normative assurant la reproduction du droit[1]. Mais le dit du droit, parce qu'il sait la possibilité de l'erreur, de la faute et du mal engage la possibilité de reprendre l'interprétation à un nouvel échelon, dans une juridiction plus haute, par le recours, le renvoi ou l'appel. C'est cette tension entre l'arrêt (dimension normative du droit) et l'appel (horizon d'attente de droit) qui donne à l'interprétation toute son ampleur, non seulement technique ou épistémologique, mais également anthropologique. Dans les mots de Habermas on dira que *Dans la positivité du droit se reflètent aussi les contingences de ce* (*son*) *contexte d'apparition*[2].

1. Paul Ricœur, *Le juste 2*, *op. cit.*, p. 263.
2. Jürgen Habermas, *Droit et Démocratie*, *op. cit.*, p. 219.

Si la Lettre perd de sa belle univocité, l'Esprit de la loi, « la Volonté du Législateur » également. Lyriquement Victor Hugo a pointé cette dualité de la Lettre et de l'Esprit, refusant la réduction légaliste du droit, distinguant les sources formelles (La Lettre) de ses sources réelles (l'Esprit), parlant d'une « querelle du droit contre la loi » : « Ce sentiment qui est le granit de la conscience humaine, le droit, voilà le rocher sur lequel viennent échouer et se briser les initiatives, les hypocrisies, les mauvais desseins, les mauvaises lois, les mauvais gouvernements »[1]. Mais l'exaltation romantique de l'Esprit contre la Lettre, très peu ricœurienne, connaît aussi sa critique. Topos bien connu pour l'herméneutique, il y a une illusion à saisir l'intention du législateur (quel peut bien être le vouloir d'une institution qui n'est pas dotée de la faculté de vouloir ? A-t-on accès à l'intention du Législateur ailleurs que dans le texte de la loi ? Est-il possible d'expliciter la « volonté du Législateur » mieux qu'elle ne s'est exprimée elle-même pour pasticher une formule de Schleiermacher ?) Pour l'herméneutique non de la production mais de la réception, qu'est celle de Ricœur, renoncer à saisir cette intention n'est pas renoncer à l'attente de droit qui se manifeste expressivement dans les textes de lois. C'est tout le sens de la position du juge, que de se faire l'interprète du texte de loi reçu pour dire la norme dans l'ici et le maintenant du contexte.

Médiation entre le texte et la norme, l'interprétation du jugement en situation donne à la loi, par définition toujours générale, trop générale, de quoi se déterminer eu égard à une réalité plurielle et changeante, toujours singulière. D'où la question, déjà soulevée par Beccaria dans son *Des délits et des peines* : qu'est-ce que juger en droit ? Comment s'établit la proportionnalité entre le délit et la peine ? Pour Ricœur, juger ce n'est pas constater mais « réfléchir ». Ce n'est pas subsumer un cas sous une loi dans un jugement déterminant mais chercher, « réfléchir » au moyen de l'interprétation de la loi et de la situation, la loi pour le cas (jugement réfléchissant)[2]. Une telle affirmation ne signe pas la défaite du droit, en encourageant l'arbitraire, le triomphe du préjugé ou de l'idéologie, mais bien une conquête. Attentive à l'opacité du monde vécu, elle consiste à se méfier de la réduction positiviste du droit à la seule justification interne qui confond la garantie de la cohérence comme critère de la justice avec la garantie de justesse dans l'attente de droit. Ce n'est qu'une fois que l'on a reconnu les grandeurs de la forme juridique, au sens positiviste, que la portée pleine et

1. Victor Hugo, « discours de 1875 », cité par Jean-Claude Zylberstein, dans *Victor Hugo, Le droit et la loi et autres textes citoyens*, Paris, UGE, coll. « 10/18 », 2002, p. 11-12.

2. Paul Ricœur, *Le juste*, *op. cit.*, p. 188.

entière de l'interprétation comme acte de juger en vue du juste peut en dénoncer les limites. On le dira autrement :

> le sens de la justice, qui garde son enracinement dans le souhait de la vie bonne et qui trouve sa formulation rationnelle la plus acétique dans le formalisme procédural, n'accède à la plénitude concrète qu'au stade de l'application de la norme dans l'exercice du jugement en situation[1].

La question technique de l'interprétation en droit revêt donc, comme l'observe le juriste Antoine Jeammaud, deux significations différentes. Une signification forte développée par la théorie réaliste de l'interprétation qui, sans encourager le scepticisme, le relativisme et l'arbitraire, démontre que, quoiqu'on fasse, le juge a une grande liberté d'interprétation. Une signification faible, mais qui est la théorie standard dominante, parce que pédagogiquement la plus facile à transmettre par les enseignants dans les facultés de droit, qui est prescriptive. Elle n'a de cesse de dire : il y a interprétation lorsque le texte n'est pas clair et voici ce que « doit » faire le juge dans cette situation. Cette interprétation standard prescriptive est omniprésente dans les manuels de droit, lesquels présentent non le droit en train de se faire mais le droit déjà fait. Pour parler comme Thomas Kuhn dans *La structure des révolutions scientifiques*, le droit des manuels de droit est le « droit normal », standard dominant à un moment du temps. Cette approche standard réduit l'interprétation à du procédé. Tels sont les outils de l'interprétation qui n'ont pas pour tâche de refaire la loi, voire même de l'inventer mais de l'épeler plus clairement et explicitement. On dira alors, sans précaution : juger est-ce retrouver la volonté du législateur (méthode exégétique de l'interprétation littérale) ou est-ce rechercher la solution adéquate en se fondant sur des éléments objectifs du texte (méthode d'interprétation téléologique ou *ratio legis* qui en recherche l'Esprit) ? On ajoutera qu'il existe différents types de raisonnements juridiques (le raisonnement par analogie; le raisonnement *a contrario*; le raisonnement *contra legem*). Enfin, on affirmera que l'interprétation juridique est liée à un processus historique, contribuant à donner deux sources au droit (la jurisprudence qui dit la contribution de l'apport du juge au droit, non dans l'invention de la règle de droit, mais dans la découverte de la solution au cas qui lui est soumis ; la doctrine : émission des opinions des juristes dans leurs ouvrages qui n'est pas une source du droit mais une source d'interprétation du droit, sachant que « si nul n'est censé ignorer la droit, nul n'est censé connaître la doctrine ».)

1. Paul Ricœur, *Le juste, op. cit.*, p. 25-26.

Si l'interprétation standard prescriptive est dominante, elle révèle un type de tradition interprétative, parmi d'autres. Cette approche standard qui réduit l'interprétation à du procédé, confond l'ordre d'exposition et l'ordre des raisons, oubliant qu'elle est elle-même une interprétation. Pour elle, du point de vue technique, il existe des outils de l'interprétation qui constituent le patrimoine propre de la tradition juridique. Mais cette lecture de l'héritage de la tradition ne peut ignorer que la communauté des juristes est une communauté interprétante qui n'a de cesse de préciser ce qu'est pour elle la rationalité juridique.

Une épistémologie de l'interprétation juridique doit se demander ce qu'est une herméneutique philosophique mise à l'école du droit. La juriste Mireille Delmas-Marty observe que

> Le raisonnement juridique est très attiré par une logique unitaire, supposant des règles précises et l'obligation, pour chaque système, d'être identique à ces règles. Sinon, il y a aura constat de non-conformité. Cette logique unitaire, qui correspond parfaitement au processus d'unification, est une tentation parce que la pensée juridique s'est construite sur ce modèle. Mais, dans certains cas, il faut précisément en sortir par une logique pluraliste qui conduise à l'harmonisation en substituant au couple « *identité-conformité* » un couple « *proximité-compatibilité* ». Il suffit alors que les normes soient suffisamment proches du principe de référence pour être jugées compatibles… Plus difficile juridiquement, l'harmonisation est cependant le seul moyen d'éviter politiquement un droit commun qui soit synonyme de droit unique[1].

L'exigence épistémologique rappelle que l'herméneutique juridique n'est ni sans méthodes rigoureuses ni techniques précises de travail et d'analyse des textes et des codes. Que l'interprétation de l'Esprit de la loi ne va pas sans la médiation de l'explicitation précise de la Lettre. Parler comme le fait Mireille Delmas-Marty de « flou du droit » n'enferme pas le dit du droit dans son repli traditionnel ou une habitude (le droit comme forme de domination déguisée). Il ne s'agit pas plus de défendre une conception anarchiste du droit pour laquelle le dit du droit est prévisible en raison de déterminants politiques ou sociaux (le juge rouge.) Il n'y est pas plus question de penser que le flou du droit serait dû à l'imprécision et à l'ambigüité du langage ordinaire que pourrait corriger un effort de formalisation positiviste. Parce que le flou n'est pas le mou, on doit aller plus loin.

1. Mireille Delmas-Marty, *Vers un droit commun de l'humanité*, Paris, Textuel, 1996, p. 56. Nous soulignons.

En parlant « des forces imaginantes du droit »[1], il s'agit d'insister pour dire que dans l'interprétation juridique l'imagination est à l'œuvre, non comme un parasite mais comme une force intensive et prospective qui à la fois innove et rénove nos attentes de justice par une forme de créativité juridique. C'est elle qui s'engage notamment dans la prise en compte des cas difficiles, les « *hard cases* » (*cf.* Dworkin) ou des débats lors des procès. « C'est au stade du débat que l'on voit le mieux s'affronter et s'enchevêtrer l'*argumentation*, où prédomine la logique du probable, et l'*interprétation*, où prévaut la puissance innovante de l'imagination dans la production même des arguments »[2].

En droit, il est donc un usage réglé de l'imagination qui sert le travail de l'interprétation. On pense, à première vue, aux exercices des analogies engagées dans le droit comparé et l'histoire du droit. Mais au-delà du pittoresque auquel livre une inventivité juridique à laquelle le comparatiste est sensible, se découvre l'idée que l'attente de droit se dit en plusieurs façons sans pour autant céder au scepticisme qui n'y verrait là qu'une forme de domination d'un *ethos* traditionnel. La question de l'interprétation revêt alors une dimension interne au droit – la vie du droit comme exercice en acte de l'interprétation – mais également externe dans le cadre d'une herméneutique des cultures, précisant ce qu'elles cherchent à vivre et faire vivre dans la médiation juridique. C'est particulièrement vrai dans des sociétés pluralistes comme les nôtres où entrent en discussion des attentes de droit diverses, sinon contraire. On pense alors à l'importance des usages sociaux du droit (ex : droit de /droit à l'enfant dans le cadre de l'adoption par des couples homosexuels) et à la judiciarisation des pratiques sociales (la régulation de la conflictualité non plus par les dites « bonnes mœurs » mais pas le droit dans le cas du « viol conjugal »)[3]. Il y est question avec l'imagination d'expliciter une attente universelle de justice présente sous la diversité des systèmes juridiques.

> La rigueur technique est plus que jamais nécessaire, mais elle ne suffit pas sans un effort d'imagination qui seul peut ouvrir la voie à l'innovation, face aux nouveaux défis. Pour moi, l'art, quand il est novateur, n'est pas un refuge pour échapper à une vie marquée par l'aridité du droit, mais une véritable nourriture de l'esprit. [...] Les œuvres créent une telle émotion qu'au sens propre du terme ils mettent en mouvement les forces imagi-

1. *Le relatif et l'universel, Les forces imaginantes du droit*, *op. cit.*, p. 8.
2. Paul Ricœur, *Le juste*, *op. cit.*, p. 26.
3. Mireille Delmas-Marty, *Les forces imaginantes du droit, III : Le pluralisme ordonné*, Paris, Seuil, 2006, p. 276.

> nantes de l'esprit. …C'est que le droit ne se laisse pas réduire à un enjeu de pouvoir. Il est aussi la quête d'une sagesse qui passe par le mystère de la «juridicité», telle que chaque culture la tisse au fil du temps, et rend possible, par fragments, le miracle du droit devenu langage commun, commune sagesse [1].

S'il est une place pour l'imagination dans la rationalité juridique, elle se situera sur plusieurs plans distincts. Originairement, elle est cette capacité à ouvrir du possible explicitant la finalité du droit comme attente de justice, rendant compte qu'il puisse y avoir une histoire du droit et une volonté de la continuer sans scepticisme. Au cœur de la rationalité juridique, le rôle dévolu à la fonction de l'analogie irréductible au seul raisonnement par analogie, révèle le rôle de l'imagination dans le cadre d'une «rationalité floue». Dans le judiciaire lui-même, elle rend attentif à la particularité singulière des pratiques et à l'urgence de l'innovation juridique. Enfin, confronté aux techniques juridiques elles-mêmes, il se découvre un usage réglé et fortement circonscrit de l'imagination. Si l'imagination travaille sur de l'indéterminé, il s'agit techniquement d'expliciter les règles et les critères qui régulent les variations de seuil des décisions. Ici, dans la dialectique de l'universel et du relatif, qui ne veut pas caricaturer l'universelle attente de justice dans l'uniformisation légale, la régulation prend le pas sur la réglementation [2].

DROIT ET COMMUNAUTÉ HISTORIQUE

Du parcours effectué jusque-là, il ressort que, en tant qu'herméneutique en contexte, le droit l'est en un triple sens. S'il y a interprétation c'est tout d'abord en raison de la tension qui s'élabore entre l'horizon d'attente de justice et les institutions qui la traduisent, tension entre idée de justice et institution juste. Le caractère médiateur et expressif de l'institution judiciaire y est central.

L'interprétation se décline ensuite entre l'universel appel que porte l'institution et sa traduction dans l'historicité en une pluralité d'institutions et de traditions juridiques liées à des contextes culturels et sociaux. À cet endroit, l'histoire des traditions juridiques se lit, non comme un

1. Mireille Delmas-Marty, *Vers un droit commun de l'humanité*, *op. cit.*, p. 12-13.

2. Pour le développement de cette idée nous nous permettons de renvoyer à notre ouvrage *Les puissances de l'imagination*, Paris, Cerf, 2012, particulièrement la troisième partie consacrée au droit.

enfermement dans des précompréhensions non épurées dans lesquelles elles seraient enkystées – vérité en deçà des Pyrénées, erreur au-delà – mais comme expression d'un universel qui apprend à se déchiffrer par confrontation (rôle du droit comparé et du droit international).

L'interprétation juridique s'explicite enfin dans la tension entre l'institution juridique et ses acteurs sur cette scène judicaire qu'est le procès. S'y ritualise et développe une liturgie des corps et des paroles faisant des différents protagonistes des interprètes, au sens théâtral du terme. L'oralité du droit, irréductible à la seule dimension décorative de la rhétorique – l'effet de manches – présente le dit du droit, dans le singulier d'une contextualisation, comme une interprétation. Dans la clôture sacrée de l'enceinte judiciaire, la geste du juge devient ainsi le point de médiation entre l'interprétation comme procédé interne au système juridique et la vie du droit comme processus d'expression du juste. Sur ce point les liens très forts qui unirent Paul Ricœur et Antoine Garapon dans le cadre de la création de l'Institut des hautes études sur la justice se retrouvent dans l'importance que ce dernier accordera au rituel judiciaire dans son ouvrage, portant sur le droit, intitulé *Le gardien des promesses*.

Le droit entendu comme lieu privilégié d'une herméneutique en contexte, est le théâtre où l'idée de justice et la garantie de justesse entrent en débat et s'explicitent dans une décision juste. L'enjeu porte alors sur les relations entre attente de justice et communauté historique. Le droit y est le grand processus interprétatif par la médiation duquel une communauté historique apprend à expliciter l'assurance inchoative de ce qu'elle espère et l'exigence argumentée de ce qui l'indigne. Le droit des droits de l'homme par exemple, si l'on pense à la question de l'abolition de la peine de mort éradiquée sur tout notre continent européen, peut être compris comme l'approfondissement, dans le champ de l'argumentation rationnelle, de la façon dont nos sociétés expriment ce qu'elles ont compris d'elles-mêmes, de ce qu'elles cherchent à être et à faire vivre dans des « obstinations durables ». La vie du droit en démocratie peut être tenue pour l'équivalent d'une « confrontation permanente et perpétuelle de la loi que les hommes font avec le droit qui fait les hommes »[1].

Le problème le plus profond de l'interprétation juridique n'est donc pas celui de la Lettre et de l'Esprit opposant le caractère général, forcément général de la loi au particulier du cas, mais le problème de l'universel et du singulier en raison du caractère situé – non aliéné – historiquement de tout

1. Victor Hugo, « discours de 1875 », cité par Jean-Claude Zylberstein, dans *Victor Hugo, Le droit et la loi et autres textes citoyens*, *op. cit.*, p. 19.

système juridique et de tout conflit. Parler d'interprétation insistera sur le fait que, si elle s'impose, c'est parce que le droit dramatise l'épreuve humaine, trop humaine, d'un fond d'opacité attaché à l'épreuve du mal que l'homme fait à l'autre homme et que l'on appelle simplement mais avec effroi « la méchanceté », ce que Ricœur préfère appeler « le régime ordinaire ou extraordinaire du *tragique de l'action* »[1]. Ce serait aussi dire que cette opacité se double d'une équivocité concernant l'explicitation de ce qu'est le juste, qui exige l'arbitrage d'une interprétation, en raison des précompréhensions sans cesse retravaillées, critiquées qui livrent l'exercice du jugement à l'historicité. Que pour le droit, il y ait une histoire du droit ne plaide donc pas contre lui mais invite à la lire comme engageant une forme d'universel réitératif comme dirait Michael Walzer.

Le jugement en droit, s'il est porté par le tragique d'une situation temporelle, l'est en raison de la conscience qu'elle engage une manière d'être au temps propre à l'agir humain. Le temps de l'attente de réparation, le temps de l'instruction et du procès, le temps de la délibération et de la décision, le temps de la sanction et de la peine, le temps traversé par les institutions judicaires dans l'histoire, le temps de l'histoire du droit et le temps de l'entrée du droit dans l'histoire etc. supposent une phénoménologie de l'être au temps attachée à l'acte de juger. C'est cette phénoménologie de l'être au temps, où s'expriment les attentes de justice des hommes, qui justifie pour Ricœur l'antériorité logique et téléologique de l'attente de droit sur le dispositif formel de mise en œuvre propre à la cohérence d'un jugement judiciaire dont elle ne peut, par ailleurs, se dispenser. C'est elle qui replace la dimension de jugement de connaissance qui est attachée au signe-indice sous la coupe attentive du jugement juridique qui sait que le procès, pour engager des procédés, ne cesse d'être un processus. Du point de vue du procédé, le dit du droit s'achève une fois acquise la décision et la sanction dans la clôture logique du système juridique. Pour une phénoménologie du temps traversé, il y a une vie du droit pour laquelle le dit du droit est une activité qui met en mouvement des vies et continue de les travailler, de les apaiser ou de les maltraiter.

Il est souvent trop court de ne penser le droit qu'à partir de la figure spectaculaire du procès en négligeant l'histoire et son impact sur des vies et des communautés historiques dans le temps long. « Le jugement n'a pas seulement une teneur logique en tant qu'acte de discours mais une teneur morale, dans la mesure où la finalité ultime de l'acte de juger, consistant dans sa contribution à la paix civique, excède la finalité courte de l'acte qui

1. Paul Ricœur, *Le juste*, *op. cit.*, p. 27.

met fin à l'incertitude »[1]. C'est pourquoi juger en droit se situe sur la brèche du temps. Le prononcé du jugement en droit pris au présent entre passé et futur, habite cette brèche au cœur de laquelle l'événement d'un jugement peut se dire. Pour en rendre compte, Hannah Arendt proposait de placer l'analyse du jugement moins sous la figure du champ de bataille que sous celle du « parallélogramme de forces » qui symbolise le mouvement de la pensée.

> La brèche où « il » (L'homme) se tient n'est, du moins virtuellement, pas un simple intervalle, mais ressemble à ce que les physiciens appellent un parallélogramme de forces. [...] Si le « il » était capable d'exercer ses forces le long de cette diagonale... il aurait trouvé le lieu dans le temps qui est suffisamment éloigné du passé et du futur pour offrir à l' « arbitre » une position à partir de laquelle juger les forces en lutte d'un œil impartial[2].

Cette analogie donne à penser le rôle du juge comme celui qui sait qu'il a souvent à faire vivre le texte en sa légalité en étant attentif à l'attente de droit et de justice dans la confiance/défiance. Pour cela, il s'agit de ne pas perdre de vue que l'espace–temps du droit ne cesse de travailler aux conditions de possibilités du temps social et de la paix. La fidélité de son jugement tient à ce qu'il habite l'entre-deux de la blessure du passé révolu dans l'irréversible du délit et l'ouverture d'un futur inconnu et imprévisible après la sanction, entre deux d'un jugement qui dramatise notre présent et qui fait de lui le « gardien des promesses ». Il ne prétend pas être l'acteur d'une élucidation définitive de l'énigme du monde commun qui tient à l'expérience du mal ou de ce que Merleau-Ponty appelait « le maléfice de la vie à plusieurs ». Le droit porte en lui le tragique de l'action interdisant de croire la justice parfaite puisque l'institution judiciaire ajoute la souffrance de la peine à la souffrance première éprouvée par la victime d'un tort. Mais entre le temps court du dit du droit et le temps long de la visée du droit, l'acte de juger assume l'équidistance de la diagonale du temps qui sait l'irréversible et l'imprévisible, la responsabilité de l'interprète étant de s'engager dans la marche du monde. La demande de justice des hommes, des peuples qui doit passer par le droit ne peut se passer du droit.

1. Paul Ricœur, *Le juste, op. cit.*, p. 26.

2. Hannah Arendt, *La crise de la culture*, trad. fr. Patrice Lévy, Paris, Gallimard, 1972, p. 22-23.

CHAPITRE VII

SOIN, INSTITUTION ET RECONNAISSANCE

Comment passe-t-on de l'institution juridique à l'institution hospitalière ? Chacune de ces institutions, quoique différemment, tente d'être, pour Paul Ricœur, une institution de la reconnaissance de l'homme capable. C'est vrai pour l'homme coupable avec le mal commis, mais aussi pour l'homme devenu incapable en raison du mal subi [1]. Plus encore, institution juridique et institution hospitalière se croisent. D'une part, il est des droits des patients, un code de la santé, une judiciarisation des relations soignants-soignés. D'autre part, on peut attendre des institutions judiciaires qu'elles prennent soin de leurs justiciables les plus vulnérabilisés et précarisés, exerçant une forme d'hospitalité (droit des sans droits, droit des sans…). Enfin, « Le jugement médical éclaire le jugement judiciaire : tout l'appareil juridique apparaît comme une vaste entreprise de soins des maladies sociales, dans le respect de la différence des rôles » [2].

Pour Ricœur, les institutions (langagières, éducatives, hospitalières, judiciaires, etc.) stylisent une manière de monde commun. Elles sont des médiations pratiques qui accompagnent des passages de soi vers l'autre et tous les autres. Elles permettent d'aller de la relation intersubjective élective avec le proche, l'ami, le Visage jusqu'à la mise en relation avec des autres qui ne seront jamais des Visages. Ceci invitera à ne pas confondre

1. Une première version de ce texte a été prononcée sous le titre « Les institutions hospitalières : des institutions de la reconnaissance ? », dans le cadre du colloque « L'amplitude de la reconnaissance » organisé par le colloque de l'ATEM/Fond Ricœur, Septembre 2013 par Olivier Abel et Alain Thomasset.

2. Paul Ricœur, *Le juste 2, op. cit.*, p. 255.

l'institution dans sa portée instituante d'une manière de faire monde (une visée) avec l'organisation comme système fonctionnel institué (des interactions réglées). En effet, l'institution est porteuse d'un idéal régulateur, l'orientant téléologiquement en vue d'un bien spécifique mais partageable. Un juste et légitime souci de l'autre vulnérable, auquel se rend attentive une éthique de la sollicitude, prépare des institutions de la reconnaissance. Telle est l'idée séminale de la fameuse formule de *Soi-même comme un autre* où Ricœur définira l'éthique comme une « visée de la vie bonne avec et pour autrui dans des institutions justes ».

Mais il est une singularité des institutions hospitalières. Elles configurent l'éthique de l'hospitalité, par la texture d'une intelligence soignante, médiatisant la relation à autrui. Ce point différenciera Ricœur de Levinas : valoriser la médiation institutionnelle tout en la plaçant sous la veille éthique du Visage. Les institutions dites hospitalières visent et vivent l'expérience de l'hospitalité à l'égard d'une altérité blessée, altérée par le mal subi de la maladie en une médiation institutionnelle qui lui donne figure et la configure. Cette disposition éthique qu'est l'hospitalité, sollicitude à l'égard de l'homme désirant et souffrant – pratiques de soin diraient aujourd'hui les théories du *care* –, s'y décline socialement et politiquement comme un dispositif dans l'institution hospitalière. L'hôtel-Dieu, l'hôpital général, l'hospice, le centre hospitalier universitaire, l'hospitalité de l'unité de soins palliatifs ou l'EPHAD, dans leur dimension spatiale et temporelle, sont autant de déclinaisons institutionnelles, en Occident du moins, d'un parcours de la reconnaissance[1]. Elles tentent de maintenir vive l'imagination du semblable lorsqu'autrui est parfois rendu méconnaissable par la maladie, le grand âge, la fin de vie. Chaque invention institutionnelle s'envisagera alors, à chaque fois, comme une conquête de l'homme reconnu comme homme en dépit du type d'épreuve de la maladie qui l'a rendu méconnaissable. L'histoire des institutions hospitalières s'interprétera ainsi comme l'histoire, en train de se faire, de la reconnaissance de l'homme souffrant.

1. À titre d'exemple on pourra lire l'article de la sociologue Nathalie Zaccaï-Reyner consacré aux maisons de retraites : « Care et institutions : regards sur le style organisationnel et le soin aux personnes », *in* L. Benaroyo et F. Worms (éd.), *La philosophie du soin*, Paris, P.U.F., 2010, p. 251-265. Plus largement, sur Ricœur et le *care*, on consultera Marjolaine Deschênes (dir.), « Éthique et philosophie politique du *care*, du soin et de la sollicitude. Perspectives ricœuriennes et féministes », *Les ateliers de l'éthique/The Ethic Forum*, vol. 10, n° 3, 2016.

> Le sens final des institutions, c'est le service rendu à travers elles à des personnes; s'il n'y a personne à en tirer profit et croissance, elles sont vaines. Mais ce sens final, précisément demeure caché; nul ne peut évaluer les bienfaits personnels prodigués par les institutions; la charité n'est pas forcément là où elle s'exhibe [...] elle est bien souvent le sens caché du social[1].

Si les institutions sont hospitalières à l'égard de l'homme souffrant, elles vivent aussi d'une lutte contre cette altérité de l'homme malade qui inquiète, dérange, encourageant parfois des violences institutionnelles ou faisant apparaître des impuissances. L'hospitalité y éprouve de l'hostilité qui la hante : le mauvais patient, la non compliance ou le vieillard gênant. La méconnaissance est la hantise de la reconnaissance lorsque au mal subi s'adjoint parfois le mal commis par les membres des institutions et les institutions elles-mêmes (échecs ou fautes dans la routine, l'anonymat, l'invisibilisation, la maltraitance, l'exclusion). Elle rappelle que l'hospitalité est toujours difficile; qu'elle est moins une donnée qu'une tâche. Deux lectures de l'institution de l'hospitalité sont alors possibles :

– soit on met l'accent sur la dimension téléologique d'une sollicitude qui se déploie en pratiques de soins à l'égard de publics vulnérabilisés. Telles sont les réponses dites humanistes ou charitables qui apportent, dans des pratiques, une réplique éthique mais non politique au mal subi qu'est la maladie. Elles privilégient la dimension de relation interpersonnelle concernant des personnes en situations vulnérables. L'hospitalité vise des personnes précises par des accompagnements.

– soit on met l'accent sur le rôle et l'organisation des institutions, en dénonçant la violence d'interactions fixées, bientôt figés par la routine et la normalisation administrative[2], qui fabriquent une non-reconnaissance des soignés et des soignants. Cette critique sociopolitique des formes de reconnaissance ratées et d'un empire de la norme cherchant à prévenir tout risque est nourrie des analyses de Michel Foucault voyant dans l'hôpital « une machine à guérir », et se déploie avec les théories dite du *care* en une politique du soin.

Mais entre la proximité éthique engagée dans le prendre soin et la distance techno-administrative propre à l'institution des soins faut-il choisir? Comment la dynamique de la vie institutionnelle présente en sa visée trouvera-t-elle dans la statique de l'organisation (normalisation et

1. Paul Ricœur, « Le *socius* et le prochain », dans *Histoire et vérité, op. cit.*, p. 126.

2. Ces échecs du social, Paul Ricœur les qualifie de « sommeil technocratique et institutionnel, au sens où Kant parlait d'un sommeil dogmatique... », *ibid.*, p. 124.

accréditation) un support? La transmission d'une visée hospitalière peut-elle se dispenser de sa transcription dans des dispositifs; et inversement ces dispositifs ne sont-ils pas réveillés par la disposition hospitalière qu'ils visent?

LA DIALECTIQUE DE LA PROXIMITÉ ET DE LA DISTANCE INHÉRENTE À L'INSTITUTION

Paul Ricœur n'a pas voulu choisir entre le pourquoi du soin et le comment du soin; entre rationalité des fins (sollicitude à l'égard de l'autre homme) et rationalités des moyens (raison instrumentale). Il a dialectisé les relations de l'institution et de la reconnaissance sur l'horizon d'une éthique de la sollicitude en direction du proche et de l'institution juste en direction du lointain. Cette dialectique est elle-même travaillée par une méditation sur le mal subi et commis dont la reconnaissance est l'enjeu.

D'un côté, les institutions hospitalières nous mettraient donc en relation avec des *autrui* qui seront rarement des Visages. De l'autre côté, le souci du Visage réintroduit une dimension de verticalité éthique dans des institutions qui, pour objectiver, risquent d'être aliénantes. L'institution sans l'éthique de l'hospitalité est aveugle; l'hospitalité sans institution est vide et inconséquente. Une dialectique à synthèse ajournée ferait donc la vie de l'institution. Comment alors la médiation institutionnelle qu'est l'hôpital demeurera-t-elle une institution de la reconnaissance de l'homme vulnérabilisé par la maladie? En effet, l'hôpital moderne est habité par un travail de la reconnaissance apprenant à croiser une dimension épistémologique de connaissance avec une dimension éthico-politique de reconnaissance et d'émancipation. Il vit de la tension entre savoir scientifico-technique (la médecine comme biomédecine) et être au monde (l'épreuve de l'homme malade).

En effet, l'hôpital moderne en contexte sécularisé est l'expression d'une hospitalité sans hôtel-Dieu. Elle est marquée par la domination d'un geste épistémologique positif, sinon positiviste qui exalte l'activité d'un esprit qui juge. Reconnaitre signifie identifier et distinguer pour une herméneutique médicale construite sur cette clinique du voir triomphant dans notre sémiologie médicale. Y domine une « spécification de l'idée de reconnaissance par celle d'identification »[1]. La maladie, fait biologique (*disease*), est également un évènement biographique (*illness*) déchiffré

1. Paul Ricœur, *Parcours de la reconnaissance*, *op. cit.*, p. 105.

dans l'univers symbolique propre à une culture et à sa symbolique du mal (*sickness*). Il s'ensuit que les enjeux de reconnaissance de l'homme malade traversent ces trois réalités. Ils engagent un renversement qui va du reconnaître (au sens d'identifier) vers un être reconnu, donnant consistance existentielle à l'identification théorique. Une herméneutique du soin au service d'une reconnaissance de soi redonne à la maladie son statut d'expérience biographique, maintenant le malade sous la maladie. L'enjeu d'une herméneutique des institutions sera de permettre à ce que cela se prolonge en une reconnaissance mutuelle, résistant à ce qu'a d'unidimensionnalisant la normalisation institutionnelle. Tel sera le rôle d'une convocation des ressources symboliques disponibles dans les cultures (droit des malades; les traditions religieuses ou associatives dans l'accompagnement des malades; place des arts à l'hôpital; architectures hospitalières élaborant des espaces habités; la laïcité comme cohabitation instituée dans l'espace de l'hôpital public de diverses traditions religieuses, etc.) Cette lutte pour la reconnaissance s'émancipant de formes de reconnaissance ratées (le paternalisme médical versus la logique contractuelle; la stigmatisation qui exclut versus la normalisation qui inclut) peut-elle alors faire l'économie de se déployer en un parcours de la reconnaissance, et ce dernier ne pas finir par s'exprimer en une symbolique de la reconnaissance?

UNE CONCEPTION EXPRESSIVE DE L'INSTITUTION

Si les institutions hospitalières sont des institutions de la reconnaissance, c'est à condition de s'en faire une conception expressive [1]. À la différence d'une étude de l'institution comme dispositif de pouvoir, celle-ci ne sépare pas le « comment » du pouvoir institutionnel du « pourquoi des institutions ». Parler d'expression consiste à dire qu'en elle, en plus d'un programme qui répartit des rôles et des tâches entre médecins, soignants, paramédicaux, administratifs, patients, s'y déploie un processus de

1. « En forçant le trait, on peut donc dire qu'exprimer signifie ici que les institutions ne doivent pas être considérées comme des dispositifs produisant par eux-mêmes la reconnaissance ou son déni, mais plutôt comme l'institutionnalisation de rapports de reconnaissance qui relèvent comme tels d'un niveau préinstitutionnel. Les institutions constituent seulement les conditions soit de la stabilisation des relations de reconnaissance entre individus, soit de la perpétuation des obstacles à leur développement », Emmanuel Renault, « Reconnaissance et institutions », in *L'expérience de l'injustice, Reconnaissance et clinique de l'injustice*, Paris, La Découverte, 2004, p. 196.

relations. La statique des rapports de force qui la structurent est sous-tendue par la dynamique des relations qui l'habitent. L'institution hospitalière a donc la tâche éthique et politique de faire en sorte que se maintienne la continuité d'une histoire sous la discontinuité de l'épreuve de la maladie qui rend parfois méconnaissable et met la vie entre parenthèses. C'est d'autant plus vrai dans ces « institutions totales » que sont les maisons de retraites, les EPHAD ou les services de gériatrie prenant en charge la totalité d'une existence, 24h sur 24h.

Mais l'originalité de l'institution tient à ce qu'elle dialectise la relation à l'autre homme comme une dialectique du prochain et du *socius*, c'est-à-dire de l'homme compris « en tant que »… patient ou soignant. Elle ne s'en tient pas à la seule pensée des relations intersubjectives car elle n'ignore pas la nécessité d'objectivations légitimes. Il n'y a pas d'un côté la relation je-tu que privilégie souvent, parce qu'elle est valorisante, l'éthique hospitalière de la sollicitude (le colloque singulier médecin-patient) et de l'autre la relation inauthentique et anonyme je-on qu'encouragerait une administration et une bureaucratisation du monde vécu. Pour Ricœur, la relation je-il, je-chacun n'est pas moins fondamentale que la relation je-tu[1]. Cette modalité de la relation, distincte de l'altérité interpersonnelle, il la nomme « altérité institutionnelle »[2]. Médiatisée par des dispositifs institutionnels (un service public, une entreprise, une école, un hôpital), une phénoménologie de la mutualité persiste qui évalue la logique structurée des interactions réglées par l'institution. Les dysfonctionnements de l'institution hospitalière engendrant des pathologies de la reconnaissance (de l'identification de pathologies à la stigmatisation; les violences à l'égard du mauvais patient; le refus de voir et d'entendre certaines plaintes si on pense aux malades crieurs en gériatrie[3], etc.), ne doivent pas faire oublier alors que l'institution est ce qui habilite et protège les interactions soignantes.

Ricœur installe donc les institutions dans une dialectique vive entre un pôle éthique levinassien (le souci de l'autre comme Visage) et un pôle critique habermassien (l'institution de situations de méconnaissance). Entre l'épiphanie du Visage, une des grâces possibles de la relation

1. Voir sur ce point l'article consacré à Husserl et Hegel dans *Du texte à l'action*, *op. cit.*, 1986.

2. Paul Ricœur, « La relation au tiers y parait aussi primitive que la relation au toi », *Le Juste*, *op. cit.*, p. 34.

3. Sur les maltraitances passives (isolement ou mutation) ou actives (bâillon psychotrope) concernant les malades crieurs sans douleur ni raison en EPHAD, Voir J.-M. Delage, P. Vassal, « Les cris de Germaine : réflexion éthique », *Revue Éthique et santé*, 9, 2012, p. 165-169.

de reconnaissance dans le soin (la gratitude comme *agapè* de la reconnaissance mutuelle) et la machine à guérir du dispositif soignant, se met en place une prise en charge de ces autres qui ne sont pas des prochains mais qui ne sont pas pour autant que des flux à gérer. L'altérité institutionnelle s'explicitera ainsi dans ces interactions que les sciences de gestion travailleront à objectiver et rationaliser, au risque de les réifier.

Insister sur la portée expressive de l'institution est décisif, si on pense au rôle de l'imagination qui la travaille en une dialectique de l'utopie et de l'idéologie. Sa portée utopique résiste à la tentation de l'enfermement par l'ouverture d'un tiers lieu de contestation ou d'aspiration : le maintien de l'imagination du semblable contre ce qui rend l'homme méconnaissable. On pense ici au défi de maintenir comme un vivant l'agonisant alors qu'il ne cesse d'être rattrapé par les imaginaires généralisant qui font de lui un mourant, un moribond[1] ; ou, dans d'autres structures, « un Alzheimer », un « cardio ». Le maintien idéologique de la constance d'une visée dans l'organisation, la spécialisation structurée et réglée des interactions, préviennent, quant à eux, de l'abstraction d'une hospitalité charitable mais inefficace. Ils insistent sur le fait que l'institution hospitalière porte un projet émancipateur jusque dans sa spécialisation interne et sa technicité. Il est porteur pour les acteurs assurés de la sorte en leur identité même s'il comporte le risque de se figer. Entre utopie et idéologie l'institution résiste aux objectivations qu'appelle son efficacité institutionnelle lorsqu'elles dérivent et se caricaturent en objectivations aliénantes dans l'anonymat, la fonctionnalité et une administration impersonnelle perdant de vue le vis-à-vis.

DE LA RECONNAISSANCE-IDENTIFICATION À LA RECONNAISSANCE MUTUELLE : QUELLE GRATITUDE DANS L'INSTITUTION HOSPITALIÈRE ?

L'institution hospitalière vit d'un tiraillement constitutif. Elle place épistémologiquement la reconnaissance sous le régime conceptuel de l'identification (vérité de science). Mais elle vise éthiquement et politiquement une reconnaissance mutuelle dans sa dimension d'épreuve

1. « L'agonisant comme distinct du moribond. Le fond du fond du témoignage du médecin de l'unité de soins palliatifs est que la grâce intérieure qui distingue l'agonisant du moribond consiste dans l'émergence de l'Essentiel dans la trame même du temps de l'agonie », Paul Ricœur, « Jusqu'à la mort : du deuil et de la gaieté », dans *Vivant jusqu'à la mort*, *op. cit.*, p. 43.

existentielle (vérité d'existence), sous peine de fabriquer de la non-reconnaissance, qu'elle soit humiliation, irrespect ou mépris.

Le régime de la reconnaissance-identification de la maladie lutte contre ce risque de la mort toujours présente qui spécifie l'herméneutique médicale. À cette fin, l'hôpital moderne devient machinerie techno-administrative marquée par le souci de la technicité, de l'efficacité des procédures et de la rationalisation des moyens propre à une société du risque. Le renforcent des sciences de gestion qui coordonnent, servantes d'une logique marchande prétendant tout évaluer (y compris les interactions sociales de soin : la tarification à l'activité : T2A.) Car la santé est aussi l'objet d'une offre marchande. La santé n'a pas de prix, mais elle a un coût. On rabat ainsi la valeur de la relation de soin sur le prix d'une prestation. Cela tient à une survalorisation de la reconnaissance identification dans l'hôpital moderne eu égard à l'expression de la reconnaissance mutuelle. Pour « la machine à guérir », le triomphe de l'exactitude concentre la gratitude du patient à l'égard des soignants sur la prouesse du savoir-faire : celui d'une sémiologie qui a identifié la maladie et sait l'inscrire dans un protocole thérapeutique. Cette gratitude de premier ordre sait gré d'avoir identifié la cause du mal car elle garantit une sortie de l'invisibilité et du non-sens, et peut être d'une inscription dans des protocoles de prises en charge. Cette gratitude de premier type, qui persistera longtemps dans les relations de reconnaissance, contribue à les styliser[1], voire les domine. Autour d'elle se noue un grand nombre d'interactions à l'hôpital (les résultats du laboratoire d'analyse ; de l'examen clinique ; des comptes rendus des services d'imageries ; l'annonce de la vérité au malade) qui, en raison du poids qu'a pris l'outillage technologique mis au service de l'intelligence diagnostic et clinique, estompent d'autres formes de gratitude considérées comme mineures.

Or, cette reconnaissance-identification est une reconnaissance tronquée. Elle assimile le soin à un exercice logique concernant une vérité de science alors qu'il mobilise aussi une vérité d'existence et des relations

1. « Pour identifier il faut distinguer, et c'est en distinguant qu'on identifie. Ce réquisit ne régit pas seulement une théorie de la reconnaissance limitée au plan théorique ; il gouvernera, avec la même insistance, tous les usages issus du retournement du reconnaître à l'être reconnu : c'est à être distinguée et identifiée que la personne humiliée aspire. En ce sens, l'usage "logique" des opérations de distinction et d'identification ne sera jamais dépassé, mais demeurera présupposé et inclus dans l'usage existentiel qui en restera définitivement enrichi, qu'il s'agisse de distinction et d'identification appliquées à des personnes relativement à elles-mêmes ou à d'autres, ou prises dans leurs relations mutuelles », Paul Ricœur, *Parcours de la reconnaissance, op. cit.*, p. 50. Nous soulignons.

de confiance mutuelle, un pacte de soin. Pour ce dernier, l'enjeu est d'être entendu et reconnu pour avoir le sentiment et l'assurance que notre vie a de la valeur. Il s'ensuit parfois que : « Je peux avoir l'impression de ne pouvoir vivre sans une certaine reconnaissance, mais je peux aussi avoir l'impression que les termes par lesquels je suis reconnu rendent ma vie invivable »[1]. Dans le pacte de soin, la reconnaissance qui se fait gratitude n'est pas que de l'ordre d'un savoir mais aussi d'une relation : accompagner par une thérapeutique et un parcours institutionnel une histoire dans une confiance mutuelle. Si la connaissance médicale répond à la question de la maladie par son identification, la reconnaissance mutuelle y répond comme à un appel à une relation d'aide, à une rencontre. Le problème récurrent dans les institutions hospitalières, du « dire la vérité au malade » tient à ce qu'on ne répond pas à une question comme on répond à un appel.

Aussi, dans les relations de soin, des moments de grâce manifestent une gratitude de deuxième type. L'élection d'un sujet par un autre retrouve de l'intersubjectivité sous l'institutionnalisé, tentée de faire de celle-là l'idéal de la gratitude. Ce moment de grâce de l'élection mutuelle n'en est pourtant qu'une des figures. Car entre la gratitude liée à une dimension d'utilité (le service rendu d'une désignation de la maladie) et la gratitude désintéressée (la grâce d'un merci inconditionnel), prend place un troisième régime de gratitude. Parce que l'hospitalité dans l'institution est affaire de professionnels, la gratitude s'engage dans des pratiques mixtes. Cette gratitude de troisième type ne fait plus d'elle une exception sublime mais la condition ordinaire de toute existence. Elle investit le point de tension entre le dû et le don, la gratification et la grâce, le salaire et le cadeau, le personnage et la personne, ce que montrent les « cadeaux de courtoisie ou de gentillesse »[2] faits aux infirmières ou au service de soins par les patients. Elle rend les institutions vivables, réveillant la finalité qui les portent et révélant la grandeur des acteurs qui s'y engagent.

1. Judith Butler, *Défaire le genre*, nouvelle éd. augmentée, trad. fr. M. Cervulle, Paris, Éditions Amsterdam, 2012, p. 16.

2. Paul Ricœur, *Parcours de la reconnaissance*, *op. cit.*, p. 370.

LA RECONNAISSANCE DE L'HOMME SOUFFRANT AU RISQUE DE LA CONNAISSANCE HOSPITALIÈRE

Comment ne pas écraser cette triple gratitude dans l'hôpital machine à guérir ? Si l'objectivation de la maladie dans le malade et le formalisme des fonctionnements institutionnels n'est pas le tout de l'altérité institutionnelle engagée à l'hôpital, comment y préserver la reconnaissance mutuelle ? La médecine est une théorie mais aussi une thérapeutique d'où l'ambiguïté de la reconnaissance dans l'institution hospitalière. Le programme théorique de la biomédecine est essentiellement, depuis la naissance de la clinique, une herméneutique de la reconnaissance-identification. La sémiologie médicale, objectivante dans le tableau clinique, suppose voire exige que le malade réponde présent à son symptôme. Elle est une herméneutique du soupçon à l'égard de tout ce qui parasite une connaissance positive de la maladie. Mais ce faisant, elle peut négliger comme futile le fait que la maladie engage une herméneutique de soi – apprendre à se comprendre comme malade – et une herméneutique des cultures – la mise en récit et image des maladies dans les symboliques culturelles.

Pour instituer la reconnaissance, l'institution hospitalière doit donc engager un travail : replacer le cadre épistémologique d'une intelligence de la maladie sous le cadre herméneutique d'une reconnaissance ample, attentive à une compréhension éthique et politique de l'homme souffrant. Or, l'institution hospitalière moderne s'est placée sous la tutelle techno-scientifique d'une « science médicale » qui y résiste.

> Pour que l'expérience clinique fût possible comme forme de connaissance, il a fallu toute une réorganisation du champ hospitalier, une définition nouvelle du statut du malade dans la société et l'instauration d'un certain rapport entre l'assistance et l'expérience, le secours et le savoir; on a dû envelopper le malade dans un espace collectif et homogène. Il a fallu aussi ouvrir le langage à tout un domaine nouveau : celui d'une corrélation perpétuelle et objectivement fondée du visible et de l'énonçable [1].

L'expansion de la médecine scientifique a placé épistémologiquement la reconnaissance sous la rubrique de l'identification, au risque d'engendrer une méconnaissance éthique, sociale et politique. Etre reconnu par la Faculté rassure et assure des identités cliniques (Parkinson,

1. Michel Foucault, *La naissance de la clinique* [1963], « Quadrige », Paris, P.U.F., 1988, p. 200.

Alzheimer, cancer) par des procédures classificatoires. Cela vaut pour la maladie génétique rare, le combat d'associations de malades ou, dans le cadre de la médecine du travail, la reconnaissance des maladies professionnelles (malades de l'amiante). La connaissance, paradigme dominant de notre savoir médical, sert une première forme de reconnaissance : la désignation en est la forme minimale. Première inscription dans un faisceau de significations, elle fait sortir de l'informe et contribue à un redéploiement des interactions individuelles et sociales. « Mettre un mot sur ces symptômes restés longtemps pour moi inexpliqués, et dont secrètement je me sentais vaguement coupable, me fit sortir de l'innommable. La déclaration officielle de la maladie agissait en moi comme une libération : ainsi, c'était donc ça »[1].

L'identification permet une distanciation avec son mal qui est une première libération, une voie de reconnaissance. Mais là où apparaît la solution à cette question qu'est la maladie demeure plein et entier l'appel de l'homme malade. Cet appel est souhait de vie bonne et saine qui attend d'être reconnu. « Si le souhait de santé est la figure que revêt le souhait de vivre bien sous la contrainte de la souffrance, le pacte de soins et la confidentialité qu'il requiert impliquent un rapport à autrui, sous la figure du médecin traitant, et à l'intérieur d'une institution de base, la profession médicale »[2]. Certes, dans l'hôpital moderne le processus de reconnaissance-identification, portant trois traits théoriques (l'objectivation, la généralisation et la quantification) et un trait pratique (la normalisation), a démesurément grossi. Il semble l'unique et légitime reconnaissance, au risque d'encourager un déni de reconnaissance personnelle et sociale. Il justifie la fiabilisation procédurale de l'institution dans une normalisation soucieuse d'éviter le risque qui tue mais qui anesthésie la portée expressive de l'institution. Pour être une institution de la reconnaissance mutuelle, n'a-t-elle pas à tempérer la place qu'y prend le processus identificatoire ?

L'objectivation

En biomédecine, le sujet malade devient objet de la connaissance médicale. La modélisation permet cette objectivation, au risque de substituer à la relation sujet/sujet, le rapport d'un sujet (le soignant) à un objet de

1. Philippe Barrier, *La blessure et la force, La maladie et la relation de soin à l'épreuve de l'auto-normativité*, Paris, P.U.F., 2010, p. 27.
2. Paul Ricœur, *Le juste 2*, *op. cit.*, p. 242.

traitement (le soigné). Si le risque de l'objectivation est sa dérive en chosification, comment résister à la réification de l'homme malade ? Problème d'herméneutique classique où il s'agit d'expliquer plus pour mieux comprendre, on dira prudemment que la réflexivité éthique, engagée dans l'éthique des comités mais également dans l'éthique en marge des comités, lutte contre cette réification. Elle ouvre la possibilité d'une anamnèse et d'une imagination anticipante servant la reconnaissance dans un contexte où dominent l'accélération et la bureaucratisation. « Oasis de décélération », elle réinstalle de la réflexivité au plus près de l'intelligence des moyens engagés par une médecine instrumentée, même si l'éthique, à son tour, peut devenir alibi ou une technique de décision normée (l'éthicien).

La généralisation

Comme le préfixe *bio-* le signale, la biomédecine s'appuie sur ce qui est susceptible de se formuler en lois (biologie) homogènes et uniformes (un taux de cholestérol, un taux de glycémie, etc.). Elle recherche du comparable. Ainsi la nosographie pense dans les catégories spatiales de la classification et de la structure (le tableau clinique; le D.S.M. ou la C.I.M. : la classification internationale des maladies) ce qui se continue dans le temps comme une histoire. Comment retrouver le singulier d'une histoire sous la généralisation d'un cas ? La dialectique du tableau (du tableur) et du récit apparaît alors majeure. L'*evidence base medicine* appelle une *evidence narrative medicine*. La narration, depuis le colloque singulier qui interprète et temporise des résultats d'analyses jusqu'à parfois sa théâtralisation judiciaire dans la plainte, fait reconnaître la dimension de biographie que décode la biologie en acceptant une pédagogie du détour : le récit invite à partir en reconnaissance. De même, la fonction éthique et politique de l'accompagnement bénévole, des associations de malades est-elle de maintenir de l'individuation afin que la reconnaissance d'une histoire s'exprime.

La quantification.

La biomédecine, qui naturalise la maladie, sait depuis Claude Bernard, que son antichambre n'est plus l'oratoire mais le laboratoire. Elle travaille à la traduction/réduction d'une expérience qualitative dans le langage de l'expérimentation quantitative. La formalisation mathématique, et son relais dans l'outillage informatique, invente une langue médicale qui ne cherche plus à dire (expressivité) mais à désigner (une code de signes univoques.) Elle produit une médecine contre-intuitive opposant ce que sait la science et ce que vit le malade. Lorsque la reconnaissance de la maladie se déclinera à l'échelle du gène, de la cellule, du tissu, etc., une dissonance s'installe entre être biologiquement malade et médicalement sain. Cette langue médicale réduite à sa dimension d'échanges d'informations pour évacuer l'équivoque cherche des mots qui cloisonnent, valorise des indices qui signalent aux dépens d'une parole adressée.

> Le vocabulaire scientifique, plus particulièrement la psychologie, est incroyablement limité, et de mon point de vue, choquant, tant il est rudimentaire. Une remarque aussi simple que « C'est noir » évoque bien plus de choses qu'un terme tel que « dysthymie » ou « dépression » (auquel je préfère le concept de *mélancolie*)[1].

Qui sait le mieux dire la maladie : la science ou la littérature ? La réflexion sur la langue médicale n'est pas nouvelle, mais c'est à la langue entendue comme « vision du monde » (*cf.* W. Von Humboldt) que la technique biomédicale s'en prend. La mathématisation de la langue rend urgente la possibilité de redonner aux soignants comme aux soignés la possibilité de dire. Telle est la puissance de refiguration attachée au récit. Nouvel enjeu de reconnaissance : être non seulement entendu mais écouté dans l'expression de sa plainte. Notre monde est « pauvre en expériences » ne cessait de dire Walter Benjamin. Un des enjeux est bien de faire en sorte de pouvoir remettre du conte sous nos comptes. Les cellules de conseils, les ateliers d'écriture de malades convoquant des mots formulés en première personne, les témoignages de malades ou de médecins, les transmissions entre les équipes de jour et de nuit, à l'échelle individuelle le font déjà. Mais le rôle des comités d'entreprises, des commissions « hygiène et sécurité », et même des conseils d'administration des hôpitaux lorsque l'agent comptable est capable de remettre du récit sous le tableur Excel du contrôleur de gestion, etc. sont autant de brèches qui ouvrent une possibilité pour la parole.

La normalisation dans le protocole

La modélisation théorique d'une reconnaissance-identification de la maladie cautionne une manière de civiliser les mœurs hospitalières. La dévalorisation des pratiques de soin (*care*) se fait au profit d'une survalorisation des préventions des risques et du langage de la maîtrise et du

1. Tim Willocks, « Entretien », dans *La cavale de Billy Micklehurst*, Paris, Allia, 2012, p. 33.

contrôle[1]. Cette rationalisation des pratiques dans le protocole, le guide, les normes fait chuter la valeur de l'expérience – singulière, incomparable – au profit de la rigueur de l'expérimentation – mesurable, comparable, technicisable –. Face à cette normalisation qui engendre dénis de reconnaissance, souffrance au travail, perte du vis-à-vis, etc. se fait entendre une nécessaire et vitale lutte pour la reconnaissance. En effet, objectiver, généraliser et quantifier déclinent sur le plan théorique le programme épistémologique d'un Bichat invitant à « ouvrir quelques cadavres » : connaître le mort pour expliquer le vif. Ils préparent la transcription pratique de ce programme dans la standardisation, le protocole et l'évaluation. Autres manières d'ouvrir quelques cadavres : l'action morte (déjà faite) décrite dans la coordination y sert d'horizon pour le vif engagé dans les coopérations sociales. Sur le plan de la *praxis*, considérer l'action comme déjà faite – dans sa régularité et sa rigidité cadavérique – peut oublier l'action en train de se faire, dévisagée en sa structure plutôt qu'envisagée comme évènement ! Dans les institutions dites hospitalières, contrôleurs de gestion et « tableurs Excel » rationalisent ainsi des pratiques de soins dans les mots de la mesure (*cf.* la T2A : tarification à l'activité).

Certes, l'agir au travail est un coagir qui appelle une rationalisation (le travail prescrit distinct du travail vivant), de *légitimes objectivations* dit Ricœur. Mais cette exigence de coordination normée peut brider la créativité pratique engagée dans les activités de coopération, jusqu'à la souffrance soignante et le *burn out*[2]. Le coordonner ne peut se passer du coopérer ! Un parcours de la reconnaissance soutiendra la coopération dans les activités soignantes, placé du point de vue des acteurs et non uniquement des gestionnaires. Il se déploie sur différents cercles allant s'élargissant : le premier cercle des groupes d'analyses de la pratique qui sollicitent les capacités des acteurs sous les agents d'un système; le deuxième cercle des organisations qui resitue les procédures d'accréditations des établissements de santé non seulement au regard de la conformité à des normes mais également comme l'occasion d'épeler les valeurs autour desquelles une institution hospitalière se construit; le troisième cercle de l'espace public autour de l'accès juste et solidaire au soin, les enjeux de reconnaissance ne se plaçant pas sous la seule éthique soignante. À cette fin, il importe de renforcer le rôle du droit (loi de mars 2002 sur le droit des malades) et celui des régulations normatives au sein de l'entreprise-hôpital

1. Sur ce point, voir Joan Tronto, *Le risque ou le care ?,* trad. fr. Fabienne Brugère, Paris, P.U.F., 2012.

2. Voir Christophe Dejours, *Souffrances en France*, « Points », Paris, Seuil, 2009.

et au dehors (syndicat, comité hygiène et sécurité, comité d'établissement, et toutes les commissions paritaires, droit du travail). Ces trois cercles institutionnalisent et formalisent des attentes de reconnaissance.

L'activité de soin suppose, outre un cadre épistémologique qui l'instruise, un contexte institutionnel où se déployer. De ce fait, les institutions hospitalières n'échappent pas aux forces qui les rationalisent et les gèrent, au risque de la bureaucratisation croissante de la vie que Max Weber plaçait sous la figure de la « cage d'acier » ou que Michel Foucault appelait « empire de la Norme ». Légitimes, les objectivations qu'appelle la pratique soignante peuvent dériver en normalisation de pratiques soignantes moins individuantes quoique plus individualisées. À cet endroit naissent les demandes de reconnaissance.

Les institutions de soin vivent une rationalisation depuis qu'elles relèvent d'une industrie de la santé. Rattrapées par la culture industrielle, la fiabilisation de la procédure risque d'y oublier la confiance; la normalisation de protocoles standardisés risque de perdre la créativité des acteurs; la certification des établissements risque de confondre la valorisation éthique du travail avec l'étiquette du label. Le rêve d'un rapport sans risques engendre le cauchemar d'une relation sans passion. Pour Ricœur, l'amplitude de la reconnaissance en ces institutions consistera à maintenir le sens relationnel du soin dans l'organisation rationnelle du système de santé. Sous l'idéal gestionnaire d'une activité programmée pour laquelle l'évènement imprévu est indésirable, on maintiendra une visée : désirer l'évènement.

Les institutions de soin en tant qu'institutions avivent la tension entre la visée de l'institution prenant soin de l'homme désirant et souffrant et sa traduction concrète, parfois trahie dans les organisations. En effet, « quand, un individu peut-il se tenir pour reconnu ? La demande de reconnaissance ne risque-t-elle pas d'être interminable ? »[1]. Les institutions hospitalières exacerbant la situation de fragilité, en raison de la maladie, n'ont de cesse de faire de la reconnaissance un enjeu de lutte entre les malades eux-mêmes dans la concurrence des souffrances; entre malades et soignants; voire entre établissements concurrents. C'est aussi pourquoi, avec l'école, c'est à l'hôpital que la laïcité s'est en France, développée avec vigueur. Comme pour marquer que la laïcité est associée à la longue lutte, non encore achevée, pour la reconnaissance de ce que Pierre Bayle appelait les « droits de la conscience ». Les institutions humaines, scolaires et hospitalières, pénitentiaires et judiciaires installent ainsi la laïcité dans une longue histoire de la reconnaissance.

1. Paul Ricœur, *Parcours de la reconnaissance*, *op. cit.*, p. 354.

CHAPITRE VIII

PAUL RICŒUR ET LA LAÏCITÉ

Peut-être, les dictionnaires, dans quelques dizaines d'années, présenteront-ils Paul Ricœur en disant : « Paul Ricœur (1913-2005), philosophe français de confession protestante » ? Une telle notice biographique, laisse sur sa faim mais ouvre, à qui veut lire, sur trois questions. Tout d'abord, comment le philosophe thématise-t-il les relations du philosopher et du croire, donnant une tonalité propre au vieux thème anselmien de l'intelligence de la foi, du *Fides quaerens intellectum* ? Bref, reconfigure-t-il cette longue séquence historique qui a marqué notre Occident, dans un débat relatif aux preuves de l'existence de Dieu et aux raisons de croire[1] ? Ensuite, comment son protestantisme et sa confession de réformé ont-ils repris et travaillé l'héritage luthérien et l'invitation au *sola scriptura* dans le cadre d'une herméneutique philosophique qui a donné une ampleur – peut-être jusqu'à l'excès ? –, au paradigme du texte, au monde à lire comme un Livre, privilégiant pour cette raison le discours exégétique sur le discours théologique[2] ? Enfin, Paul Ricœur né en 1913, évolua dans un

1. Voir Paul Ricœur, « *Fides quaerens intellectum.* Antécédents bibliques » [1990], *Lectures 3*, *op. cit.*, p. 327-351. La singularité de cette lecture est de montrer comment le texte d'Anselme est d'abord celui d'un homme, d'un moine, inscrit dans une communauté, dont la foi, en quête d'intelligence éprouve le besoin de se déployer en se confrontant à des interprétants dont le souci de la preuve théâtralise au plus haut point l'attente. C'est la dialectique du désir de Dieu et du déchiffrage de ce que « Dieu » veut dire qui rend compte alors du geste anselmien.

2. Voir Paul Ricœur, « La philosophie et la spécificité du langage religieux », *Revue d'histoire et de philosophie religieuse*, 55, 1975/1. Voir également Paul Ricœur, A*ndré Lacocque, Penser la Bible*, Paris, Seuil, 1998. Pour une analyse plus développée et une mise

contexte français, marqué par les lois de séparation des Églises et de l'État (1905)[1], contexte qui connut un moment de laïcité combattante, anticléricale sinon antireligieuse, avant d'inventer un espace commun relativement pacifié quant aux relations du politique et des religions. Dans quelle mesure alors son travail philosophique porte-t-il la marque d'un universitaire inscrit dans une Université publique française travaillée par la laïcité ? Est-il possible de faire l'hypothèse, très ricœurienne mais à propos de Ricœur lui-même, que la laïcité travaille à élaborer un espace-temps de la transmission servant à l'élaboration d'une herméneutique de soi et des cultures, inaugurant une dialectique vivante entre le pôle de la conviction et celui de la critique, renforcée par la dialectique de conservation et de l'innovation, dont l'œuvre du philosophe serait un témoignage exemplaire[2] ? C'est à cette troisième question que nous nous attacherons plus particulièrement.

Chez Ricœur, les concepts de défi, de convictions biens pesées, de traditions, mais aussi l'idée d'une herméneutique qui donne au détour par les médiations longues une ampleur sans précédent, répondent au souci de trouver une juste place au croire dans le cadre d'une société sécularisée ou post-sécularisée, comme dirait Habermas, et laïque. Plus précisément, la laïcité serait dans l'œuvre du philosophe un principe méthodique et déontologique encourageant une ascèse du concept, un *ascétisme de l'argument*[3] ne lâchant pas la rampe des raisons et de l'objectivité; une posture éthique construisant une herméneutique de soi que l'on pourrait appeler une pudeur laïque; et la manifestation d'un âge herméneutique des relations de la raison et de la croyance religieuse que son herméneutique des cultures tente de penser dans la coexistence des religions et du politique. Une compréhension ricœurienne de la laïcité ferait de cette dernière à la fois la mise en œuvre d'un cadre juridico-politique de discussion des traditions croyantes ou athées – la neutralité métaphysique de l'État – en même temps qu'un processus toujours fragile permettant que cohabitent

en perspective générale voir Vincent Gilbert, *La religion de Ricœur*, Paris, Éditions de l'atelier, 2008

1. Rappelons que la loi de 1905 relative à la séparation des Églises et de l'État garantissait trois points majeurs : une neutralité de l'État en matière religieuse traduite particulièrement dans les services publics (École, Hôpital, Université, etc.) ; l'égalité des cultes et la liberté religieuse ; et la reconnaissance, au nom de la tolérance propre à l'État-Nation, du pluralisme dans le refus du communautarisme.

2. Voir Paul Ricœur, *La critique et la conviction, entretiens avec François Azouvi et Marc de Launay*, Paris, Calman-Lévy, 1995

3. Paul Ricœur, *Soi-même comme un autre*, *op. cit.*, p. 37.

plusieurs traditions religieuses ou spirituelles, plusieurs appartenances – le travail de la tolérance. La laïcité travaillerait ainsi à élaborer un espace-temps du vivre ensemble sous la condition du pluralisme des croyances.

LA LAÏCITÉ : DISCOURS DE LA MÉTHODE ET DÉONTOLOGIE PHILOSOPHIQUE

Les relations de Ricœur à la laïcité se lisent dans sa façon de concevoir son travail de philosophe. Sa philosophie a singulièrement intériorisé la laïcité française, contribuant à accentuer la séparation entre le pôle critique du philosopher et le pôle convictionnel religieux. Son œuvre sépare soigneusement ses écrits philosophiques de ses œuvres confessionnelles, y compris dans le choix des publications voire des éditeurs, manifestant combien la laïcité engendre une herméneutique de soi spécifique. Plus qu'un idéal de neutralité et de tolérance au nom de la liberté de conscience, la laïcité s'envisage comme cadre herméneutique au sein duquel chacun apprend à se comprendre comme homme, pensant et croyant dans une société sécularisée. Ni un dogme, ni une doctrine, la laïcité est une méthode. Elle promeut la liberté de conscience et d'expression inventant un point d'équilibre entre émancipation vis-à-vis des intolérances qui aliènent et attachement aux appartenances qui capacitent. Pour une herméneutique des cultures, la laïcité déploie un cadre interprétatif qui met en travail les identités personnelles et collectives, lesquelles apprennent à faire la part entre l'universel des raisons partageables et l'appel de la foi. Il s'ensuit que Ricœur ne se définira pas comme un philosophe chrétien mais plutôt comme un philosophe marqué par une ambiance chrétienne, tout comme la musique de Jean-Sébastien Bach n'est pas une musique chrétienne, mais une musique marquée par une tonalité biblique. « La philosophie reste donc libre dans la mesure même où aucune philosophie ne pourra jamais *se dire chrétienne*. Il n'y a pas d'orthodoxie en philosophie »[1]. Il s'ensuivra également qu'une herméneutique des cultures envisage la laïcité comme ce cadre épistémologique, éthique, juridique et politique mettant en discussion la pluralité des traditions qui la traversent, religieuses ou athées, en vue d'un pluralisme ordonné.

1. Paul Ricœur, « La condition du philosophe chrétien » [1948], repris dans *Lectures 3*, *op. cit.*, p. 240.

Toutefois, pour penser les relations du philosopher et du croire, de la culture et de la religion Ricœur préférera le concept plus mobile de frontière au concept kantien de limites pensant « la religion dans les limites de la simple raison ». Une mentalité frontalière, attentive aux points de passage entre la philosophie et la religion, pense les relations sans céder aux confusions ; se méfiant des synthèses trop rapides, valorisant sans irénisme la controverse entre la philosophie et la non-philosophie. Y fait justice la publication du volume de *Lectures 3* précisément intitulé « *Aux frontières de la philosophie* »[1].

Si Ricœur s'insurge quant à l'idée d'une impossibilité pour le philosophe d'être croyant, il s'élève avec véhémence contre l'idée que sa philosophie serait une philosophe chrétienne, lui préférant l'idée de « philosophie sans absolu »[2]. Il dira ainsi, à propos de la question de la révélation : « Je l'ai reçue [...] comme un défi qu'il fallait relever, sous peine de faire défaut à cette vertu de *Redlichkeit*, d'honnêteté intellectuelle, que Nietzsche déniait aux chrétiens »[3]. Cette honnêteté intellectuelle qui relève les défis qui s'offrent à elle, caractérise le style philosophique de Ricœur que d'aucun trouveront laborieux mais qui relève d'un *a priori* favorable à la proposition d'autrui faisant droit aux arguments des adversaires. Aussi n'a-t-il pas craint de se mettre à l'école des herméneutiques du soupçon – Marx et la « religion opium du peuple », Freud et la « religion comprise comme grande névrose de l'humanité » et Nietzsche l'iconoclaste de la « religion idole ou illusion » – ou du structuralisme désespéré de Lévi-Strauss. Penser le croire, la foi et la révélation exige de relever le défi que lui lance la critique, et de passer sous les fourches caudines du soupçon. Est donc injuste ce mot qu'aurait prononcé Jean-Paul Sartre à propos de Ricœur : « qu'est-ce que ce *curé* qui s'occupe de phénoménologie ? ».

La manière qu'a Ricœur d'investir en philosophe le débat qui opposa la raison et la foi prend une triple distance. Distance avec la tradition scholastique qui a pu faire de la philosophie une servante de la théologie, en s'attachant à rester philosophe jusqu'au bout. Maintenir l'autonomie de

1. *Lectures 3*, *op. cit.*, p. 240. Voir la note éditoriale d'Olivier Mongin pour une mise au point relative aux relations de Ricœur et du christianisme et sur la réception de son œuvre en France, p. 8-11.

2. « Mon souci jamais atténué, de ne pas mêler les genres m'a plutôt rapproché de la conception d'une philosophie sans absolu, que je voyais défendue par mon regretté ami Pierre Thévenaz, lequel la tenait pour l'expression typique d'une philosophie protestante. », Paul Ricœur, *Réflexion faite, Autobiographie intellectuelle*, Paris, éditions Esprit, 1995, p. 26.

3. Paul Ricœur, « Herméneutique de l'idée de Révélation » [1977], dans *Écrits et conférences* 2, *op. cit.*, p. 197-198.

la réflexion philosophique privilégiera la lecture des exégètes plutôt que celle des théologiens. Distance avec un spiritualisme désincarné qui penserait la foi comme non inculturée, non configurée par l'épaisse médiation des récits, des symboles et des rites qui font du religieux une religion. Il doute que du spirituel sans religion on puisse dire grand-chose. À l'immédiatisme de l'effusion il opposera la médiation des langues, des symboles et des traditions. Distance enfin avec le problème hérité des Lumières opposant la clarté transparente et libératrice de la raison, à l'obscurité, sinon l'obscurantisme et l'autoritarisme de la foi. Entre la clarté et l'obscurité, il est le penseur de l'opacité de la conscience. Sa méthode privilégiera la dialectique au dilemme. Il y a des raisons dans le pôle convictionnel, et des convictions dans le pôle rationnel.

Si les relations entre la raison et la foi, la critique et la conviction sont omniprésentes dans le travail du philosophe, ils ne les thématisent pas en une philosophie de la sécularisation, même si les concepts d'identité narrative ou d'herméneutique des cultures y préparent. Sa conception de la laïcité n'est pas assumée frontalement dans les grandes œuvres même si on en perçoit les effets dans *Temps et Récit* ou *Soi-même comme un autre.* La laïcité paraît donc moins un concept central qu'un attendu de méthode configurant le cœur de sa philosophie. Elle définit un plan d'intelligibilité spécifique, une philosophie *selon* la laïcité, tout comme Ricœur a pu intituler un texte « La liberté *selon* l'espérance »[1]. Ce plan d'intelligibilité tente une voie tierce entre deux perspectives jugées trop courtes : *entre* scepticisme et dogmatisme, *entre* philosophie triomphale de l'histoire et abandon à l'absurde, *entre* crypto-théologie et crypto-philosophie[2].

La laïcité, et plus largement la sécularisation, stylise une conception du philosopher souvent « silencieuse » dans ses liens avec les religions et le théologique. Elle articule/désarticule singulièrement travail philosophique et sources religieuses. Pour Ricœur, cela s'est traduit par la décision ferme, dans son œuvre philosophique publiée, de la séparer de la dimension convictionnelle. Il a choisi

> la mise entre parenthèses, consciente et résolue, des convictions qui me rattachent à la foi biblique. Je ne prétends pas qu'au niveau profond des *motivations* ces convictions soient restées sans effet sur l'intérêt que je porte à tel ou tel problème, voire même à l'ensemble de la problématique du soi. Mais je pense n'avoir offert à mes lecteurs que des *arguments* qui

1. *Le conflit des interprétations*, *op. cit.*, p. 395-396.
2. *Soi-même comme un autre*, *op. cit.*, p. 37.

n'engagent pas la position du lecteur, que celle-ci soit de rejet, d'acceptation ou de mise en suspens à l'égard de la foi biblique [1].

Philosopher selon la laïcité est une méthode invitant à des exercices de soi, à une herméneutique de soi, l'identité personnelle y étant mise en travail par un souci de l'objectivité, une patience du concept et un horizon de tolérance. Ces derniers, sans anéantir les motivations personnelles, les épurent pour atteindre le point universel où, devenues et formulées en tant que raisons ou arguments, elles acquièrent une facette universalisable et partageable. La citation qui précède manifeste combien la laïcité engage, dans leur expression publique, les identités personnelles et collectives à un travail herméneutique. Elle invite à quitter le splendide hauteur de la posture individuelle et intime de la motivation ou de la conviction, et à dépasser le repli et/ou la revendication communautaire d'une appartenance à une même foi ou une même Église pour inventer le tiers-lieu transitionnel d'échanges et de partages entre croyants et incroyants. Entre le moi et le nous, se conquiert un soi portant en lui une dimension d'appel à l'universel en des arguments partageables. Le « philosopher selon la laïcité » relie subtilement l'un à l'autre le trajet philosophique et la trajectoire existentielle de Ricœur. Il a signé la façon ricœurienne de formuler le « Me voici » biblique ou le « *Hier stehe ich* » reçu de Luther dans le *hic et nunc* d'une France sécularisée au sein de laquelle, ce n'est précisément pas un hasard, le protestantisme a joué un rôle majeur [2].

Sans doute est-ce avec les choix qui ont présidé à la publication de *Soi-même comme un autre,* et dont Ricœur s'explique, qu'est rendue manifeste de la façon la plus spectaculaire cette herméneutique de soi philosophant en régime de sécularisation. Alors que cet ouvrage est la résultante de conférences prononcées à Edimbourg en 1986 dans le cadre des *Gifford Lectures*, c'est-à-dire d'une chaire consacrée à la philosophie de la religion, il explique, dans la préface [3], son choix de ne pas publier dans l'édition française les deux dernières conférences portant sur « la nomination de Dieu » et sur le « soi mandaté dans les récits de vocation ». Alors qu'il y explore avec fécondité un soi fragmenté face à des écritures ou genres littéraires différents (le soi prophétique, le soi qui répond à un appel ou le soi de la lamentation) pluralisant ainsi les figures du soi, il décide

1. *Soi-même comme un autre*, *op. cit.*, p. 36. L'auteur souligne.

2. Voir par exemple les travaux du sociologue Jean Baubérot, *Vers un nouveau pacte laïque ?,* Paris, Seuil, 1990 ; ou ceux de Marcel Gauchet, *Le désenchantement du monde, Une histoire politique de la religion*, Paris, Gallimard, 1985.

3. *Soi-même comme un autre*, *op. cit.*, p. 35-38.

pourtant ne pas les publier conjointement. Ce choix s'explique aussi par le souci de prendre en compte la condition de réception de cette recherche dans le contexte de la laïcité française, en allant le plus loin possible sur le plan critique. Plus, l'ouvrage s'achève sur l'affirmation d'une impossibilité pour le philosophe, s'il veut rester philosophe, de dire ce qu'il en est de l'Autre qu'il vise ultimement. « Sur cette aporie de l'Autre, le discours philosophique s'arrête »[1]. Une lecture hâtive conclura de cette solution maintenant ouvert l'équivoque, qu'elle est duperie, sinon échec. Mais ce ne serait ni percevoir la pudeur laïque qui l'habite existentiellement, ni la rigueur méthodique ne cédant pas aux concessions rapides qui l'anime[2]. Or il s'agit là d'une équivocité conquise, non d'une équivocité de faiblesse ou de paresse, la première étant la seule équivocité qu'autorise la déontologie du philosopher. L'herméneutique de Ricœur, en allant jusqu'à cette frontière de l'attestation de l'autre, maintient en herméneute une équivocité de deuxième rang. Celle-ci fait droit à l'existence d'un territoire du sens dont il cartographie la présence mais sur la nature duquel il ne peut ultimement, en philosophe, se prononcer. Le savoir géographique de la carte du sens n'est pas l'expérience existentielle du territoire vécu comme sensé. Désigner cette terre promise, jamais conquise, à la frontière entre le *logos* et la religion, est la manière qu'a Ricœur d'articuler les relations entre cultures et religions pour les identités personnelles et collectives.

UNE INTERPRÉTATION HERMÉNEUTIQUE DE LA LAÏCITÉ

Dans la longue histoire de la sécularisation, le siècle de Paul Ricœur est celui d'un déploiement herméneutique de la laïcité (1905-2005) qui a connu différentes refigurations, cherchant aujourd'hui un « nouveau pacte laïque » dirait Jean Baubérot[3], ou à formuler de « nouvelles frontières »[4].

1. *Ibid.*, p. 409.

2. À Christian Bouchindhomme Ricœur répondra ainsi vivement : « [Celui-ci] cherche en vain dans mes travaux l'ontologie capable de garantir la vérité du sens et suggère que la foi dans le Dieu de La Bible, lui-même logos, constitue tout au long de mon œuvre le substitut non-dit de cette ontologie introuvable », Paul Ricœur, « Réponses à mes critiques », *in* Christian Bouchindhomme et Rainer Rochlitz (éd.), « Temps et Récit » *de Paul Ricœur en débat*, Paris, Cerf, 1990, p. 211 (l'auteur souligne).

3. Jean Baubérot, *Vers un nouveau pacte laïque ?, op. cit.*

4. Pierre de Charentenay, dans *Les nouvelles frontières de la laïcité*, Paris, DDB, 2010, montre ainsi que l'histoire de la laïcité révèle quatre types de laïcité. Une laïcité de séparation non anticléricale ouverte au spirituel ; une laïcité de rejet voulant déraciner toute référence ou

En effet, la laïcité peut se penser dans le cadre d'une herméneutique des identités selon un modèle narratif. Elle questionne comment celles-ci individuellement et collectivement apprennent à se comprendre devant la question du sens et du non-sens, du divin ou du spirituel. Le projet éthico-politique qui anime la laïcité, soutenu par une réflexion épistémologique sur le statut des sciences humaines et religieuses et sur la place, le rôle et la contribution des religions dans l'espace public, est habité par une tension. Il est porté par une orientation générale – viser en imagination l'invention d'une forme tolérante de compréhension mutuelle des convictions – et il reconnaît ne pas pouvoir faire l'économie des médiations culturelles et des traditions au sein de la communauté historique dans laquelle il se déploie et se figure. C'est pourquoi la sécularisation et la laïcité ont une histoire. Par exemple, la laïcité à la française est distincte de la solution mexicaine, belge ou turque et a une histoire liée aux diverses refigurations des relations religions et politique depuis plus d'un siècle. À une idéalisation anhistorique de la laïcité qui ferait d'elle la manifestation *a perennis* d'une raison émancipatrice et autonome, il convient d'adjoindre une approche herméneutique et narrative qui reconnaît qu'il y a une histoire de la sécularisation et de la laïcisation dépendante d'une « suite de générations »[1], sinon des âges de la laïcité. Dans cet esprit, Ricœur cherche à faire se rencontrer une herméneutique critique des traditions maintenant l'idéal d'émancipation hérité des Lumières (*cf.* Habermas), et une herméneutique romantique valorisant les précompréhensions, dont les religions (*cf.* Gadamer), en élaborant le concept de tradition vivante[2].

De la discussion par Ricœur de Habermas, discussion dont l'idée de post-sécularisation chère à ce dernier, ou celle d'*âge séculier* propre à Charles Taylor pourraient être considérés comme sinon les fruits, du moins une manière de réponse, il ressort que la laïcité n'est pas pensable sans une herméneutique critique des traditions. Ricœur le précise en proposant de parler, à côté d'une « laïcité d'abstention », d'une « laïcité de confrontation », sous-entendu de confrontation des traditions y compris

fondement d'origine chrétienne à la société ; une laïcité de reconnaissance visant l'unité consensuelle, et enfin, mais sur un autre mode que sur le mode concordataire qui avait pu parler d'une utilité sociale de la religion, une laïcité de coopération où les religions peuvent jouer un rôle et contribuer au vivre-ensemble.

1. « La spécificité du concept de « suite » de générations. [...] un « enchainement » issu de l'entrecroisement entre la transmission de l'acquis et l'ouverture de nouvelles possibilités. », Paul Ricœur, *Temps et Récit III*, *op. cit.*, p. 202. L'auteur souligne.

2. Voir dans cet ouvrage le chap. III « La tradition vivante ou l'être affecté par le passé ».

religieuses[1]. Cette mise en travail des traditions religieuses ou d'appartenances dans le cadre de sociétés pluralistes est ce qui rend étranger Ricœur aux théories de la sécularisation. L'idée de sécularisation présuppose une téléologie de l'histoire portée par l'idée de progrès qui rêve d'une société trop vite réconciliée avec elle-même. Or cette approche soustractive de la sécularisation (la sortie de la religion) néglige l'apparition du pluralisme de traditions religieuses coexistantes et les refigurations spirituelles (dont la spiritualité laïque) qu'engendre cette sécularisation. Aussi penser la sécularisation en dehors de l'approche soustractive comme le tente Charles Taylor[2] est la posture épistémologique la plus proche de Ricœur.

> Un retour au pur idéal de l'*Aufklärung* ne paraît plus aujourd'hui suffisant. Pour libérer cet héritage de ses perversions, il faut le relativiser, c'est-à-dire le replacer sur la trajectoire d'une plus longue histoire, enracinée d'une part dans la Torah hébraïque et l'Evangile de l'Église primitive, d'autre part dans l'éthique grecque des Vertus et la philosophie politique qui lui est appropriée. Autrement dit, il faut savoir *faire mémoire* de toutes les traditions qui se sont sédimentées sur leur socle. C'est dans la réactualisation des héritages plus anciens que celui de l'*Aufklärung* – et aussi peu épuisés que ce dernier – que l'identité moderne peut trouver les correctifs appropriés aux effets pervers qui aujourd'hui défigurent les acquis irrécusables de cette même modernité[3].

La laïcité peut s'envisager dans le temps comme l'histoire d'un irremplaçable travail de *mimesis* à l'œuvre au cœur de la trajectoire des cultures. Ce travail manifeste autant d'entreprises de configurations et refigurations par lesquelles une communauté historique apprend à comprendre la place que les religions peuvent prendre dans l'espace public, la société civile et l'intimité d'une vie, distinction bien plus claire que l'opposition privée-public où le privé est souvent entendu comme for interne. Il révèle comment cette communauté travaille à laïciser l'élément religieux qui la tiraille dans un probable et inlassable combat, faisant dire à Ricœur qu'il n'y a probablement pas de laïcité sans laïcisation, ni sans prise en compte du pluralisme religieux. Cette dynamique mimétique, instruite de ce que toujours la théologie est aux frontières de la philosophie, donne de

1. *La critique et la conviction*, Paris, Calmann-Lévy, 1995, p. 194-195.
2. *L'Âge séculier*, Paris, Seuil, 2011.
3. Paul Ricœur, *Lectures 1*, Paris, Seuil, 1999, p. 170-175.

considérer le final du *Contrat Social* de Rousseau[1] qui s'achève sur « la religion civile » (Livre IV, chapitre VIII) comme l'attention à la dynamique relationnelle interne au théologico-politique. Ce final montre bien que la religion est aux frontières du politique – d'autant plus dans le livre de Rousseau qui place littéralement la religion à la marge de l'ouvrage. Distinguant entre la figure de la religion de la cité où la religion et l'État sont confondus au risque du fanatisme inter-cités, et la figure de la séparation radicale de l'État temporel et de la Religion au risque d'une coupure invivable pour les hommes, Rousseau découvre une troisième figure, celle de la religion de l'homme ou de l'Évangile, excellente mais impossible à mettre en œuvre. Élaborant cette typologie des relations entre État et Religion, dont aucune des formes n'est finalement satisfaisante, Rousseau pointe déjà ce que Ricœur mettra au jour : les relations entre État et Religion ne cessent d'être en un perpétuel travail de reconfiguration parce que la paix sociale n'est pas qu'une absence de guerres (de religions) mais est portée par un horizon d'attente qui vise des réconciliations fragiles. Dans le prolongement de Rousseau pour lequel le contrat social présuppose l'esprit social même s'il le cite peu, l'institution politique de la justice traduit pour Ricœur un sens du juste. Or ce dernier s'est forgé sur une temporalité vaste, résultat d'une longue histoire dont font partie les traditions juives et chrétiennes qu'on ne saurait exclure ou négliger. Il rappelle que les identités politiques sont des identités instables et vulnérables parce que la rationalité politique, même la plus formelle, ne peut se passer d'une référence sinon à « un feu sacré » ou à des « enthousiasmes », du moins à une visée éthique et utopique d'une « terre promise », celle d'une humanité réconciliée avec elle-même. Si le politique sert une reconnaissance, la politique de la reconnaissance appelle une symbolique de la reconnaissance. N'est-ce pas ce qu'engage la dimension de « sacré » qui habite le politique, lorsqu'il se tourne du côté des droits de l'homme ? La laïcité est bien plus qu'un principe ou qu'un compromis social. Elle est un processus, telle que la laïcité de transition de Jules Ferry valorisant la « morale de nos pères » enseignée à l'école publique laïque, ne sera pas la laïcité de combat ou le laïcisme du Petit Père Combe, ni la laïcité d'accompagnement qui travaille aujourd'hui à la « reconnaissance » d'un Islam/d'Islams de France.

1. Jean-Jacques Rousseau, *Du contrat social ou Principes du droit politique* [1762], Paris, Bordas, 1972.

Présenter le parcours de la laïcité comme un parcours de la reconnaissance mutuelle entre Églises et État relève d'une herméneutique des cultures. Cette approche, moins idéologique et plus méthodologique, que propose Ricœur, emprunte au temps long de l'histoire. On pense à sa référence à l'Édit de Nantes (1598) comme cette figure de l'oubli commandé des méfaits commis lors des guerres de religions, en vue de la concorde civile[1], ou à la paix d'Ausbourg en 1648[2]. Ce temps long, instruit par le tragique de l'histoire des guerres de religions, dans la perspective d'une herméneutique des cultures, est un réservoir de possibles pratiques déjà éprouvés. S'y sont déployées des potentialités. Une inventivité pratique concernant la mise en place d'institutions s'y est exercée. S'y sont manifestées également des promesses non tenues qui donnent à imaginer autrement l'aujourd'hui si on les revisite.

Entre la laïcité entendue comme principe juridico-politique qui culmine dans la stricte séparation des Églises et de l'État et inscrite comme principe d'une constitution républicaine, et la laïcité comprise au sens ethico-social de l'invention d'une coexistence des différences, bref entre ce que souvent rapidement on nomme « laïcité fermée » et « laïcité

1. À propos de l'Édit de Nantes promulgué par Henri IV, Ricœur fait le commentaire suivant : « La nouveauté est … du côté de l'instance qui interdit et de sa motivation : c'est le roi de France qui intervient dans une controverse religieuse et une guerre civile entre confessions chrétiennes, en un temps où les controversistes ont été incapables de faire prévaloir l'esprit de concorde sur les querelles confessionnelles. L'homme d'Etat prend ici l'avantage sur les théologiens, au nom d'une prérogative sans doute héritée du droit régalien de clémence, mais au nom d'une conception du politique marquée elle-même au coin du théologique, comme il est affirmé avec force dans le Préambule : c'est un roi très chrétien qui se propose non de refonder la religion, mais de fonder la chose publique sur une base religieuse assainie. En ce sens, on doit moins parler d'anticipation de la morale et de la politique de tolérance que d'un "rêve brisé de la Renaissance", celui de Michel de l'Hospital en particulier », *La mémoire, l'histoire, l'oubli*, Paris, Seuil, 2000, p. 587-588 (nous soulignons). Ce propos qui interdit une lecture trop linéaire de l'histoire consistant à voir dans ce monde renaissant comme la préhistoire de la laïcité repense le souci de la concorde civile et de la tolérance dans les rapports religions/politique qui caractérise la laïcité à partir d'une réflexion plus vaste sur l'articulation entre reconnaissance herméneutique des traditions (religieuses ici) et critique des idéologies, sur fond par conséquent d'une conscience historique critique.

2. « C'est là que, pour la première fois, a été défini un État fédéral – encore faible, encore extrêmement lâche –, le Saint Empire romain germanique, mais qui admet néanmoins dans son espace de souveraineté plusieurs religions. Pour l'Europe, cela a été un fait d'une grande importance, mais il se trouve que ce fait n'a pas été vraiment intégré à l'histoire française, de même que n'a pas été intégrée à notre conscience historique la fondation des Etats-Unis par des dissidents d'Eglises instituées, qui ont par conséquent ouvert un espace tout différent du nôtre, où le politique et le religieux sont dans un rapport non conflictuel. », Paul Ricœur, *La critique et la conviction*, *op. cit.*, p. 194-195.

ouverte », il n'y a donc pas à choisir dans un dilemme mortifère. Il y a à inventer une forme vivante que Ricœur nomme laïcité de confrontation. *Dans une société pluraliste comme la nôtre, les opinions, les convictions, les professions de foi s'expriment et se publient librement. Ici, la laïcité me paraît être définie par la qualité de la discussion publique, c'est-à-dire par la reconnaissance mutuelle du droit de s'exprimer; mais plus encore par l'acceptabilité des arguments de l'autre*[1]. Ainsi la dimension téléologique attachée à la laïcité – le souci de la pacification du monde commun, de la protection de la liberté de conscience et de l'institution de la tolérance – qui désigne son horizon d'attente, est-elle concrétisée par la recherche et l'invention de configurations historiques, juridiques et institutionnelles qui lui donnent son expressivité sociale et culturelle propre et juste. Dans le débat entre la critique des idéologies de Jürgen Habermas et l'herméneutique des traditions de Hans-Georg Gadamer, opposition concentrée sur la « tradition vivante », Ricœur résout cette opposition en dialectisant entre la tradition gadamérienne de la remémoration de ce qui fut (héritage romantique) et la tradition critique de l'émancipation libératrice chère à Habermas (héritage des Lumières)[2]. « C'est la tâche de la réflexion philosophique de mettre à l'abri des oppositions trompeuses l'intérêt pour la réinterprétation des héritages culturels reçus du passé et l'intérêt pour les projections futuristes d'une humanité libérée »[3]. On notera d'ailleurs que, dans un esprit très ricœurien, Habermas lui-même a infléchi sa position lorsqu'il questionne la place des religions en démocratie. Dans ses derniers travaux, il s'interroge sur la place que l'éthique de la discussion peut faire, dans les controverses réglées du débat public, au rôle des convictions bien pesées que portent les traditions religieuses. Car un enjeu est là : ce dont on débat dans l'éthique de la discussion, ce sont bien des arguments et des convictions que portent les traditions, y compris religieuses.

En somme, nous dirons de la laïcité entendue comme un cadre herméneutique mettant en travail des relations entre politique et religions, ce que Ricœur écrit de la petite éthique de *Soi-même comme un autre. L'articulation que nous ne cessons de renforcer entre déontologie et téléologie trouve son expression la plus haute – et la plus fragile – dans l'équilibre réfléchi entre éthique de l'argumentation et convictions bien pesées*[4].

1. Paul Ricœur, *La critique et la conviction*, *op. cit.*, p. 195.

2. Voir tout particulièrement l'article « Herméneutique et critique des idéologies », repris dans *Du texte à l'action*, *op. cit.*, p. 333-377.

3. *Ibid.*, p. 377.

4. *Soi-même comme un autre*, *op. cit.*, p. 335-336.

C'est là le programme épistémologique et l'attitude déontologique d'une laïcité qui maintient ferme une dialectique vivante, jamais achevée parce que les identités sont en travail, entre la véhémence de la conviction et l'ascèse de l'argumentation. Au sein de la laïcité est en travail le pôle téléologique des visées et des convictions que porte une laïcité de confrontation (le pluralisme de la société civile et des différentes traditions spirituelles et religieuses) et le pôle déontologique d'une laïcité d'abstention qui construit et institue un espace-temps neutralisant les effets politiques des convictions. Cette ascèse argumentative est permise par le cadre constitutionnel posant la laïcité d'un État aconfessionnel qui ne salarie et ne subventionne aucun culte. Mais elle est nourrie par la discussion/confrontation à la véhémence de la conviction. Le principe de laïcité sans l'échange des arguments et des convictions serait vide; mais des convictions manifestées sans le cadre conceptuel et institutionnel de la laïcité seraient aveugles. En ce sens, la laïcité est une chance pour la religion, sinon son plus bel hommage, la conduisant à expliciter, sans mélanges, ce qu'elle vise d'essentiel. Inversement, la religion est une chance pour la laïcité en l'invitant à inventer des formes historiques concrètes qui fassent vivre l'universel qu'elle ambitionne de promouvoir en tenant compte des expressions historiques insubstituables. La laïcité qui se construisit en opposition à une Église hiérarchiquement organisée comme l'est l'Église Catholique ne peut donc pas apporter les mêmes réponses face à des religions sans clergé représentatifs ou sans intégration forte de l'exégèse historico-critique comme le sont les Islam ou bien encore les bouddhismes.

Le débat s'élargira de la laïcité à la sécularisation si l'on pense aux discussions soulevées par le préambule de la constitution européenne et « les héritages spirituels de l'Europe ». Une herméneutique des cultures pensant les relations des religions à la constitution de l'Europe, engage une pédagogie, non de l'arrachement à notre histoire, mais de l'approfondissement de ce qui fait la dimension d'universel engagé dans la singularité de notre histoire, ce que Ricœur appelle « universel en contexte ». Entre l'enfermement identitaire nationaliste de la religion nationale, repli communautaire sacralisant la commémoration qui fait de la religion un emblème et l'exaltation d'une religion européenne comme étant La religion, il s'agit de s'élever en imagination, à un échange des mémoires. Ce dernier contribue à expliciter et déterminer le sens de nos attentes d'Europe. À propos de l'Europe, Ricœur articule histoire nationale et histoire européenne, invitant à « partager symboliquement et respectueusement la commémoration des événements fondateurs des autres cultures nationales ainsi que ceux des minorités ethniques ou de leurs confessions religieuses minoritaires »[1]. La pédagogie de la laïcité prépare donc une mentalité élargie se rendant disponible à ce qui dans l'histoire des autres peut être nôtre. Son horizon d'attente explore en imagination ce qui pourrait se dire et vivre comme un projet commun déchiffré dans la confrontation aux patrimoines que met en branle la construction européenne. Pour élucider la séquence historique qu'a connu récemment l'Europe, depuis le projet de Préambule de La constitution Européenne (2001-2003) jusqu'au traité de Lisbonne (2007)[2], l'analyse de Ricœur est précieuse. Abordée avec les outils conceptuels de *La mémoire, l'histoire, l'oubli,* elle invite à penser plutôt qu'un devoir de mémoire, un travail de mémoire. Parler de l'héritage religieux de l'Europe pose en effet question. Si cela concerne, entre autres, l'apport des religions à l'histoire de l'Europe du côté rétrospectif, il s'agit de développer sur ce point une politique de la mémoire qui se méfie des mémoires occultées ou manipulées. Rétrospectivement et historiquement, parler des héritages religieux et spirituels de l'Europe est une évidence, et devrait être une banalité. Mais le problème n'est pas là. Mais du côté prospectif, une Constitution est orientée moins sur ce que l'on a été que sur ce que l'on cherche à être. En constatant que l'Europe est aujourd'hui postchrétienne –« L'Europe n'est plus une Chrétienté » disait René Rémond, il s'agit aussi de viser à construire un espace du vivre ensemble par des institutions justes. Dans ce qu'avec justesse on nomme « La Construction Européenne », la référence aux héritages des religions s'estompe au profit des héritages spirituels de façon tout à fait justifiée. Elle indique que l'Europe n'est pas qu'une forme immorale et insensée ou un objet politique non identifiée, mais un objet politique inédit, où des ennemis héréditaires collaborent; où des pays portant des majorités religieuses de religions et de confessions distinctes apprennent à co-agir ensemble, dans le cadre d'une forme politique en devenir. Pour cela, cette dernière a besoin d'une laïcité d'abstention qui éloigne le spectre d'une « Europe vaticane ». Mais par contre, elle attend une laïcité de confrontation, interrogeant les modalités selon lesquelles les « Églises » peuvent jouer un rôle dans le débat public et contribuer à nourrir cette

1. Paul Ricœur, « Quel ethos nouveau pour l'Europe ? », *in* P. Koslowski (dir.), *Imaginer l'Europe. Le marché intérieur européen, tâche culturelle et économique*, Paris, Cerf, 1992, p. 111.

2. Voir Gérard Bossuat, « La controverse sur les fondements chrétiens de l'Union Européenne », dans *La Documentation Catholique*, N° 2452, 5-19 Septembre 2010, p. 774-783.

dimension spirituelle de la construction européenne. On pense ici à l'article I-52 sur le Statut des Églises et des organisations non confessionnelles ou à l'article II-70, Liberté de pensée, de conscience et de religion. En somme le débat sur ce préambule de la Constitution Européenne a été l'occasion d'un travail de mémoire qui a vu les religions et la laïcité en Europe reconfigurer leur place et leur rôle. L'invention d'un espace public pour une Union Européenne placée sous la devise « Unie dans la diversité » veut donner à cette diversité la possibilité de se faire entendre sans céder à la tentation d'une hégémonie.

DE L'HERMÉNEUTIQUE DES CULTURES À L'HERMÉNEUTIQUE DE SOI : L'ÉDUCATION LAÏQUE

La laïcité s'analyse différemment selon qu'on prend en compte les identités personnelles ou les institutions collectives. Du point de vue interne, elle relève de l'élaboration d'une herméneutique de soi qui engendre une intériorisation des normes laïques dans une stylistique de l'agir, initiant la recherche d'un équilibre entre l'intime et le monde commun, conviction intime et extériorisation publique. Du point de vue externe des institutions, elle relève de l'élaboration d'une cadre herméneutique au sein duquel les différences communautaires et les différentes traditions morales et spirituelles apprennent à se comprendre pour découvrir ce qu'elles peuvent avoir de communicable avec d'autres. Il se formule dans la loi de 1905 dite loi de séparation entre l'Etat et les Eglises, le public et le privé. Mais le mot « privé » est équivoque. Il est souvent entendu comme signifiant intériorité, affaire individuelle, alors que privé renvoie à la neutralité de l'État et des services publics. La laïcité de l'Etat n'est pas la même que la laïcité de la société civile. Non public n'est pas synonyme d'intime en raison du fait que, même pour une laïcité de combat, les religions investissent massivement la société civile, font culture. À la croisée de l'État et de la société civile, l'enseignant ou l'élève au sein d'un établissement public d'enseignement; le soignant à l'hôpital public, etc. le savent qui voient bien que l'on apprend à se penser et à se vivre comme soignant, enseignant ou élève; qu'on ne nait pas élève ou enseignant, patient ou soignant mais qu'on le devient, ce qui suppose une conquête. À cet endroit la laïcité comme méthode *apprend à composer* (par l'information et la discussion) *avec la pluralité des opinions propres aux sociétés modernes*[1]. Elle sert une élévation de soi jusqu'au plan universel des raisons et du communicable dans l'espace-temps traversé ensemble d'une culture et d'une communauté historique républicaine. La laïcité travaille à faire advenir, concernant les relations entre religions, politique et identités, la conscience d'un universel dans l'historique. Elle engage un déchiffrage de soi et de sa culture au long d'une course historique et biographique dont elle ne peut faire l'économie.

Parce que l'herméneutique a le souci des passages du sens entre cultures, générations, ou langues, etc., elle aborde de front la question de la transmission avec le rôle qu'y jouent les diverses traditions orchestrant une modalité du temps traversé ensemble. Cette question de la transmission, la laïcité la fait sienne, consciente du fait que l'avenir d'une culture se joue dans la « brèche » qui investit le passé et le futur. La transmission investit l'entre-deux de la mémoire heureuse ou douloureuse de ce qui fut (la violence des guerres de religions, l'intolérance, la stigmatisation de l'athée, mais aussi la grande inventivité culturelle, esthétique ou institutionnelle des religions, etc.) et l'imagination de ce qui est à venir (l'horizon d'attente d'un monde commun pacifié et pacifique). La Laïcité en ce sens n'est pas d'abord une option convictionnelle parmi d'autres, mais un principe constituant pour le politique – elle est dans le préambule de la Constitution de la Ve République – et constituant également pour les identités personnelles. Il se traduit en institutions dont l'École, espace-temps de la transmission, est le lieu stratégique parce qu'il y a va de la continuation d'un monde solidaire, si possible fraternel, mais non sur le mode communautaire.

Sur ce point, la politique des programmes scolaires à cheval entre considérations éthico-politiques-civiques et considérations épistémologiques sur les savoirs scientifiques orchestre bien une herméneutique des traditions, une politique de la mémoire pour l'avenir. Elle rappelle que *les systèmes éducatifs sont les produits de l'histoire... liés à la lente production de l'Etat moderne*[2]. Le thème de l'enseignement du fait religieux en laïcité en est un bon révélateur. Autour du thème de la mémoire occultée concernant la dimension religieuse de la culture, l'enjeu, porte sur les clés de compréhension qu'il serait nécessaire de transmettre aux plus jeunes pour leur permettre de pouvoir déchiffrer le monde au sein duquel ils évoluent. Comment empêcher qu'une méfiance aiguisée par les méfaits d'une domination de la culture par une religion n'encourage une inculture

1. *La critique et la conviction*, *op. cit.*, p. 196.
2. *Ibid.*, p. 199-200.

handicapante pour une réelle intelligence de son monde et une mise en récit de soi, du nous? Comment permettre l'avènement d'une communauté historique qui se découvre pluraliste, y compris religieusement, par une mémoire travaillée?

Dans le débat très français relatif à « l'enseignement du fait religieux à l'école », le philosophe-médiologue Régis Debray auteur des deux ouvrages *Dieu, un itinéraire*[1] et *Le Feu sacré*[2] a rédigé un rapport sur cette question[3] qui permet de comprendre, par contraste le projet de Ricœur. Leur différence, sur cette question, va au-delà du style d'écriture : la flamboyante inventivité du premier et l'implacable précision du second. Elle va bien au-delà également de considérations épistémologiques portant sur la nature des sciences sociales et des sciences religieuses. Elle concerne un débat relatif aux relations entre le *cogito* et ses conditions historiques, entre le soi et ses sources, entre l'autonomie du sujet pensant et sa dépendance à l'égard de réalités autres – le thème de l'altérité – qui l'affectent, entre nos raisons d'être et d'agir. Elle se rend lisible dans une réflexion sur ce qu'est la transmission (scolaire) et la tradition. La transmission étant « gardienne de l'intégrité d'un nous, elle assure la survie du groupe par le partage entre individus de ce qui lui est commun »[4]. Elle se traduit alors par une interrogation relative au statut de ce qu'est une médiation ou une trace de religion?

Médiologie et herméneutique sont deux pensées de la médiation. Mais là où la première s'attache à la recension positive de traces extériorisées (géographie, histoire, littérature, architecture, etc.), la seconde rappelle la dimension expressive de celles-ci. Si la médiologie est une philosophie de l'extériorisation, l'herméneutique de Ricœur est une philosophie de l'expression. Il s'ensuit que ce que la tradition positive, inhérente à la laïcité française, appellera le « fait religieux » au sens de fait social total, Ricœur l'assumera plutôt comme univers symbolique. Si le symbole donne à penser, préservant une nécessaire équivocité relative aux traces dont on fait l'étude, la prudence de l'objectivisme positiviste opte, pour des raisons théoriques et pratiques, pour tronquer la dimension référentielle du sens et

1. Régis Debray, *Matériaux pour l'histoire de l'Eternel en Occident*, Paris, Odile Jacob, 2001.

2. Régis Debray, *Fonctions du religieux*, Paris, Fayard, 2003.

3. Régis Debray, *L'enseignement du fait religieux dans l'école laïque, Rapport au ministre de l'éducation nationale Jack Lang*, Paris, Odile Jacob, 2002.

4. Régis Debray, *Transmettre*, Paris, Odile Jacob, 1997, p. 21. Toute la difficulté de cette définition porte sur la nature et la manière de ce « partager » qui n'est jamais véritablement défini.

pour en rester à la facticité univoque des « traces ». Cette prudence se justifie par un enseignement laïque du fait religieux consistant à tenir la rampe de l'objectivité. Méthodologiquement, elle aide un enseignement conçu comme un inter-rationalisme. Mais cette posture méthodique, ignore volontairement dans sa fiction de l'élève, la trajectoire herméneutique d'une biographie par laquelle l'enfant, ou le jeune sous l'élève, avec ses appartenances religieuses entre autres, va apprendre à se penser et se comprendre comme élève, et bientôt comme citoyen. Elle repose sur une dimension restreinte du soi ramené à l'exercice de ses capacités cognitives, ignorant sa dimension attestante.

Le pas qu'a permis de faire Régis Debray, en parlant de fait religieux n'est pas à interpréter comme une manière de faire « rentrer le loup dans la bergerie », mais comme un pas en direction d'une compréhension herméneutique de la laïcité. On pense à ce qu'a de complémentaire la double distinction qu'ils proposent l'un et l'autre. Régis Debray a ainsi pu écrire : « Le temps paraît maintenant venu du passage d'une laïcité d'incompétence (le religieux par construction, ne nous regarde pas) à une laïcité d'intelligence (il est de notre devoir de le comprendre) »[1]. Ricœur, pour sa part, place entre une *laïcité d'abstention* et une *laïcité de confrontation*[2], notamment et particulièrement à l'école, une *laïcité tierce*[3]. Cette dernière figure est décisive parce qu'une fois de plus elle dialectise, en restituant le travail mimétique du temps et en reconnaissant le rôle des précompréhensions pratiques irréductibles au seul rang de préjugés que l'on peut trouver chez les jeunes chrétiens, juifs, musulmans ou sans confessions. L'espace tiers en question est celui où il s'agit d'apprendre à se comprendre au-delà des appartenances communautaires mais en découvrant dans ces appartenances une dimension d'appel à plus que soi. L'étude du Coran à l'école laïque par le professeur de lettres n'est pas une référence communautaire mais une manière d'ex-tradition : elle manifeste la possibilité de partager un patrimoine mondial de l'humanité. Mais l'élaboration de ce tiers espace où le « je » apprend à faire la part du moi et du nous suppose une dimension narrative. C'est la lente et longue traversée du temps scolaire – le temps de la scolarisation obligatoire – dans le parcours d'une vie confrontée à des principes portés par des acteurs qui les vivent, et non le décret d'une sanctuarisation de l'école, qui permet ce travail. Tant que l'enfant n'est pensé que comme un élève, et donc l'éducation à partir du

1. Régis Debray, *L'enseignement du fait religieux dans l'école laïque*, *op. cit.*, p. 43
2. *La critique et la conviction*, *op. cit.*, p. 194-195
3. *Ibid.*, p. 204.

seul modèle de l'instruction, on ne peut comprendre cette mise en mouvement de soi, ce travail de reconfiguration du soi en rapport à ses convictions qu'engage la laïcité.

Ceci ouvre alors à ce que Ricœur appelle « les tâches de l'éducateur politique », replaçant la question de l'instruction sous la rubrique plus large de l'éducation. Si une des tâches de l'éducation est d'instruire et de socialiser, on attend aussi de l'éducation quelle contribue à l'élaboration d'un récit de soi, individuel et collectif. Etre éduqué c'est pouvoir répondre à la question « qui suis-je ? », relativement à son origine, ses espérances et son présent. Ceci expliquera alors qu'un des enjeux qui se cristallise dans la réflexion sur les programmes scolaires et sur la place du « religieux » à l'école est en fait celui du statut des traditions y compris religieuses, signalant que « les traditions et les philosophies du passé sont ouvertes à des réinterprétations et des réappropriations »[1] personnelles, sociales et nationales au sens républicain du mot ! Cette question narrative a un sens individuel mais également pour les identités collectives. C'est un défi pour la laïcité car *il se peut qu'aucun peuple ne puisse élaborer son identité narrative sans le secours de mythes de fondation. Que l'on songe aux anciens Romains, aux pères fondateurs de la révolution américaine, à l'invocation de la Révolution française par la République d'aujourd'hui*[2].

Relire les enjeux de la laïcité à partir du geste philosophique et existentiel de Paul Ricœur invite à ne pas sous-estimer l'importance, quant à la construction des identités personnelles et collectives, de l'impact de la laïcité. La laïcité met en travail les identités. L'intériorisation de sa normativité par les identités personnelles et collectives contribue à une manière de compréhension de soi, avec ses convictions, y compris bien pesées, pour pouvoir partager ces dernières dans le monde commun. Sans aller jusqu'à la *schize*[3], elle suppose un effort, plutôt qu'un arrachement, pour parvenir à identifier dans son expérience ce qui est susceptible d'être partageable et communicable sans trahison et sans violence[4]. On apprend à se déchiffrer

1. Paul Ricœur, *Soi-même comme un autre*, *op. cit.*, p. 346.

2. Paul Ricœur, « Mythes du salut et raison » [1990], dans *Écrits et conférences* 2, *op. cit.*, p. 294.

3. « Dire « philosophe chrétien », c'est énoncer un syntagme, un bloc conceptuel ; en revanche, distinguer le philosophe professionnel du chrétien philosophant, c'est assumer une situation schizoïde qui a sa dynamique, ses souffrances et ses petits bonheurs », Paul Ricœur, *Vivant jusqu'à la mort*, *op. cit.*, p. 108.

4. Ricœur emprunte à Rawls l'expression de « convictions bien pesées », lesquelles renvoient à des convictions raisonnables mais que l'on ne parvient pas entièrement à justifier ou à expliciter, et qui relèvent de précompréhensions du monde. *Soi-même comme un autre*,

et se comprendre comme croyant et citoyen dans l'espace public laïque, d'où une pudeur laïque qui substitue à la proclamation de foi prosélyte l'expression testimoniale.

L'analyse herméneutique libère également d'une interprétation mécaniste de la sécularisation qui en ferait une nécessité inéluctable, un processus historique qui irait nécessairement et sans discussion, alors même qu'auraient disparu les grands récits, du monde ancien à la modernité, de la Chrétienté à la modernité sécularisée. La sécularisation signe davantage en faveur d'un travail de l'histoire plutôt que d'une dialectique qui interdirait une réinterprétation des expériences d'hier et une reconfiguration des identités personnelles et collectives. La laïcité est, pour une société et une culture, une mise en récit des relations des religions et du politique, invitant à un « apprendre à se comprendre pour constituer un monde commun en se confrontant à l'expérience de l'Autre », cet autre étant référé à l'homme des droits de l'Homme. Ce dernier reste ultimement, rationnellement et ontologiquement indéterminable car est-il référé à un grand ancêtre, un Être suprême, à l'Homme-Dieu, à Dieu, à la Nature-Mère (on pense aujourd'hui au lien entre démocratie et écologie), etc. ? Il engage la subversion de notre souci de l'ordre par ce qui l'excède peut être, rendant compte du fait qu'il n'y a pas de trajectoire de laïcité sans laïcisation.

Enfin, le geste laïque de Paul Ricœur ouvre un vaste chantier relatif à l'élucidation de ce que signifient les relations entre l'universalité d'appel que porte le christianisme et l'uniformité qu'a pu encourager la Chrétienté. Parce que la sécularisation est un processus dont la trajectoire n'est pas achevée et dont il serait vain de croire pouvoir en déterminer l'issue définitive, elle nous livre à une double interrogation : « *quels destins deviennent possibles à partir de la sécularisation, quelles aventures humaines et spirituelles se clôturent avec elle* » [1] ? En somme, elle invite à travailler à expliciter aujourd'hui ce que pourrait signifier être chrétien en postchrétienté, et plus largement une expérience religieuse après l'effondrement du Grand Code.

op. cit., p. 335. Parler de convictions bien pesées prend ses distances avec une éthique de la discussion qui oppose l'argumentation à la convention – lesquelles ne seraient qu'idéologie et traditions – pour lui substituer la dialectique fine de l'argumentation et de la conviction (*ibid.*, p. 334). Elle explicite de quoi l'on discute dans l'éthique de la discussion. La qualité de la discussion publique donne vie au consensus par recoupement, et à l'échange entre des convictions d'arrière-plan à évolution lente et des convictions de premier plan à évolution rapide. Paul Ricœur, *Lectures 1, op. cit.*, p. 191.

1. Jean Greisch, *L'âge herméneutique de la raison*, Paris, Cerf, 1985, p. 39.

CHAPITRE IX

ENTRE HABITER ET POLITISER : URBANISER

La phénoménologie, dans son attention à la chair, s'est beaucoup attachée au corps et à la nature mais peu à ce monde des artifices bâtis qu'est la ville, à la chair urbaine. En se concentrant sur l'habiter, elle a délaissé le bâtir. L'attention herméneutique aux médiations a par contre conduit Ricœur à s'intéresser à la politique, dans sa double face d'œuvres et d'actions, de textures matérielles et de textes. La phénoménologie de l'habiter se prolonge chez lui en une herméneutique des habitats préparant un politique du commun. Si la politique donne à la cité sa visée, architecture et urbanisme donnent à l'urbanité sa matérialité structurée. En effet, la ville est prise entre l'appel aristotélicien pour lequel une *polis* est un ensemble de « notions en commun », et le souci de l'urbaniste pour lequel elle est un rassemblement spatial, du bâti, du réseau d'infrastructures, du fixé mais pas du figé puisqu'il y est également question de mobilité. Bref la ville ne cesse d'être traversée par la dynamique de la structure et de l'événement, de l'œuvrer et de l'agir concentrée dans une « politique de la ville ». On ne confondra pas, autour du thème de l'habiter, l'ingénierie urbanistique (l'habitat) et la politique (l'habitant).

Préfaçant l'ouvrage d'Hannah Arendt, *La condition de l'homme moderne*, Ricœur écrit :

> le *qui* que l'action révèle est le *citoyen* en tant que distinct du travailleur et même du fabricant d'artifices faits de mains d'homme. Quand la politique devient le seul apanage d'ingénieurs sociaux, l'homme, le porteur de

> l'action, l'homme, le citoyen, est absorbé par le travailleur-consommateur[1].

Un assemblage ne fait pas encore une assemblée, mais une assemblée, pour avoir lieu d'être, a besoin d'un lieu de rassemblement. Ainsi la ville vit-elle de la solidité d'une structure bâtie mise en tension avec la fragilité d'un tissu de relations. Sa texture s'y dialectise avec le texte commun car la concentration appelle la concertation et réciproquement. La trajectoire urbaine sera alors narration, déployant dans l'espace ce qu'une communauté historique cherche à être dans le temps. La ville s'humanise en étant articulée, par le bâti et un design des flux, de manière narrative. Ricœur analysera donc narrativement la ville sous son aspect architecturé comme un texte, soulignant avec Arendt, que la cité est fondamentalement périssable. Certes, l'imposante texture de l'espace artificialisé qu'impose la ville moderne masque la précarité des affaires humaines. Mais la narrativité du temps traversé ensemble en une histoire partageant des visées communes[2] ne rappelle-t-elle pas que l'espace politique est aussi une fragile mise en récit du temps ?

Il est dans l'Egypte ancienne un hiéroglyphe pour dire la ville : un cercle entourant une croix ⊕. Le cercle et la croix ; l'enveloppe et la structure ; le sécurisant et le sécurisé. Le cercle circonscrit le là de notre être-là, le site où s'inscrire. Le refuge enveloppant du cercle relève d'une logique de l'espace sécurisant – *l'urbs* de l'urbanité dont le geste mythique de Romulus fondant la ville de Rome inscrira la trace dans l'espace –. La croix relève d'une logique de l'espace sécurisé. Le geste du bâtir trouve dans l'angle droit et l'équerre de l'architecte la métaphore du structuré, du construit, du rationnellement maîtrisé. La croix signale un souci de la structure charpentée, du quadrillage, de la grille, du cadastre, d'une géométrie. Entre le sécurisant du « là » où se lover, se réfugier et le sécurisé de l'espace contrôlé se livre alors toute la dialectique de l'habiter dont la maison et la ville sont le lieu. Mais alors, comment penser l'espace habité sans céder au dilemme du refuge et du repli, de l'habitat et de l'habitacle, de l'habitation et de la localisation ? Cette dialectique du sécurisant et du sécurisé préparera celle de la clôture et de l'ouverture.

Conforme à sa méthode, et pour ne pas être enfermé dans ce dilemme, Ricœur bâtira une dialectique du « se blottir » et du « se déplacer »

1. Paul Ricœur, « Préface » à Hannah Arendt, *La condition de l'homme moderne* [1958], Paris, Calman-Lévy, 1983, p. 24.

2. Paul Ricœur, « Architecture et narrativité », *Revue Urbanisme*, n° 303, 1998, novembre-décembre, p. 44-51.

médiatisée par la texture du bâti urbain. Entre la phénoménologie de l'habiter (*urbs*) et la politique des habitants (*civitas*), il reconnaît l'importance de cette médiation matérielle qu'est le bâti. Une juste place donnée à l'architecture et à l'urbanisme doit permettre de « *condamner* toutes les tentatives pour dissoudre la politique dans une activité d'ingénieur »[1] ?

PHÉNOMÉNOLOGIE DE L'HABITATION : SE BLOTTIR ET SE DÉPLOYER

Habiter, c'est trouver et vivre le là de son être-là. L'expérience de la spatialité est une épreuve corporelle et environnementale, telle que notre corps nous situe sous le trait singularisant d'un habitat, d'une maison, d'une rue, d'une ville, d'une Terre qu'on dit natale. L'habiter est épreuve singularisante de l'espace. Il n'y a pas de situation existentielle sans site charnel. Notre site fait du là, pour nous, ce qui demeure, sous nous et autour de nous : « être à la maison » dit-on ; « être et se sentir à sa place ». C'est pourquoi être logé n'est pas seulement être localisé, mais éprouver un espace habitable. Mais si on peut céder au fascinant « poétiquement l'homme habite le monde » d'Hölderlin auquel Heidegger donna postérité, la voie longue de Ricœur, attentive aux médiations matérielles et pratiques, se distanciera de la voie courte de Heidegger faisant de l'habiter l'être retrouvé de manière destinale.

Parce qu'il tient que penser n'est pas poétiser, Ricœur voit chez Heidegger une tentative incontournable pour penser l'habiter en amont de tout réduction à des considérations techniciennes mais aussi la tentation d'une mystique du « sentir primitif », voire la mystification du génie du lieu[2]. Aussi, entre une géopoétique du lieu vécu et une géopolitique, cherchera-t-il une place pour la médiation d'une « géométrie habitée ». Si le logement est une inscription spatiale irréductible à une incrustation locale, il ne parle ni de l'espace ordinaire des usages, ni de l'espace anonymé, anesthésié des géomètres. Il relève d'une phénoménologie du lieu déployée en une interprétation de l'espace vécu décrite dans la tension du refuge et du mouvement, du se blottir et du se déplacer, de l'espace loué ou d'hostilité auquel la texture du bâti et de l'urbanisé donne consistance.

1. Paul Ricœur, « Préface » à Hannah Arendt, *La condition de l'homme moderne*, *op. cit.*, p. 27.

2. Voir sur ce point les dernières pages de *La métaphore vive*, Paris, Seuil, 1975, p. 393-399.

L'épreuve de l'habiter et de l'urbanité – le premier relève d'une immédiateté charnelle, la seconde de la médiation du monde des œuvres – vit de cette tension entre le demeurer et le se déplacer que dramatise l'expérience ambulatoire : l'aspiration au « chez soi » du voyageur Du Bellay ; la tension entre l'ici et le là-bas du navigateur Ulysse ; le conflit entre le nomade éleveur Abel goûtant l'illimité du pastoralisme et le sédentaire cultivateur Caïn clôturant la propriété. Cette tension au cœur de l'espace habité est une tâche : il s'agit de le trouver pour s'y trouver. Ricœur l'étudiera, partant d'une phénoménologie du lieu, poursuivant en une herméneutique de l'espace urbanisé, terminant par une politique de la ville habitée par le devoir d'hospitalité[1].

Une phénoménologie de l'habitation engage une expérience vive du corps propre, jonction entre mon site – être dans une situation c'est être par cette situation – et le milieu. Elle sera médiée par la texture d'un monde partagé, architecturé, urbanisé.

> Le corps, cet ici absolu, est le point de repère du là-bas, proche ou lointain, de l'inclus et de l'exclu, du haut et du bas, de la droite et de la gauche, de l'avant et de l'arrière, soit autant de dimensions asymétriques qui articulent une typologie corporelle qui ne va pas sans quelques valorisations éthiques, au moins implicites, par exemple, celle de la hauteur ou celle du côté droit. [...] C'est sur ces alternances de repos et de mouvement que se greffe l'acte d'habiter, lequel a ses propres polarités : résider et se déplacer, s'abriter sous un toit, franchir un seuil et sortir au-dehors. On songe ici à l'exploration de la maison, de la cave au grenier, dans *la Poétique de l'espace* de G. Bachelard[2].

L'expérience charnelle de l'habiter comme espace vécu se lie et se sépare des expériences spatiales d'autres vivants non humains. Milieux animaux, monde humain explorent diversement comme autant de variations le thème de « l'ici », sur lequel Bergson s'était arrêté dans *L'Évolution créatrice*. Chez les invertébrés, les arthropodes, l'enveloppe externe, dans sa dureté, allie paradoxalement le sécurisé au sécurisant. Pour le mollusque et sa coquille, l'inscription spatiale est littéralement une incrustation. Le dur protège le mou, le couvre et le cache, concentrant l'habiter sur la pétrification sécurisée. Chez les vertébrés, le squelette interne sert la mobilité, faisant du déplacement – Platon voyait en l'oiseau

1. Paul Ricœur, « La condition d'étranger », dans *Église en débat*, n° 2, Mai 1996, repris dans *Revue Esprit*, mars-avril 2006, p. 264-275.

2. Paul Ricœur, *La mémoire, l'histoire, l'oubli*, *op. cit.*, p. 185. Notons qu'il s'agit là d'une des rares références que Ricœur fait à Bachelard.

une « fuite ailée » – un autre être spatial. La dynamique du déplacement et la statique de la résidence révèlent deux styles, deux manières de vivre l'espace dans la pétrification ou dans la fuite : *nids et coquilles, ces deux refuges du vertébré et de l'invertébré*[1]. Pour l'humain, cette tension entre se blottir et se déployer s'écartèle parfois en dilemme dans des organisations spatiales malheureuses : les étalements urbains en longs couloirs, les *no man's land*, les assignations à résidence ou les sans-abris. Elle se vivra aussi dans des spatialités heureuses : la joie du se blottir dans l'intime du refuge, ou l'ivresse de la mobilité urbaine dans la ville conviviale. La dimension pathique du lieu se caricature parfois en pathologie spatiale par une métrique urbaine (*cf.* l'hypertélie du milieu urbain qui connaît une connexion technologique globale servant la rationalisation d'un espace fonctionnalisé, quadrillé et surveillé) chassant tout risque ou dans l'enkystement de l'agoraphobe, le repli des particuliers que raille W. Benjamin[2]. Mais elle s'exalte aussi en pathétique déploiement de la motricité, dans l'ambulation nomade à la joie spacieuse

Dans « le vertébré et le crustacé », Michel Tournier observait que : « Contre les agressions extérieures, l'être vivant a le choix entre la légèreté – qui favorise l'esquive et la fuite – et la sécurité d'une cuirasse et d'un bouclier qui permet – mais en partie aussi impose – l'immobilité »[3]. Les habitats humains vivent cette alternative : la tente du nomade ou la résidence du sédentaire ; la légèreté transitoire du campement ou le bâti de la demeure ; l'exposition du vagabond ou la protection assurée de la maison. La ville vit cette tension jusqu'au dilemme. La protection de la ville citadelle avec ses murs, ses ponts levis, ses murailles, ses allures de crustacé qui vont jusqu'à la fossilisation de la fortification d'un Vauban (Besançon, Belfort, Briançon) s'oppose aux invitations au voyage des villes portuaires ouvertes au commerce mondial des marchands vénitiens ou des hyperbourgeois planétaires jouissant de la mobilité (le multimodal). Les victimes de ce dilemme seront ceux qui ne peuvent tenir ensemble la déambulation et la protection, condamnés à l'errance ou assignés à résidence.

1. Gaston Bachelard, *La poétique de l'espace* [1957], « Quadrige », Paris, P.U.F., 1983, p. 19.

2. « L'intérieur n'est pas seulement l'univers du particulier, il en est encore son étui. Depuis Louis-Philippe on rencontre dans le bourgeois cette tendance à se dédommager pour l'absence de trace de la vie privée dans la grande ville. Cette compensation il tente de la trouver entre les quatre murs de son appartement », Walter Benjamin, *Paris, capitale du XIXe siècle*, Paris, L'Herne, 2007, p. 33.

3. Michel Tournier, *Le miroir des idées, Traité*, Paris, Mercure de France, 1994, p. 121.

Entre la solidité de la coquille et le fragilité du nid, Bachelard plaçait l'espace vécu par l'homme sous l'image du coin. Le coin, cette *géométrie habitée*[1], investit l'intime d'un espace choisi sachant l'immense d'un espace encore à conquérir. Le coin invite à vivre l'espace habité de la résidence et du déplacement. Il faut donc s'arrêter sur l'épreuve phénoménologique du « se blottir » dans l'ancrage et du « se déployer » dans le voyage. Pour Ricœur, si la phénoménologie de l'habiter décrit cette alternance du repos et du mouvement, du sédentaire et du nomade, l'herméneutique des contextes spatiaux engagée dans l'écriture de la ville et du paysage lui donnera consistance. Cette phénoménologie herméneutique de l'expérience de l'habiter veut résister aux approches fonctionnalistes de l'espace urbain. Elle se prémunit d'une tentation : « la transformation inquiétante de la philosophie politique lorsqu'elle est soumise à la prétention de faire l'histoire comme un tout »[2]. Terriblement la poétique de l'espace vécu ne doit pas ignorer les pathologies de la ville concentrées dans l'hyperstimulation des signaux qui ne font plus sens, l'accélération qui appauvrit le voyage en déplacement fonctionnel, la concentration urbaine dépolitisée dans les phénomènes de métropolisation et l'artificialisation à outrance emportée par l'*hubris* du bâtir.

Se blottir et se déployer sont des postures corporelles que l'on peut cultiver pour elles-mêmes dans une articulation sereine de la spatialité corporelle et de la spatialité environnementale par la valorisation poétique d'une itinérance (la promenade). On pense alors à l'expérience de l'alpinisme qui tend à l'extrême la dialectique du refuge et du déplacement dans l'ascension. En montagne, nous sommes étrangers aux lieux qui nous font la grâce de nous accueillir, vivant des espaces bornés mais pas clos. « Certes, il y a dans toute marche une errance et le risque de s'égarer n'est pas négligeable. Mais nous ne sommes pas perdus, car les lieux nous dirigent quand nous y sommes, et ils nous font partager les affinités et les sympathies qui les unissent »[3]. Le *Walden* de Thoreau cultive cette immédiate appartenance au lieu qui fait de celui-ci une image-ressource. On y reconnaît la vitalité débordante dans la gratitude d'un se sentir à sa place *into the wild*. Ces mêmes postures corporelles peuvent être livrées à elles-mêmes dans leur fragilité par la violence d'une spatialité inhospitalière. Pour Ricœur, la médiatisation par les institutions de l'hospitalité devra

1. Gaston Bachelard, *La poétique de l'espace*, *op. cit.*, p. 138.

2. Paul Ricœur, « Préface » à Hannah Arendt, *La condition de l'homme moderne*, *op. cit.*, p. 31.

3. Michel Malherbe, *D'un pas de philosophe*, Paris, Vrin, 2012, p. 95.

apprivoiser l'espace pour le rendre habitable. Injustes et tragiques, le se blottir jusqu'à se recroqueviller d'une part et le se déployer jusqu'à l'errance du labyrinthe urbain sont dans le « clochard » les expressions corporelles méconnaissables de la spatialité malheureuse et hostile[1]. « Blottir appartient à la phénoménologie du verbe habiter. N'habite avec intensité que celui qui a su se blottir »[2]. Expérience vécue, dans le se blottir s'actualise un rapport à soi, aux autres et au monde ambiant. Le coin de monde, espace urbanisé et humanisé, en est le point d'ancrage. Il est le connecteur spatial qui permettra à une herméneutique de soi de déchiffrer ce que cet ancrage veut dire. Forme d'intensification du rapport à soi et du rapport au monde, cette expérience sécurisante qualifie la spatialité : la chambre, le refuge, l'abri, l'hôtel ou l'hôpital, le camp de réfugié, la Terre dessinent ainsi l'odyssée spatiale du se blottir allant des échelles individuelles aux échelles collectives voire générationnelles :

> … tous les humains ont leur coquille, et qu'il faut tenir compte de cette coquille. J'entends par ce mot le jeu complet des circonstances. Un homme ou une femme isolé, cela n'existe pas ; nous sommes tous construits d'un faisceau d'appartenances[3].

Le se déployer est le versant excentrique du vécu de l'espace qui complète l'intensification concentrique du rapport à soi par l'exercice effectif de capacités motrices et de valorisations du lieu. Aux figures heureuses de l'hospitalité sur lesquelles se concentre le blottir répondent, outre les figures inquiètes de l'hostilité et de l'imprévisible, une manière active d'être au monde qui inaugure d'autres relations dans le se déplacer, conquérir, marcher, flâner, se perdre. Dans une civilisation urbaine assurée de sa maîtrise de l'étendue spatiale, le triomphe du construire ne dédaigne pas la rivalité qu'il entretient avec la vitalité du sauvage, du non domestiqué. Comme le révèle aujourd'hui la question des villes vertes ou des biodiversités urbaines, la nature gérée est rattrapée par une vitalité ingérable. Il s'ensuit, par exemple, que les « trames vertes et bleues » se lisent à la fois comme le déploiement d'une rationalité qui contrôle et maîtrise la nature, et comme ce qui tisse et trame, dans la scénographie urbaine, l'humain avec le non humain, l'eau ou le végétal. Tel est le goût de l'urbain pour l'élémentaire et celui de l'homme des artifices pour la fulgurance du sauvage.

1. Voir Patrick Declerk, *Les Naufragés. Avec les clochards de Paris*, « Terres humaines », Paris, Plon, 2001.

2. Gaston Bachelard, *La poétique de l'espace*, *op. cit.*, p. 19.

3. Henry James, *Portrait de femmes*, trad. fr. Claude Bonnafont, Paris, 10/18, 1995, p. 237.

En résumé, une phénoménologie du lieu explicite le là de notre être-là depuis une ontologie du lieu. Elle se formule comme monde pour un *Être humain sur la Terre*, comme écoumène dira Augustin Berque traduisant Watsuji[1]. C'est Augustin Berque, le géographe, que Ricœur retrouve lorsqu'il écrit à propos de l'espace habitable de la Terre qui saisit la maison à l'échelle de « l'*oikoumene*: on pourrait poursuivre cette odyssée de l'espace tour à tour vécu, construit, parcouru, habité, par une ontologie du "lieu"... »[2]. L'odyssée de l'espace se poursuivra jusque dans les enjeux d'écologie (*oikos*) mais elle débute avec le corps, le lieu bâti, et bientôt la ville. Elle la pense comme une *urbs*, comme ce cercle englobant et sécurisant donnant de se sentir à la maison. L'herméneutique de l'espace spécialisé ouvrira, quant à elle, sur la ville pensée comme *polis,* comme espace structuré et stylisé à partir du paradigme de la grille urbaine. Ricœur prolongera la phénoménologie du lieu par une herméneutique de l'espace urbanisé ouverte sur l'espace humanisé.

LE BÂTI : UN CONNECTEUR SPATIAL

L'alternance du se blottir et se déployer rythme notre vécu de l'espace. S'y rendent attentives les structures anthropologiques de l'imaginaire spatial qui condensent valorisations et dévalorisations en de multiples polarisations (quartiers Nord et bas quartier; ville historique et nouveaux lotissements; hypercentre et périphérie; résider et commercer). Cette pulsation résider/se déplacer s'amorce avec la dialectique du rentrer et du sortir dramatisée dans le franchir un seuil. Avec le seuil, arrive le lieu habité, l'espace délimité, architecturé, urbanisé.

Notre être spatial trouve son style en s'épelant dans un bâti. L'inscription spatiale s'y fait transcription architecturale. *L'acte d'habiter n'est mis en place que par celui de construire*[3]. L'expérience d'habiter

1. « Aujourd'hui, l'écoumène c'est la Terre elle-même. Mais pas la Terre comme simple corps physique, ni même comme entité écologique, telle qu'elle pourrait être si nous – l'humanité – n'existions pas ; l'écoumène c'est la Terre en tant que nous l'habitons. Plus encore : en tant que lieu de notre être. [...] La Terre n'est pas seulement l'environnement indispensable à notre vie biologique, comme elle l'est pour toutes les espèces vivantes de la biosphère. Elle est, comme écoumène, la condition qui nous permet d'être humain ». Augustin Berque, *Être humain sur la Terre, Principes d'éthique de l'écoumène*, Paris, Le Débat/Gallimard, 1996, p. 12.

2. Paul Ricœur, *La mémoire, l'histoire, l'oubli*, *op. cit.*, p. 191.

3. Paul Ricœur, *ibid.*, p. 186.

trouve dans l'habitat, une herméneutique de soi qui se fait stylistique spatiale. Bâtir, construire, architecturer, urbaniser, autant de dilatations spatialement construites, médiatisent en un « monde d'œuvres », l'évidence immédiate de l'être-là. Entre l'être-là et l'être ensemble, il y a le trait d'union de l'habitat. Pour Ricœur, si le connecteur temporel articule le temps individuel avec le temps social et le temps cosmique, ce connecteur spatial qu'est le bâti – maison, rue, ville et point de vue – lie et relie l'homme avec les hommes et le monde. Avec le bâtir, dans un chiasme étonnant, la spatialité se temporise et la temporalité de spatialise, en un mixte de durée et de dureté. Ce monde fait de mains d'hommes (la maison, la ville) accueille l'épreuve de l'habiter en un monde habitable.

> C'est seulement parce que nous avons fabriqué l'objectivité de notre monde avec ce que la nature nous donne, parce que nous l'avons bâtie en l'insérant dans l'environnement de la nature dont nous sommes ainsi protégés, que nous pouvons regarder la nature comme quelque chose d'« objectif ». À moins d'un monde entre les hommes et la nature, il y a mouvement éternel, il n'y a pas d'objectivité [1] ?

Nos manières d'habiter se transcrivent en matières d'habitats. Ricœur, lui aussi, privilégiera les mondes urbanisés lisibles comme des textes. Leurs matières donnent une texture sensible et une configuration spatiale à un emplacement que chacun appellera « sa place ».

Pour une herméneutique de l'être spatial, répondre à la question « qui suis-je ? » convie à se raconter avec et dans les lieux qui nous portent. Déchiffrer l'épaisseur charnelle d'un « pays »; en explorer les significations (se comprendre comme de tel quartier) et la direction (d'où je viens ? où je vais ?) font de la rencontre entre l'enveloppe spatiale qui habilite et la structure urbaine un style spatial singulier. J'y suis, j'en suis. Chez Ricœur, l'herméneutique de l'espace urbanisé greffée sur une phénoménologie de l'habiter prolongera l'ontologie du lieu. L'évidence de l'habiter s'explicite dans la consistance d'un habitat. L'espace bâti déploie spatialement l'évidence du « ici je me tiens ». Une herméneutique de l'espace urbanisé sera attentive aux médiations architecturées comprises comme interprétations spatiales. Se comprendre et se vivre dans un lieu comme étant de ce lieu, c'est « partir en reconnaissance » et épeler ce que signifie être à sa place, n'excluant pas les luttes contre les disqualifications (ghettos) ou réifications (banlieue, « quartiers », gentrification) spatiales et

1. Hannah Arendt, *Condition de l'homme moderne*, trad. fr. Georges Fradier, Paris, Calmann-Lévy, 1983, p. 188-189.

la critique de l'habitat réduit à n'être qu'un habitacle dans l'invention technicienne de la machine à habiter. Vivre l'espace c'est s'attacher à épeler, y compris parfois dans le combat – du mal logement au droit d'asile – l'énigme de ce qu'habiter veut dire, en étant reconnu d'un lieu (droit au logement) et en étant reconnaissant d'avoir lieu (les gratitudes spatiales que célèbrent nos coins du monde). Si l'abri est sécurisé, le bâti est la condition à partir de laquelle peuvent se déployer à la fois toutes les « dimensions » de la personne (le sécurisant) et les dimensions relationnelles (reconnaissance).

Une herméneutique de l'espace assume l'épaisseur des médiations qui constituent un cadre de vie avec ses maisons, ses rues, ses places, ses ambiances. Dans le tissu urbain et le palimpseste des noms de rue, texte et texture s'entremêlent, mettant en chantier une interprétation spatiale qui nous raconte. Les lieux humains sont aussi des lieux-dits. Les hommes remplissent l'espace de leurs mémoires et le lisent avec leurs alphabets. Le cadre de vie n'est donc pas qu'un décor ou un lieu géométrique mais un cadre herméneutique exprimant une manière d'être au monde. Nous y sommes compris et ne cessons de chercher à nous y comprendre. Paul Ricœur, dans « Architecture et narrativité » dessine le programme de cette herméneutique réfléchissante. Elle déploie une épistémologie servant une compréhension de la spatialité urbanisée :

> passer d'un stade de la « préfiguration » qui va être lié à l'idée, à l'*acte d'habiter* – il y a là une résonance heideggérienne (habiter et construire) – à un deuxième stade, plus manifestement interventionniste, de l'*acte de construire*, pour réserver finalement un troisième stade de « refiguration » : la relecture de nos villes et de tous nos lieux d'habitation. On peut donc dire, au premier stade, que c'est l'habiter qui est la présupposition du construire, et, au deuxième que c'est vraiment le construire qui reprend en charge l'habiter, mais ceci pour que le dernier mot soit donné à un habiter réfléchi, un habiter qui refait la mémoire du construire[1].

Ricœur livre là le programme de traduction de ce que signifie habiter l'espace comme présupposition/médiation préparant un habiter la Terre partageable, n'oubliant que la texture spatiale a aussi une épaisseur temporelle. L'attention au bâtir y voit une traduction de l'habiter dans des styles d'habitats, des cultures et des sociétés qui proposent autant de manières de

1. Paul Ricœur, « Architecture et narrativité », *Catalogue de la Mostra « Identità e Differenze »*, Triennale de Milan, 1996, p. 64-72.

faire monde commun, la précarité des milieux humains étant inscrite au sein de cette fragile demeure qu'est le *cosmos*.

Dans une sémantique de l'espace Paul Ricœur invite donc à apprendre à se comprendre dans la texture d'une ville qui se lit et se déchiffre comme un texte. Mais, comment, au sein de cette texture quadrillée de l'espace bâti, percent encore des épreuves de l'habiter? Comment vivre du singularisant dans un espace urbanisé contrôlé jusqu'au sécurisé, normalisé par le prévisible des techniques (planification, programmation, D.T.U.) et des conduites (sens de circulation, gabarit, largeur des voies, sécurisation des trottoirs, coordination des fluides urbains, etc.)? Il s'agira de comprendre qu'une ambiance spatiale est le lieu relationnel où un répertoire moteur (se blottir/se déployer) s'explicite dans la grammaire spatiale d'un monde architecturé. L'évènement de l'habiter jaillit au cœur de la structure du bâti. L'expression poétique du lieu déborde la structuration urbanisée.

L'habitant est l'homme d'un lieu si exister c'est certes être mais « y » être comme dira Maldiney. L'oublier c'est ne plus voir sous l'habitant qu'un agent urbain aux conduites prévisibles. Certes, il est une intelligibilité qui analyse l'urbain et pense la ville en termes structuraux. Mais décoder la structure de l'habitacle ou de la ville n'est qu'un lucide préalable au déchiffrage de soi et de l'être ensemble engagé dans l'événement de l'espace retrouvé. L'aménagement de l'espace ne dispense pas du ménagement en s'attachant à découvrir les manifestations poétiques de l'habiter qui s'y donnent. Sans quoi, il se caricature dans cette pathologie urbaine faisant l'apologie du contrôle, de la cadence et de la surveillance annulant cette épreuve de soi.

Avant Ricœur, Walter Benjamin disait que la pauvreté du monde humain tient de l'assèchement des puissances narratives qui content et racontent des histoires. Les pathologies urbaines croissantes dans le Paris du XIXe siècle font de la flânerie urbaine l'objet d'une instrumentalisation. Les espaces interstitiels, vitalisation poétique de l'urbain (le passage, le seuil) font l'objet d'une soumission à la surveillance et à la normalisation. La technicité de la construction métallique, et plus amplement la rationalité instrumentale, construisent l'espace urbain comme un ensemble de biens consommables. Le flâneur devient marchandise et son déplacement potentiellement une prise économique… À cette tristesse qu'inspire un monde urbain qui se marchandise et se rationalise, Benjamin opposait ce singulier qui fait la joie de l'habiter. Il note ainsi : « La fabrication d'articles de masse fait apparaître le concept de spécialité. Etudier son rapport avec celui d'originalité »[1]. En étudiant « l'original », on s'attache aux joies spatiales que défigure la maîtrise des espaces spécialisés. Pour Ricœur, la rationalité instrumentale construit les espaces en les spécialisant légitimement – espace conçu – mais aussi en dévitalisant la cité[2]. Il s'agira de faire en sorte que les habitants les apprivoisent pour les faire leur, les poétiser – espace vécu – pour les politiser.

Si le bâti, structuré et structurant, en impose par sa matérialité technologique, il mobilise parfois une instrumentation de l'habitat et de l'urbain qui ignore la nature sensible de la ville. La vitalité de cet existant qu'est l'urbain se trouve inscrite alors dans un enchainement causal. Le bâti développe en règles une planification urbaine sur laquelle bute l'existant (l'habitant), lequel s'en prend à la forme ainsi imposée pour la contourner, la détourner ou l'affronter. Là où l'urbanisme se fait anatomie fixant le squelette de l'urbanité en structures (le déploiement devenu trajet, le voyage déplacement et la promenade itinéraire), l'existant-citoyen réplique par l'événement d'une surprise dans la chair urbaine.

Le bâti est investi par une dialectique de la structure qui spécialise et de l'événement qui singularise, qui se joue à l'échelle individuelle, d'un quartier ou d'une métropole. C'est pourquoi Ricœur s'attache à ce connecteur spatial[3] qu'est le construit, articulant l'événement de l'habiter et la structure de l'espace urbanisé; l'espace sauvage (*wilderness*) et l'espace artificialisé, les espaces hybrides complexifiant ces oppositions. Entre l'espace vécu et l'espace global – la Terre –, le connecteur spatial permet d'expliciter ce qu'habiter veut dire pour soi, pour une communauté historique, pour l'humanité. Dans la grammaire de l'espace construit, le connecteur spatial investit le point de jonction du conçu et du vécu, entre cultures spatiales et épreuve phénoménologique de l'habiter. Entre espace vécu et espace global, l'espace architecturé et urbanisé tient ensemble le prosaïque structurant notre existence pour la sécuriser (la technique), et le poétique offert à l'ouverture vertigineuse et sécurisante (le geste artistique) de la capacité d'habiter. On pense ici aux travaux d'Henri Maldiney sur l'architecture que Ricœur connaissait et qu'il a contribué à faire reconnaître institutionnellement. Mais le souci ricœurien des médiations

1. Walter Benjamin, *Paris, Capitale du XIX*e *siècle*, *Le livre des passages*, trad. fr. Jean Lacoste, Paris, Cerf, 1989, p. 73.

2. Dans « Urbanisation et sécularisation » [1967], Paul Ricœur définit cette cité séculière par un triple mouvement: désenchantement de la nature, désacralisation de la politique et déconsécration des valeurs. *Revue Autres Temps*, N° 76-7, 2003, p. 119 *sq.*

3. Le connecteur spatial est à l'espace ce que le connecteur temporel est au temps. Voir *Temps et Récit III*, *op. cit.*, p. 189-229.

entretenait une distance prudente à leur égard. Tous deux savent qu'habiter un lieu n'est pas simplement occuper un emplacement. Toutefois Maldiney tendra jusqu'à l'extrême l'idée que pour l'existant être n'est pas être dans l'espace mais s'ouvrir à l'espace dans un radical refus d'assignation à résidence. « N'est-ce pas être le prisonnier de la ville que de n'y être que dedans sans position possible, sans dépassement possible vers une extériorité qui n'est pas une pure altérité mais qui est en rapport avec l'espace même de cette ville ? »[1]. Inversement, Ricœur installera cette radicalité de l'habiter dans la mesure des *habitus* trop vite conçus comme habitudes, routines et fonctionnalités. Pour lui, l'existence spatiale humaine est un complexe dynamique de vie vécue, qui se tonalise, dans de subtiles continuités, relativement au monde du soi, au monde partagé et au monde ambiant. Trois connecteurs spatiaux, attachées au là de notre être-là, donnent figures poétiques à l'habiter : le coin, la place, le site géographique. Ils sont l'expression spatiale des trois dimensions du temps que reconnaissait Braudel dans sa *Méditerranée à l'époque de Philippe II roi d'Espagne*.

Le coin, à l'échelle de l'espace individuel est le concentré minimale de l'habiter et de l'habitable. Il installe dans la continuité quantitative de l'espace le saut qualitatif d'une élection, la partialité de l'espace rêvé. Nœud de notre entrelacs spatial, structuré et singulièrement élu, le coin n'est jamais l'espace en général mais un espace que je peux dire mien dans la possibilité d'un repos. Le se blottir trouve ainsi sa matérialisation spatiale dans le coin. *Le coin est la case de l'être*[2].

La place avec la rue ou le quartier se fait spatialisation collective d'un monde partagé. Nouveau connecteur spatial – le lieu de mémoire – elle articule l'axe horizontal des contemporains dans la spatialité et l'axe vertical des successeurs dans la temporalité.

> C'est à l'échelle de l'urbanisme que l'on aperçoit le mieux le travail du temps dans l'espace. Une ville confronte dans le même espace des époques différentes, offrant au regard une histoire sédimentée des goûts et des formes culturelles. La ville se donne à la fois à voir et à lire. Le temps raconté et l'espace habité y sont plus étroitement associés que dans l'édifice isolé. La ville suscite aussi des passions plus complexes que la maison,

1. Henri Maldiney, *Avènement de l'œuvre*, Saint-Maximin, Théétète Éditions, 1997, p. 38.

2. Gaston Bachelard, *La poétique de l'espace*, *op. cit.*, p. 131.

dans la mesure où elle offre un espace de déplacement, de rapprochement et d'éloignement[1].

Stratification urbaine qui tisse des relations dans l'espace et qui mêlent des mémoires (les noms de rue) et des histoires (les populations et les quartiers de peuplement), la place donne au coin une ouverture au collectif passant de soi aux autres. La place est dans l'espace urbain de la cité le lieu où s'expérimentent des formes de coopérations sociales et de reconnaissance. Les pratiques sociales de l'espace appellent à la manière de G. Tarde, de G. Simmel ou de M. Jousse une prise en compte charnelle des interactions sociales. Dans l'épreuve de la place, au-delà des approches macrophysiques qui homogénéisent, se décline une microphysique du social, une célébration reconnaissante et méfiante. La place devient alors non simplement espace de rassemblement, mais petit laboratoire d'expérimentation du social où se tricote de la socialité par la médiation de l'espace partagé qui mêle des histoires. Un rassemblement spatial s'y constitue progressivement en assemblée, en une communauté humaine qui résiste à la spécialisation et la fonctionnalisation. Le jouir y est un se réjouir de l'espace dans la fulgurance vitale des passages.

Si le coin est connexion spatiale par une élection singulière; la place connexion spatiale entre des générations d'humains dans l'espace et le temps par le biais œuvré du bâti, le site naturel connectera espace vécu et espace universel. La puissance géopoétique du site en fait un connecteur spatial singulier qui prend en compte la dimension géologique. Elle permet d'entrevoir comment l'humanisé s'articule avec la Terre. Un site géologique, la confluence de deux fleuves, l'élection de ces lieux qui présidèrent à la naissance et au développement d'une ville que rapportent les mythes si l'on pense à la fondation de la ville de Rome, aux légendes ou aux toponymies[2] déploient leurs significations dans une géographie mythique. Cette dernière inscrit l'espace des hommes dans l'espace global. La vie des sociétés humaines explicite la grande ampleur de la spatialité qui unit la destinée des hommes à un espace bien plus vaste qu'eux que l'on appelle la Terre. Cette géopoétique du lieu, soubassement d'une politique de l'espace administré, s'explicite dans une symbolique de l'espace qu'activent et célèbrent les rites, les fêtes des villes ou des villages. La célébration de l'inscription spatiale (montagne, fleuve, lac, etc.) par la ritualité urbaine (marchés, carnavals, fêtes, joutes, etc.) installe l'espace ordinaire des

1. Paul Ricœur, *La mémoire, l'histoire, l'oubli*, *op. cit.*, p. 187.

2. Sur ce point, voir le travail du plasticien Philippe Mouillon « Jeux de paysage » : http://www.jeuxdepaysages.net.

usages humains dans l'espace extraordinaire du monde ambiant. La fête, le carnaval, ou la fragile fulgurance du lieu-dit sont autant de manifestations, plus ou moins bien articulées qui donnent de vivre des capillarités spatiales, des connivences géographiques à l'échelle globale. Elles nous augmentent et nous élargissent dans une conscience d'appartenance plus vaste, agrandissante. Le territoire poétisé et politisé est ainsi arraché à la logique du cadastral pour exprimer une poétique de l'espace qui devient ressource pour signifier notre être d'homme sur la Terre.

> Dès lors, dans cette méditation, nous ne sommes pas « jetés dans le monde » puisque nous ouvrons en quelque sorte le monde dans un dépassement du monde vu tel qu'il est, tel qu'il était avant que nous rêvions ; même si nous sommes conscients de notre être chétif… nous prenons conscience de la grandeur nous sommes alors rendus à une activité naturelle de notre être immensifiant[1].

Nous vivons ainsi le sentiment d'être à notre place, et non perdu entre deux infinis. Par la médiation des architectures, des urbanisations et des paysages la poétique de notre être-là ne cesse de s'épeler dans la vibrante multiplicité des lieux dits et institués. Cette multiplicité des lieux dits peut-elle se dilater jusqu'à l'épreuve d'un habiter la Terre ? Dans l'étude de ce parcours de la reconnaissance qu'est pour l'humanité son odyssée de l'espace – du coin de monde à la ville jusqu'à la Terre –, sera-t-il surprenant que Paul Ricœur en assume aussi la dimension écologique ?

1. Gaston Bachelard, *La poétique de l'espace*, *op. cit.*, p. 169.

CHAPITRE X

ÉCOLOGIE ET HERMÉNEUTIQUE : LE FRANCISCANISME DE PAUL RICŒUR

Enrôler l'herméneutique phénoménologique de Paul Ricœur jusqu'à faire de lui un penseur de l'écologie évoluant en amont de l'écologie scientifique ou de l'écologie politique surprendra légitimement[1]. On ne trouve pas une écophénoménologie chez le philosophe. Certes, sa philosophie de la volonté est une philosophie du consentement attachée aux situations incarnées. Mais elle ne déploie pas pour elle-même l'appartenance du corps au milieu ambiant ou une méditation sur la valeur intrinsèque des animaux ou des milieux comme le fera la philosophie de l'environnement. Pour Ricœur, la nature est comprise à partir d'une herméneutique des cultures attentive aux médiations et aux institutions qui circonscrivent une stylistique de l'être au monde. Elle est rarement donnée immédiatement comme objet de méditation à la manière d'un Rousseau ou d'un Thoreau[2]. Elle l'est le plus souvent médiatement « en tant que »... ressource fossile, lieu de refuge ou de déplacement, géographie habitée ou expression symbolique voire hiérophanique. Enfin, aux frontières de la philosophie et de la théologie, lorsqu'il commente le texte biblique de la *Genèse* (2,15) pour lequel « La tâche de cultiver et de garder le jardin commence de le rendre responsable de quelque chose de fragile qui lui est

1. Une première version de ce texte est parue sous le titre « Appartenance et responsabilité. Paul Ricœur, penseur de l'écologie ? », *in* Olivier Abel (dir.), *Revue Studia Phaenomenologica*, XIII, novembre 2013.

2. Voir le passage consacré à une réflexion sur le lieu sauvage dans *La mémoire, l'histoire, l'oubli*, *op. cit.*, p. 187-188.

confié »[1], il n'y trouve pas une fusion de l'homme dans la nature mais une séparation de l'humain d'avec le créé qui définit un mode d'être orignal, une différence anthropologique. Pourtant, la tension fraternelle entre *être avec* les vivants dans la nature sans *être comme eux* n'explicite-t-elle pas ce que l'on appellera le franciscanisme de Paul Ricœur[2] ?

Notre moment écologique vit le déploiement d'une rationalité instrumentale qui désenchante la nature à l'échelle planétaire, alors que se manifeste un retour de la Terre dans le champ de nos considérations épistémologiques, éthiques et ontologiques. Or, on trouve chez Paul Ricœur une phénoménologie de l'appartenance à la Terre sur laquelle se greffe une herméneutique des cultures qui permet de penser ce double phénomène. Cette philosophie reste une philosophie du sujet même si elle n'est plus une philosophie de la conscience. Elle ne relèvera pas d'une approche fusionnelle de l'homme dans le grand tout de Gaia, de l'écologie profonde (la *deep ecology* d'Aerne Naess) ou de la voie immédiate d'un habiter poétiquement la Terre. Dans une perspective ricœurienne, penser l'écologie c'est, à partir d'une herméneutique des cultures, questionner comment des hommes, dans la pluralité de leurs cultures, déploient des manières de se comprendre comme étant de la nature sans pour autant s'y fondre.

Paul Ricœur n'est pas un penseur de l'écologie mais a médité sur le sens et la portée de notre appartenance à la Terre. Plusieurs éléments plaident en faveur d'une phénoménologie herméneutique centrée sur ce que signifie, théoriquement et pratiquement « apprendre à se comprendre et à s'épeler comme étant de la nature » chez Ricœur. Occasionnellement d'abord, ces préoccupations ne lui sont pas étrangères. On pense à la postface à l'ouvrage *Le Temps de la Responsabilité*[3], dans laquelle, commentant Hans Jonas il plaide pour une éthique de l'appartenance couplée avec une éthique de la responsabilité. De même, dans l'entretien : « L'éthique, le politique, l'écologie »[4], restant à égale distance de l'idée hyperbolique de

1. « Penser la Création, » dans *Penser la Bible*, Paris, Seuil, 1998, p. 69.

2. On pense ici à cette proposition qui clôt la méditation sur le consentement dans *Le volontaire et l'involontaire* : « Si une distance évanouissante sépare toujours la liberté de la nécessité, du moins l'espérance veut-elle convertir toute hostilité en une tension fraternelle, à l'intérieur d'une unité de création. Connaissance franciscaine de la nécessité : je suis "avec" la nécessité, "parmi" les créatures », Paris, Aubier, 1949, p. 452.

3. *Entretiens sur l'éthique*, Frédéric Lenoir (dir.), Paris, Fayard, 1990.

4. « Entretien avec Paul Ricœur [Propos recueillis par Edith et Jean Paul Deléage] », *Écologie politique. Sciences, Culture, Société*, n° 7, été 1993. Disponible en ligne : http://www.fondsRicœur.fr/photo/ETHIQUE/POLITIQUE/ECOLOGIE.pdf.

« contrat naturel »[1] (Michel Serres) et de l'idéologisation sommaire reconduisant la pensée écologique vers un écofascisme[2], Ricœur esquisse les linéaments d'une philosophie de l'environnement. Le crédit que l'on accordera à ces textes se trouve renforcé par des ouvrages majeurs, notamment *Soi-même comme un autre*[3]. Certes, sa « petite éthique » s'y est-elle davantage orientée, dans les réflexions de bioéthique, sur les problèmes d'éthique médicale que sur ceux d'éthique environnementale. Mais s'y déploie une phénoménologie de l'homme capable sensible à sa situation incarnée liant le vivant humain à la communauté de tous les vivants, y compris non humains, sur le fond d'un « monde de la vie ». On y trouve également une réflexion sur les relations entre biotechnologies, éthique et institution et sur les « cellules de conseil » (ex : les comités d'éthique) au sein desquelles se déploient une sagesse pratique. Elles peuvent dans le champ environnemental servir le développement d'une éco-éthique[4] et d'une éco-politique méfiantes à l'égard de l'idéologie de l'expertise qu'encourage une « société du risque ». Elles peuvent devenir dans le champ environnemental ces « forums hybrides » auxquels s'est attaché Michel Callon à l'heure où il nous faut apprendre à agir dans un monde incertain[5].

Mais alors : accident, centralité, ou naturel déploiement de la réflexion en direction des préoccupations environnementales chez le philosophe ? Notre hypothèse de lecture plaidera en faveur de cette troisième voie. Ricœur donne à penser l'articulation d'une épreuve de l'appartenance du vivant humain au monde des vivants avec le singulier sens de la responsabilité à l'égard de la vulnérabilité qui oblige. Sa phénoménologie de l'appartenance à la Terre est au cœur d'une herméneutique de la civilisation technologique, au sein de laquelle s'épèle pratiquement une conception renouvelée de la responsabilité éthique et politique, responsabilité pour les générations présentes et futures.

1. Michel Serres, *Le contrat naturel*, Paris, François Bourin, 1990.

2. Luc Ferry, *Le nouvel ordre écologique, L'arbre, l'animal et l'homme*, Paris, Grasset, 1992.

3. Paris, Seuil, 1990.

4. Paul Ricœur a été invité et a participé aux séminaires d'éco-éthique organisés au Japon par le professeur Tomonobu Imamichi.

5. Michel Callon, Pierre Lascoumes, *Agir dans un monde incertain, Essai sur la démocratie technique*, Paris, Seuil, 2001.

PHÉNOMÉNOLOGIE D'UNE APPARTENANCE À LA TERRE

Lorsqu'il aborde les conditionnalités écologiques, Ricœur demeure dans la mouvance de la phénoménologie. Sa phénoménologie de la corporéité, présente dès *Le volontaire et l'involontaire*[1] est féconde pour une réflexion sur l'écologie mais ce qu'elle engage éthiquement et politiquement sera déployé dans l'épaisseur des médiations qui font une culture. Notre modernité tardive, – celle qui sortit de la deuxième guerre mondiale – toute soucieuse de reconstruction et d'élan technicien –, fit vivre une compréhension amoindrie, voire méprisante, de notre inscription charnelle. Elle nous a fait perdre *le sens biologique du monde*[2]. La nature parait ne plus pouvoir nous instruire depuis que nous avons commencé son long procès théorique – la science galiléo-newtonienne – et sa domination technique. La nature ne « nous parle plus ». La concevant muette, nous la forçons à parler !

> Oubli des hiérophanies, oubli des signes du sacré, perte de l'homme lui-même en tant qu'il appartient au sacré. Cet oubli, nous le savons, est la contrepartie de la tâche grandiose de nourrir les hommes, de satisfaire les besoins en maîtrisant la nature par une technique planétaire. C'est à l'époque où notre langage se fait plus précis, plus univoque, plus technique en un mot, plus apte à ces formalisations intégrales qui s'appellent précisément logique symbolique, c'est à cette même époque du discours que nous voulons recharger notre langage, que nous voulons repartir du plein du langage[3].

Dans ce texte, placé dans l'orbe d'une herméneutique des symboles, Ricœur ne subordonne pas les besoins des hommes à la préservation de la nature. Il part de ces besoins comme des existentiaux maintenant le sens d'une appartenance. Marque d'un involontaire en nous la soif, la faim, la naissance et notre inscription dans la suite des générations définissent un être au monde sur le mode d'une autonomie dans la dépendance relationnelle. Or, une métrique de la nature au service de sa maîtrise recouvre, dans

1. *Le volontaire et l'involontaire*, Paris, Aubier, 1949.

2. Henri Maldiney, *Regard, Parole, Espace, Œuvres philosophiques*, Paris, Cerf, 2012, p. 34. Maldiney dira encore que la provocation des objets a remplacé la proposition des choses, *ibid.*, p. 172. Paul Ricœur, qui a été au jury de thèse de Henri Maldiney en 1974, s'inquiétera de cette percée phénoménologique visant un « revenir aux choses mêmes » radical, dans une attention à un sentir plus profond que le percevoir, lui demandant comment passe-t-on du sentir à l'histoire ? Un tel débat révèle un des enjeux de la greffe herméneutique : donner les moyens de penser ce passage.

3. Paul Ricœur, *Finitude et culpabilité*, *op. cit.*, p. 324-325.

ses excès, cette épreuve phénoménologique du corps vécu noué à la chair du monde. Elle conduit à un appauvrissement symbolique du sens du monde. En ce sens, la crise écologique est une crise des relations de l'humanité avec la Terre.

L'herméneutique des symboles se tient donc prête pour épeler cette épreuve existentiale qu'est se sentir appartenir à la nature. Elle révèle, nourrie par les poètes et les plasticiens, cette épreuve phénoménologique, réapprenant à vivre dans le plein du langage le rythme des éléments naturels et du corps dans l'espace. Mais avant de reprendre herméneutiquement cette épreuve corporelle de la spatialité et du milieu, que signifie demeurer dans la mouvance de la phénoménologie pour une pensée de l'écologie? Il s'agira de donner une densité ontologique à notre appartenance à la nature tout en augmentant la compréhension de cette appartenance.

On l'a dit, Ricœur diverge de Heidegger dans sa pensée de l'*oikoumené* (écoumène dit Augustin Berque[1] que Ricœur cite parfois), visant moins la densité que l'intelligibilité, recherchant la densité par l'intelligibilité. La densité relève de la voie courte du phénoménologique[2], là où l'intelligibilité relève de la voie longue. Ricœur, lecteur de Husserl sait que la phénoménologie husserlienne, plus qu'une description pertinente, se propose de rendre explicite le sens. En donnant une place à l'herméneutique, sa différence ne portera pas sur le sens, mais sur son explicitation, remplaçant l'analyse par l'interprétation. Cette « méthode Ricœur » est ainsi attentive aux médiations langagières et culturelles qui donnent forme à notre expérience nue de l'être-là. Elles médiatisent l'épreuve sensible du monde rarement donnée immédiatement dans un bonheur d'admiration, lequel au présent, autorise à dire que le vol des oiseaux et la beauté des lys des champs ne sont pas rien[3].

L'ontologie de la compréhension heideggérienne demande « qu'est-ce qu'un être qui se comprend comme vivant parmi les vivants? ». L'analyse ricœurienne interroge: « à quelles conditions un vivant humain peut-il se comprendre comme vivant parmi les vivants? ». Si Heidegger recherche une expérience originaire de l'être au monde, Ricœur infléchit

1. Voir Augustin Berque, *Être humain sur la Terre*, Paris, Gallimard, 1996.

2. Voir « Existence et herméneutique », dans *Le conflit des interprétations*, *op. cit.*, p. 10-15.

3. Distinguant entre trois formes du bonheur, l'expectation, la jubilation et l'admiration, Ricœur dit de cette dernière : « Je réfléchissais récemment sur les figures du bonheur dans la vie. Je dirais qu'à l'égard de la création, de ce beau paysage en face de moi, le bonheur, c'est l'admiration. » Voir http ://www.taize.fr/fr_article879.html.

herméneutiquement son « ontologie du lieu ». Sitôt inscrit, il s'agit de déchiffrer le sens de cette inscription. Il ne se situe pas au cœur originaire de la densité ontologique (l'épreuve poétique de l'habiter) mais travaille à l'augmentation d'intelligibilité de cette expérience. Elle sera fournie par une herméneutique critique, nourrie des données objectives des sciences et des techniques, de l'anthropologie de la nature et de la culture. Ainsi Ricœur sera-t-il attentif au fait que Hans Jonas, se séparant de Heidegger et de l'acosmisme anthropologique, cultive l'importance d'une herméneutique de la vie dans sa biologie philosophique. De même parlera-t-il d'une « odyssée de l'espace tour à tour vécu, construit, parcouru, habité »[1]. Dans son entreprise, le savoir de l'éthologue, de l'écologue, de l'architecte, du géographe et de l'urbaniste déchiffrent les significations de cette existence géopoétique ancrée dans la chair du monde à laquelle s'attache la phénoménologie. Mais au préalable, il faut demeurer dans le champ phénoménologique attentif à la nature vécue comme Terre. C'est cette expérience d'un faire chair avec la chair du monde que méditera le dernier Merleau-Ponty. Elle faisait dire à Husserl que « *l'arche-originaire Terre ne se meut pas* »[2]. Ricœur la décrira dans l'expérience d'appartenir.

Entre l'appauvrissement de l'expérience du monde par la rationalité instrumentale et une herméneutique des symboles et des cultures cherchant à enrichir cette même expérience se tient donc une phénoménologie de l'appartenance à la Terre. Le point nodal entre totalité et subjectivité, entre nécessité et liberté, entre nature et histoire sera le corps. « Je rejoins mon corps par amour de la Terre »[3]. Cette phénoménologie de l'appartenance à la Terre prend ses distances avec deux postures significatives de la modernité. D'une part, l'objectivisme technoscientifique qui substitue aux qualités sensibles de la nature des propriétés physiques. D'autre part, un anthropocentrisme exalté qui ne se laisse plus instruire par autre chose que l'homme seul, disponible à lui-même en mettant tout à disposition. S'ouvre alors une instrumentalisation généralisée de la nature, qu'elle se donne comme animal, végétal ou milieu :

> La première, apparue à l'époque de Galilée et Descartes avec la mathématisation de la nature physique, tend à retirer au réel son opacité et à

1. *La mémoire, l'histoire, l'oubli*, *op. cit.*, n. 1, p. 191.

2. Edmund Husserl, *L'arche-originaire Terre ne se meut pas. Recherches fondamentales sur l'origine phénoménologique de la spatialité de la nature* [1934], repris dans *La Terre ne se meut pas*, traduit de l'allemand et présenté par Didier Frank, Jean-François Lavigne et Dominique Pradelle, « Philosophie », Paris, Les Éditions de Minuit, 1989.

3. Paul Ricœur, *Le volontaire et l'involontaire*, *op. cit.*, p. 441.

> le réduire à un squelette mathématique, homogène aux opérations de pensée dont l'esprit humain détient la clé. L'autre tend à faire du sujet pensant le centre même de l'univers entier de significations [1].

Ricœur poursuit alors :

> Ce double plaidoyer trouve un fort écho dans certaines critiques contemporaines de la modernité, chez Husserl, Heidegger et Gadamer, visant à retrouver les valeurs concrètes d'une expérience du monde qui résisterait à la mathématisation sans reste de la nature [2].

C'est à une attention non romantique à ces « valeurs concrètes d'une expérience du monde » qu'une phénoménologie de l'appartenance corporelle s'attache.

C'est la phénoménologie de l'homme capable de *Soi-même comme un autre* qui précise le sens de cette appartenance. Elle prépare moins une écologie de réparation, concentrée sur les conséquences de la crise environnementale, qu'une écologie de fondation qui noue l'histoire de l'homme à la celle de la nature par la médiation du corps propre. Cette anthropologie philosophique qui pense la responsabilité de l'homme à l'égard de la nature à partir d'une épreuve existentiale de l'appartenance prend ses distances à l'égard des philosophies de la liberté classique en se rendant attentive à ce fond de passivité opaque qui lie les humains aux non humains. Elle prépare une éthique et une politique téléologiquement orientées par une visée de la vie bonne pour une communauté de vivants élargie. L'analyse part d'une anthropologie de la finitude – Ricœur dit « condition corporelle et terrestre » [3] –, selon laquelle être de la Terre suppose une forme d'appartenance. Ecologie et existence s'articulent dans une compréhension renouvelée de l'identité personnelle en sa condition corporelle. Penser cette

1. « Penser la création », *op. cit.*, p.88. Nous soulignons. Dans un autre langage, l'anthropologue Philippe Descola exprimera une idée assez proche lorsqu'il caractérise l'ontologie naturaliste moderne par une continuité de la physicalité des entités du monde et une discontinuité de leurs intériorités. *Par delà nature et culture*, Paris, Gallimard, 2005, p. 242.

2. *Ibid.* Nous soulignons. La recherche d'une articulation entre une expérience du monde et sa connaissance objectivée trouve sa formulation initiale dans *Les Méditations Cartésiennes* de Husserl, notamment la cinquième méditation § 50, 53, 55. Dans cette dernière, Husserl parle de « sphère primordiale » ou encore de « monde primordial ». Toute la difficulté est de parvenir à médier monde primordial de chacun (donné dans l'intuition) et nature objectivée de tous (formulée dans l'universel du concept). La force de la phénoménologie tient à ce qu'elle n'oppose pas le singulier de l'expérience et l'universel du concept mais qu'elle les superpose. C'est sur le fond primordial d'un appartenir singulier à la Terre que Ricœur greffera l'exigence des médiations rendant possible un accord sur un monde commun.

3. Paul Ricœur, *Soi-même comme un autre*, *op. cit.*, p. 178.

condition terrestre n'est pas moins penser l'homme mais le penser davantage. Il ne s'agit pas de l'aliéner mais de le lester. L'ancrage de l'homme dans le monde est une dimension du soi, le corps étant le médiateur du soi et du monde.

Nous vivons au sein d'une fiction technologique qui détruit les relations de soin (sollicitude) qui font culture : soins que l'homme porte à lui-même, aux autres, aux non humains et aux milieux. Or, il s'agit de les retrouver là où nous les avons perdues. Pour Ricœur, l'attention à la condition corporelle sera une réplique aux « fictions technologiques ». La fiction occidentale dissocie l'homme de la nature dans une rupture anthropologique délétère, ne faisant de la nature qu'un support indifférent. Avec une mathématisation du monde qui réifie ses modèles dans le cadre de la physique mathématique, la nature est devenue le théâtre où l'homme déploie sa maitrise. On pense au *Novum organum* (1620) de Francis Bacon se donnant pour projet de « reculer les bornes de l'empire humain en vue de réaliser toutes les choses possibles ». La fiction technologique anesthésie notre expérience corporelle du monde, nous rendant insensible et invisible, l'expérience de la soif par exemple. Elle ne pense la nature que dans les mots quantifiants du géomètre ou de la physique mathématique et imagine que le problème des ressources naturelles n'appelle que des solutions techniques. La fiction technologique vit une dissymétrie entre l'innovation et le progrès, une innovation non vectorisée par l'idée de progrès voyant la rationalité des moyens se substituer à la rationalité des fins.

Une philosophie du corps et de la naissance peut répliquer à cette fiction. Elle donne à penser et à vivre une forme de solidarisation charnelle, une autonomie dans la dépendance (n'est-ce pas cela naître ?) qu'il faudra traduire en solidarités institutionnelles, entre les hommes, les non-humains et les milieux. Il s'agit de renouer ce que la modernité a délié : la nature et l'histoire.

> En vertu de la fonction médiatrice du corps propre dans la structure de l'être dans le monde, le trait d'ipséité de la corporéité s'étend à celle du monde en tant que corporellement habité. Ce trait qualifie la condition terrestre en tant que telle et donne à la Terre la signification existentiale que, sous des guises diverses, Nietzsche, Husserl et Heidegger lui reconnaissent. La Terre est ici plus et autre chose qu'une planète. C'est le nom mythique de notre ancrage corporel dans le monde[1].

1. Paul Ricœur, *Soi-même comme un autre*, *op. cit.*, p. 178.

Cet accent mis sur l'importance d'un soi incarné permet de penser le passage du corps propre au monde habité et plus largement à la nature. L'identité personnelle prend la mesure de son être dans les relations que son site corporel lui permet d'éprouver et de déployer.

Une définition forte de l'ancrage corporel clarifie ce qu'engage l'écologie dite profonde, présentée hâtivement comme antihumaniste ou comme un « néopaganisme » de la Terre-mère. En effet, si l'attention phénoménologique aux choses mêmes engagée dans « l'ancrage corporel » prend ses distances avec un anthropocentrisme délétère, cela signifierait-il nécessairement l'adhésion à un antihumanisme ? Penser plus avant l'appartenance de l'homme à la Terre n'est pas vivre moins l'humanité de l'homme mais inviter à la vivre davantage. Approfondir le sens d'une appartenance n'amoindrit pas nécessairement la place d'une existence. Cela permet de découvrir une épaisseur existentielle, trop longtemps oubliée parce que recouverte, aux enjeux écologiques. Il s'agit de celle qui unit subtilement et vitalement l'homme à l'ensemble des vivants à partir de ce connecteur physique et symbolique qu'est son corps. Elle se déploie à partir de cette expérience de l'être au monde, plus profonde que le percevoir, qu'est le « se sentir, se tenir là ».

La proposition disant que « la Terre est le nom mythique de notre ancrage corporel dans le monde » se précise donc. Elle situe l'analyse de Ricœur à mi-chemin entre le mépris de la nature et son admiration aliénante. Tel est le « franciscanisme » de Paul Ricœur qui fait sien l'idée d'une « Sœur Terre » tendue entre stoïcisme et orphisme[1]. Entre penser trop peu l'appartenance à la nature dans le mépris hautain stoïcien et trop la penser dans une fusion inhumaine orphique, Ricœur approfondit, pour une appartenance à la Terre, le sens de ce qu'être un corps signifie. Au stoïcisme, Ricœur reconnaît la force de flatter l'ordre cosmique mais en survalorisant l'admiration pour la beauté du Cosmos il lui reproche de sacrifier les expériences charnelles singulières de la nature. Le stoïcisme interdit de penser le lien entre la beauté cosmique et notre subjectivité. Il pense le moi comme une citadelle intérieure non concernée par l'immédiate nouaison, pour parler comme l'arboriculteur, de son histoire avec le cosmos qui se donne toujours en un milieu ambiant singulier. Ici « La Terre n'est que l'ambiance de mon involontaire absolu »[2]. À l'orphisme, Ricœur reconnaît la force d'inscrire notre histoire dans un cosmovitalisme grandiose. L'attention enthousiaste aux cycles vitaux est

1. Nous renvoyons ici à Paul Ricœur, *Philosophie de la volonté I*, *op. cit.*, p. 439-452.

2. *Ibid.*, p. 443.

sensible, à chaque fois, dans un oui d'acquiescement à l'être là, à la beauté des matins du monde comme s'ils étaient nos premiers matins. Il cultive ces capillarités qui solidarisent originairement la nature et l'homme en le corps. Mais l'orphisme finit par sacrifier et dissoudre la subjectivité en exagérant l'attention aux cultes et aux cycles minéraux, végétaux, animaux, aqueux. « La nature dans son existence brute est seigneuriale »[1]. Cette exaltation de l'inhumain se caricature en « idolâtrie de la nature ». Ni anthropocentrisme hautain à l'égard de la nature, ni biocentrisme humiliant pour l'homme, la position ricœurienne assume une tension fraternelle : « si je ne m'accepte comme nature, avec mes pouvoirs et mes limites, je n'accepte pas le tout »[2].

Cette tension fraternelle, prise entre dominer et aduler, qui autorisa François d'Assise à écrire un « Cantique à Frère Soleil » dans lequel l'eau est chantée comme « sœur eau, qui est très utile et humble, et précieuse et chaste »[3], une phénoménologie de l'appartenance peut la décrire. Ricœur lui donne une place, avant de la reprendre en une herméneutique des cultures.

Afin de l'illustrer, prenons l'exemple de l'eau. Expression charnelle immédiate pour toute créature de la soif, elle engage une connexion vitale, affective et valorisée reliant un milieu interne et un milieu externe, milieu ambiant et monde humain. Entre l'expérience du corps vécu dans la soif et l'eau à laquelle on accède dans un droit à l'eau, il y a toutes les médiations d'une culture et d'une société qui articulent cette épreuve en rationalités, usages et imaginaires. Sur la première se concentrera une phénoménologie de l'eau éprouvée et rêvée; à l'autre s'attachera une herméneutique des symboles et des cultures. La première se subdivise en une phénoménologie de la soif et une phénoménologie du bain. Là où le mécanicisme a réduit l'eau à sa seule dimension instrumentale, une approche phénoménologique en déploie les dimensions pathiques, écologiques et symboliques. L'eau que l'on boit ou avec laquelle on joue engage notre corps en ses fonctions de relations avec le milieu. L'eau comme milieu se donne dans cet exercice sensoriel qu'est le boire (goûter, s'abreuver, se désaltérer.) Elle s'explicite dans la dépense en mouvements (de la motricité engagée dans l'aller vers l'eau aux sollicitations du corps se laissant aller aux joies du bain) ou dans des activités de l'esprit (culture de l'eau dans l'art de la table qui recherche

1. Paul Ricœur, *Philosophie de la volonté I*, *op. cit.*, p. 447.

2. *Ibid.*, p. 448.

3. « Cantique à frère soleil », dans *Œuvres*, trad. fr. A. Masseron, Paris, Albin Michel, 1959, V, p. 256.

l'agréable douceur ou pétulance de l'eau; eau potable évaluée quantitativement et fonctionnellement dans l'attitude hygiéniste). L'eau, parce qu'on en vit, est plus qu'une ressource. Elle porte l'épaisseur des pratiques culturelles manifestant la variété et la richesse des capacités d'en user et de la scénographier. Les civilisations de l'eau (de l'eau des fontaines publiques aux ambiances architecturales autour des bassins) font ainsi varier et stimulent des capacités du corps en relation avec son milieu [1].

Une petite phénoménologie de la soif et du bain se situe au plan vital, exprimant des motifs et des valeurs, repris et cultivés par une société et une civilisation. Comme existential, la soif fait de l'eau ni une simple réalité chimique objectivable (H2O), ni l'objet de projections subjectives (l'eau fantasmée.) Vitale sur le plan du besoin, elle est valorisée et imaginée devenant un connecteur physique et symbolique qui lie et relie corps et chair du monde par le biais des pratiques qui y donnent accès. L'expérience vécue de l'eau dans la soif et le bain le fait comprendre. Si, du côté de la physiologie, l'eau pour le corps humain est un besoin vital, elle est immédiatement investie par l'imagination. Dans le cas de la soif, la maîtrise du corps est marquée à la fois par l'imminence du besoin (la soif présente) qui est un mouvement immédiat vers la boisson pouvant l'étancher – mouvement que prolonge ou non la volonté (le marcheur des déserts sait ce que signifie préserver ses réserves en eau) – et à la fois par l'anticipation charnelle et la représentation de l'imagination dans le désir qui prolonge le besoin (la soif représentée) : eau rêvée, investie, valorisée comme potable, fraîche, douce. Se déploie alors une dialectique fine entre la soif pure et le plaisir de boire (« la première gorgée… ») : ce qui est ou non assuré par la volonté…

> La lutte contre la soif… en dépit de la différence profonde de l'épreuve au point de vue physique, est un seul et même combat, où la lutte contre les réflexes tient une faible place et où l'acceptation des contre-motifs issus de l'imagination tient une place primordiale […] les pionniers des déserts… affrontent à la fois un corps qui n'est pas un paquet de réflexes mais d'impulsions et une imagination qui est à la couture du vouloir et du corps [2].

Cette petite phénoménologie de la soif et du bain suggère d'autres voies pour une écophénoménologie : une phénoménologie de la respiration si l'on pense au lieu nauséabond ou au pays de l'air, une phénoménologie de

1. Tout ce paragraphe s'inspire librement des pages consacrées aux « motifs et valeurs de niveau vital » dans *Le volontaire et l'involontaire*, *op. cit.*, p. 100 *sq.*

2. Paul Ricœur, *Philosophie de la volonté*, *op. cit.*, p. 104.

la marche où le prosaïque du déplacement géographique se fait traversée spatiale d'un milieu et voyage, une phénoménologie de la nuit attentive à la pollution lumineuse, à la lassitude de la nuit polaire ou à la rêverie des nuits étoilées.

Boire est un besoin d'assimilation qu'il est difficile de laisser nu tant il est médiatisé et socialisé dans des cultures de l'eau. L'épreuve écologique de la soif s'interprète dans les valorisations d'une culture de l'eau et de la nature. Sous nos latitudes, en raison des médiations technologiques qui en oublient notre soumission à la nécessité (le système hydraulique de distribution industrielle de l'eau), l'eau est partout disponible. Dans un tel contexte d'an-esthésie, l'expérience pathique du boire paraît n'être qu'un pseudo-besoin satisfait continûment sans manque. La fiction technologique des métropoles occidentales, entre le besoin de boire et sa satisfaction, déploie une socialisation de l'eau marquée par la quasi-immédiateté de la satisfaction. Elle s'exprime dans une solidarité invisible et anonyme – les services de l'eau littéralement et métaphoriquement souterrains [1] – qui peut tout aussi bien, si on n'y prête garde, anesthésier la responsabilité qui l'accompagne (le gaspillage). La coupure d'eau, sa raréfaction ou sa soudaine souillure en rappellent, à l'occasion, la dimension de besoin.

Le besoin de boire se fait oublier dans l'évidence du prêt à consommer qui ne connaît pas d'entraves, négligeant les dimensions du désirable et du responsable qui entretiennent une tension fraternelle avec l'eau. En ce sens, la fiction technologique encourage la culture d'une eau facile. Le besoin de boire se fait oublier comme nécessité vitale lorsque des dispositifs techniques efficaces (captage, assainissement et acheminement de l'eau) mobilisent des schémes d'actions ou des stratégies motrices fiabilisés. Paraissant annuler la dimension du besoin, ils anesthésient notre ancrage corporel et la confiance ontologique qui lie le corps assoiffé à la source. La fiabilité du dispositif technologique qui sécurise l'accès à l'eau caricature alors le pacte de confiance ontologique de l'homme avec la Terre. Avec le robinet d'eau potable le besoin est pris dans des habitudes motrices (il suffit de tourner le robinet pour voir l'eau jaillir), des schémas

1. « Le sens final des institutions, c'est le service rendu à travers elle à des personnes… mais ce sens final, précisément, demeure caché ; nul ne peut évaluer les bienfaits personnels prodigués par les institutions…il est caché aussi bien dans l'humble service abstrait des postes, de la sécurité sociale ; elle est bien souvent le sens caché du social. », Paul Ricœur, *Histoire et vérité*, *op. cit.*, p. 126. Lisant ce texte on peut aussi bien penser aux régies municipales de l'eau qu'aux délégations de service public que connaissent les entreprises de l'eau.

d'action (le mouvement du verre vers le robinet ou de la bouche vers l'embouchure), un appel à la satisfaction de qui veut étancher sa soif aussitôt comblé qui fait oublier l'inquiétude du mourir de soif. Ce service technique de l'eau, qui recouvre le besoin, médiatise notre geste dans ce qu'il engage dans notre rapport à notre corps et au milieu environnant capable de le satisfaire. Inversement, l'écogeste revitalise ces gestes devenus anesthésiés. Mais si le robinet n'est pas la source, il en garde lointainement la mémoire. Les longues médiations qui vont des puits de captage en passant par les techniques d'acheminement jusqu'au robinet d'eau potable, et les institutions juridiques qui les encadrent sont elles si impersonnelles qu'on n'y manifeste jamais la gratitude du don de l'eau ?

La dimension vitale du boire est très vite reprise dans l'instrumentation technique, la médiation symbolique d'une socialisation de l'eau et l'institution sociopolitique d'un accès juste à l'eau. Cette phénoménologie de l'appartenance à la nature qu'elle mobilise ne présente pas la nature en général, que ce soit dans l'abstraction de la loi que recherche la science ou dans l'injonction de la norme (ex la valeur intrinsèque du non humain) que recherche l'éthique environnementale. Elle est de proposer un universel dans l'historique. Elle relève de l'expérience d'un jugement réfléchissant qui n'envisage pas la nature à partir d'une position analytique mais la regarde dans une disponibilité à la présence, trouvant l'eau dans la singularité du rythme d'un torrent, dans l'intimité d'une source cachée. Elle traque autant d'expériences qui maintiennent et nouent le contact avec la vie du monde ambiant. Sans doute est-ce là le rôle de l'art, des peintres ou des poètes : vivre intensément de cette vie singulière que nous dénions souvent. Et Ricœur, de commenter alors Spinoza dans la proposition 24 du livre V de l'*Éthique* :

> *Plus nous comprenons les choses singulièrement, plus nous comprenons Dieu.* La singularité existe aussi dans la nature. Un paysage, ce n'est pas un découpage de l'espace, simplement, c'est une totalité unique en son genre ; dans sa couleur, ou que sais-je encore. Alors là, je pense à des peintres qui ont pris, par exemple, la même botte de foin en pleine lumière ou dans les ténèbres [...] Les Nymphéas, ces variations infimes de la même chose, en quelque sorte abstraite, que seraient les nymphéas ; mais c'est chaque fois unique, singulier [1].

1. Paul Ricœur, *L'unique et le singulier, Entretiens*, Liège, Éditions Alice, 1999, p. 46-47. Nous pourrions prolonger ce propos de Ricœur par cette analyse d'Henri Maldiney tirée d'un texte consacré à un autre peintre, Tal Coat : « ...celui qui a mis le monde en perspective, découvre les choses devant lui dans le splendide ou le triste isolement de chacune

Avec les mots du poète, les couleurs ou les formes du peintre, les manières d'être au monde propres aux communautés historiques, l'épreuve phénoménologique de l'appartenance est articulée, épelée, structurée dans des langages. Elle est reprise, construite et structurée dans une herméneutique des cultures.

Entre l'éthique et l'esthétique s'engage une compréhension sensible de notre épreuve de la nature, de l'habiter la Terre. Avec l'*ethos* comme interface, la nature n'est plus un espace destinal présent dans une apparition ni un spectacle objectif soumis à un prisme analytique. Elle se fait texture à laquelle notre histoire culturelle noue son texte et se déchiffre. Une phénoménologie de l'appartenance inaugure avec l'herméneutique des cultures une interprétation renouvelée des relations de la nature et de l'histoire, de l'histoire naturelle.

PHÉNOMÉNOLOGIE DE L'APPARTENANCE À LA TERRE ET HERMÉNEUTIQUE DES CULTURES

La nature est un concept trop vaste pour rendre compte de notre expérience de l'habiter. Nous ne vivons pas la nature en général, la phénoménologie cultivant une ouverture à sa présence singulière. Mais précisément une présence n'est pas une généralité qui, elle, est représentation. Pour Ricœur, nous habitons toujours une configuration singulière de la nature, articulée dans l'univers symbolique d'une culture qui tente de l'apprivoiser : un pays, un territoire, « un petit Liré ».

Pour les hommes, l'*arché* originaire « Terre » n'est jamais vécu ailleurs que dans la singularité d'un territoire habité, travaillé, architecturé. C'est pourquoi, conformément à sa méthode, la phénoménologie de l'appartenance à la nature chez Paul Ricœur est déployée en une herméneutique philosophique[1]. Si celle-là manifeste immédiatement une proximité, celle-

d'elles. Il circule alors dans une sorte d'exposition universelle de la Nature où tout est à distance. Métaphysique de la vitrine, esthétique de la fenêtre, qui renouera le lien rompu ? L'objectivation tue la communication. Nous sommes en face irrévocablement. L'art est une tentative de réversibilité. Il est reprise de l'objet, intériorisation de la distance, reconquête de l'unité. Pour retrouver l'unité perdue, il ne reste qu'une voie : l'ambiguïté », *Regard, Parole, Espace*, *op. cit.*, p. 54-55.

1. Le récent ouvrage de Corine Pelluchon va tout à fait dans le sens de cette herméneutique des cultures. On ne saurait passer de l'ontologie à la politique sans laisser à chaque communauté le soin de formuler le sens que peut avoir cet ancrage de l'existant humain dans la matérialité du corps et dans la Terre, qui est toujours une terre habitée. L'herméneutique est

ci met au jour les médiations qui rendent compte de l'expérience d'être de la nature. Corporelles, culturelles, théoriques et pratiques, ces médiations les sciences humaines nous les découvrent si l'on pense à l'anthropologie de la nature. Grâce à elles, cette expérience peut être signifiée, sémantisée et symbolisée. Plus, elles permettent de nouer poétiquement l'histoire des hommes à celle de leurs milieux par ce travail de traduction si cher à Ricœur. Son enjeu est bien de voir comment chaque culture s'approprie et traduit, dans la texture irremplaçable de son histoire et donc d'un *ethos*[1], ce que signifie être un fils ou une fille de la Terre. Inversement, parler de « citoyen du monde », de « village planétaire » suggérant un ordre mondial unifié autour d'une seule conception du monde a pour inconvénient de négliger toutes les médiations anthropologiques, institutionnelles, politiques qui rendent la Terre habitable en la configurant en un style de vie insubstituable. Tout comme les hommes ne parlent pas le langage mais des langues, de même les hommes n'habitent pas la Terre mais des territoires. À chaque fois, dans chaque culture, est traduite pour elle-même une compréhension de soi dans la nature. Si traduire ce n'est pas chercher un identique mais un équivalent comme le dit Ricœur, il faut substituer à un traitement uniforme et identique des problèmes environnementaux l'attention à des appropriations singularisantes qui tentent un équivalent. Si le retour de la Terre dans notre moment écologique est un problème global, il est instruit à partir de répliques locales, liées à la singularité des sociétés, des cultures et des ontologies qui les fondent. « S'il n'est qu'une seule planète, il est en revanche de multiples façons de l'habiter. Et cette diversité n'est pas seulement économique : dans chaque aire de peuplement existe une sensibilité à la nature et à l'eau particulière et dominante. Pour une part, ces sensibilités, ont elles-mêmes été façonnées par les grandes religions »[2]. Une phénoménologie de l'appartenance à la Terre mise à l'école de l'anthropologie (structurale) d'un Philippe Descola, montre comment chaque grande culture informe son appartenance à la

donc ce qui permet d'interpréter le sens de cette éco-phénoménologie grâce à un ensemble de médiations liées aux symboles, au langage, aux traditions, voire aux mythes. *Les Nourritures. Philosophie du corps politique*, Paris, Seuil, 2015, p. 240.

1. « Par institution, on entendra ici la structure du vivre-ensemble d'une communauté historique – peuple, nation, région, etc. –structure irréductible aux relations interpersonnelles et pourtant reliées à elles en un sens remarquable [...]. C'est par des mœurs communes et non par des règles contraignantes que l'idée d'institution se caractérise fondamentalement. Nous sommes par-là ramenés à l'ethos d'où l'éthique tire son nom ». Paul Ricœur, *Soi-même comme un autre*, *op. cit.*, p. 227.

2. Dominique Bourg, *Les sentiments de la nature*, Paris, La Découverte, 1997, p. 246.

nature en partant d'un arrière-plan structurant et de grands schèmes pratiques : le naturalisme, le totémisme, l'animisme, l'analogisme[1]. Ainsi, selon le naturalisme, la nature pensée comme notre autre s'appréhende selon deux schèmes de la pratique : maîtriser et préserver.

Dans l'incipit du *Volontaire et de l'Involontaire*, Paul Ricœur cite un vers de Rilke : « Cela en nous est étrangement gravé : /Cette gloire de la Terre ». La tâche d'une herméneutique des cultures est de découvrir la diversité du symbolisme des cultures comme une tentative d'épeler cette « gloire de la Terre » qui, étrange énigme inaugurale, nous lie à un là qui est aussi notre ici. Si Ricœur a privilégié les symboles parlés, il a reconnu la partition singulière des « racines cosmiques du symbolisme[2] car c'est d'abord sur le monde, sur des éléments ou des aspects du monde, sur le ciel, sur le soleil et la lune, sur les eaux et la végétation que l'homme lit le sacré. [...] c'est donc d'abord le soleil, la lune, les eaux, c'est-à-dire des réalités cosmiques qui sont symboles »[3].

Penser l'écologie en faisant place aux enjeux symboliques assume la manière dont une culture configure sa relation à la nature. Elle trouve un appui dans l'attention portée à la dimension hiérophanique (le « sacré » des espèces emblématiques ou des territoires « sanctuarisés »...), onirique (le retentissement dans l'intimité d'une psyché d'une expérience de la Terre qui se fait images-ressources approfondissant une éco-bio-graphie...) et poétique (la littérature déploie une poétique des éléments – eau, terre, feu, air – et des matières rêvées qui explore les connexions natives de l'homme et de la nature) du symbolisme.

Cette triple dimension du symbolisme se distingue d'un effusif appel immédiat à la nature qui définirait immédiatement ce qui devrait être fait, se dispensant d'avoir à le mettre en récit, à en débattre dans les cultures. De « la nature à la règle », la voie n'est pas courte mais longue. L'insistance de Ricœur à médiatiser l'expressivité de la nature se préservera donc de la violente invocation d'un sacré dans la nature par une nouvelle mystique. Il s'agit là « d'affronter l'aspect dangereux du religieux par sa prétention à accéder à des sources auxquelles les autres n'accèderaient pas »[4].

1. Voir les travaux de Philippe Descola, *Par-delà nature et culture*, *op. cit.*

2. *Finitude et culpabilité, La symbolique du mal*, Paris, Aubier, 1960, p. 18.

3. *Ibid.*

4. *La nature et la règle, Entretiens Jean-Pierre Changeux, Paul Ricœur*, Paris, Odile Jacob, 1998, p. 332.

La médiatisation symbolique institue comme plurielle l'expérience humaine de la nature. Dans d'autres civilisations se tiennent des compréhensions de la nature auxquelles les ressources de symbolisation de notre culture, qui nous aident à vivre pourtant, ne donnent pas accès. Nous sommes d'une culture qui entretient un rapport polémique à la nature, au sein de laquelle sont contemporains, ceux qui sont sensibles à l'importance d'une appartenance à la nature et ceux qui y sont indifférents voire hostiles. Comment alors penser des institutions politiques autonomes portant une politique de la nature au sein desquelles partisans et adversaires peuvent pourtant, à part égale et dans une logique de cofondation, co-agir ensemble? Cette recherche d'institutions justes ne se cherche-t-elle pas dans l'idée de « démocratie écologique » ?

Le point de passage entre phénoménologie de l'appartenance à la Terre et herméneutique des cultures chez Ricœur est lié d'une part à ce fond d'opacité qu'est pour nous notre être sur la Terre que prend en charge une « poétique de la volonté » dans la nature. D'autre part, il repose sur une « ontologie du lieu » déployée à partir du corps propre compris dans un milieu. Mais Ricœur ne médite guère sur la *wilderness* chère aux nord-américains même s'il n'ignore pas la densité ontologique d'une expression sauvage. Ce sont moins les espaces sauvages que des espaces habités, investis par des cultures et des sociétés qui retiennent son attention. « Entre l'espace vécu du corps propre et de l'environnement et l'espace public s'intercale l'espace géométrique »[1]. Ricœur pense le lien de la nature et de l'histoire à partir d'une attention aux médiations. Si la *wilderness* est la figuration native, et peut être naïve, d'une nature originelle, et si la civilisation technologique en est la défiguration, voire l'enfouissement sous sa maîtrise, l'enjeu est de conquérir une refiguration seconde, une nouvelle densité de l'appartenance à la nature en partant du cœur même de notre culture. Peut-on alors instituer un bon usage culturel de la nature attentif à l'univers symbolique qui la médiatise (anthropologie de la nature, *ethos*, langues, droit de l'environnement, éthique de la responsabilité, esthétique, traditions religieuses, etc.) ?

Nourris des philosophies de l'existence (Jaspers, Marcel), les premiers travaux de Paul Ricœur insistent sur l'importance du concept de situation. En rapprochant ce concept de situation incarnée de celui d'ancrage corporel dans le monde, se précise ce que serait pour le philosophe une phénoménologie de l'appartenance à la Terre. Mais c'est grâce une herméneutique des cultures que les identités, individuelles et collectives,

1. *La mémoire, l'histoire, l'oubli*, *op. cit.*, p. 185-186.

apprennent à se comprendre en se déchiffrant comme étant de la Terre. Une phénoménologie de l'appartenance à la nature redéploie une méditation sur la liberté à partir d'un consentir à être de la Terre. On peut appréhender alors les différentes cultures présentes sur le globe comme des variations herméneutiques sur ce thème du consentement. L'accentuation du sens de notre dépendance ne supprime pas notre autonomie. Mais elle suppose une liberté du consentement qui prenne ses distances avec une liberté déracinée, un libre arbitre cautionnant une approche métrique et méprisante de la nature dont la destinée lui serait étrangère. « Autre, semble-t-il, est la liberté de choix et de motion ; autre la liberté du consentement et la maîtrise d'une liberté qui commande par projet à l'évènement et l'impose en effet aux choses par l'effort qui traverse le corps »[1]. Distante de la conception sartienne d'une liberté inconditionnée, la conception ricœurienne conçoit la liberté comme identifiant en elle un fond de passivité – le corps, la naissance – avec lequel se positionner. Si être libre c'est consentir, et non se résigner, la liberté ainsi comprise rompt avec l'acosmisme existentialiste d'un Sartre pour se rendre disponible aux capillarités secrètes liant humains et non-humains. Si la crise environnementale est la conséquence d'une culture marquée par une crise du lien (l'arrachement à une appartenance à la Terre) et par une crise de la limite (le tout est possible de la fiction technologique), elle dénonce une conception exaltée de la liberté ayant perdu le sens de ses dépendances et qui rêve d'auto-engendrement.

L'inscription corporelle de l'humain dans toute son épaisseur lutte contre tout illusoire déracinement sans céder à l'enfermement fusionnel, déployant phénoménologiquement la connexion de notre histoire, individuelle et collective, avec la Terre. Le corps qui nous porte dans un fond de passivité est aussi le point à partir duquel se déploie une capacité d'initiative et des pouvoirs. Insister sur cette dimension d'autonomie dans la dépendance contribue à élargir le territoire de la liberté et avec elle, de la responsabilité. C'est pourquoi, par extension, la Terre qui nous porte collectivement est aussi une Terre qui nous importe.

Le tournant pratique de la « pensée écologique » de Paul Ricœur tire les conséquences éthique et politique de sa phénoménologie de l'appartenance. La prise de conscience théorique d'une appartenance de l'homme à la Terre se prolongera donc par la réplique éthique d'une responsabilité élargie et approfondie. Cette Terre qui nous porte est devenue, en raison de l'accroissement de nos capacités techniques, fragile. De support, en raison des activités anthropiques, que Lévi-Strauss jugeait « entropiques »,

1. Paul Ricœur, *Philosophie de la volonté I*, *op. cit.*, p. 452.

la Terre est devenue objet de responsabilité. Une élucidation approfondie de l'énigmatique appartenance de l'homme à la Terre renouvelle considérablement notre conception de la responsabilité. Ricœur, lisant Jonas, se rendra attentif à la responsabilité sans réciprocité mise au jour dans le *Principe responsabilité*. Distincte de la dimension rétrospective de l'imputabilité, la responsabilité prospective pour la vie qui vient tient au fait que l'homme est lui-même un vivant.

Mais la prise en charge éthique et politique de la crise écologique suppose une méditation sur le mal dont elle explore, tragiquement, une nouvelle contrée. Mobilisant la symbolique du mal en la figure de la souillure, la crise écologique bouleverse la typologie convenue entre mal commis – le mal que l'homme fait à l'autre homme – et le mal subi – cette « source de souffrance en dehors de l'action injuste des hommes les uns envers les autres : catastrophes naturelles (n'oublions pas la querelle déchaînée par le tremblement de terre de Lisbonne), maladies et épidémies (songeons aux désastres démographiques engendrés par la peste, le choléra, et aujourd'hui encore par la lèpre…) »[1]. Entre le mal commis et le mal subi, il y a une figure indirecte du mal, ce mal subi parce que commis en raison de la pression exercée par l'action des hommes sur les milieux de vie qu'ils altèrent, détruisent jusqu'à l'irréversible. Cette singulière figure du mal (migrations climatiques, extinction d'espèces, irréversibilité des prélèvements de ressources, etc.) modifie en profondeur l'idée de responsabilité. Elle en appelle à une réponse pratique : « Pour l'action, le mal est avant tout ce qui ne devrait pas être, mais doit être combattu »[2].

Répliquer à cette emprise de l'homme sur la nature et donc sur d'autres hommes exige d'approfondir l'idée de vulnérabilité qui oblige. L'attention à la vulnérabilité élargit le champ de la responsabilité aux non humains voire aux milieux[3]. Elle étend également la responsabilité à la vulnérabilité

1. Paul Ricœur, « Le mal : un défi à la philosophie et à la théologie » [1986], dans *Lectures 3, op. cit.*, p. 230.

2. *Ibid.*, p. 229.

3. Cette définition, laquelle concerne le statut des animaux, des végétaux voire des milieux, bouleverse l'idée selon laquelle on protège la nature mais on respecte les personnes, tout comme elle malmène la distinction héritée du droit romain qui distingue *res* et *persona*. « Dans ce jeu complexe entre science et sagesse, la pesée des risques encourus à l'égard des générations futures ne peut manquer de tempérer les audaces que les prouesses techniques encouragent. La crainte du pire, comme l'affirme avec force Hans Jonas dans son "principe responsabilité", est une composante nécessaire de toutes les formes de la responsabilité à très long terme que demande l'âge technique. […] Elle fait partie de cette sagesse pratique requise par les situations conflictuelles issues du respect lui-même dans un domaine où la dichotomie

future de l'homme et de l'environnement. Penser la nature comme vulnérable en fait une donnée, une conditionnalité écologique à partir de laquelle une initiative peut s'exercer. « La liberté se fait en accueillant ce qu'elle ne fait pas »[1]. Notre compréhension de la responsabilité prend en compte non seulement ce qui a pu se faire (imputabilité) mais ce qui devrait advenir (responsabilité)[2]. Ne désolidarisant pas la nature et l'histoire, elle lie ensemble justice environnementale (préserver les ressources naturelles) et justice sociale (répartir les richesses), résistant à leur découplage délétère. Elle complexifie une éthique et une politique dont les obligations seraient étendues des hommes présents aux générations futures. La leçon éthique tirée de la conscience prise du sens de notre appartenance et de notre dépendance à l'égard de la Terre arbitrera alors entre l'insouciance indifférente aux effets/méfaits collatéraux de l'action humaine sur la Terre et l'hyperresponsabilité qui tétanise.

Indifférence, mépris et hyperresponsabilité sont les figures pratiques des postures stoïcienne et orphique examinées plus haut. Pour Ricœur le retour de la Terre dans le champ des considérations pratiques ne deviendra pas une *land ethic* (*cf.* Aldo Leopold). Sans se satisfaire d'une position anthropocentrique de surplomb qui suspecte la préoccupation écologique d'être antihumaniste, il ne se développera pas davantage une discussion sans fin sur la valeur intrinsèque de l'animal ou un recours à l'intimidant *Principe responsabilité* (H. Jonas) qui paralyse l'être au monde en commun en promouvant une philosophie de la Vie. C'est dans la lecture qu'il fait de Hans Jonas que Ricœur précise finalement sa propre position philosophique. Jonas valorise la Vie mais Ricœur retiendra de ce dernier sa biologie philosophique entendue comme attention aux multiples formes de vivants. Jonas ouvre son impératif catégorique à la valeur de la vie, mais

entre personne et chose est mise en déroute. », Paul Ricœur, *Soi-même comme un autre*, *op. cit.*, p. 317.

1. *Le volontaire et l'involontaire*, *op. cit.*, p. 454. On pourrait rapprocher cette proposition de cette idée développée dans *Soi-même comme un autre* : « la portée de nos actes … excède celle de nos projets », *ibid.*, p. 342.

2. « C'est sur cette base que H. Jonas a tenté de reconstruire « le principe responsabilité », en prenant en compte les conséquences à longue portée des décisions de la puissance publique et aussi des citoyens à l'âge de la technique. Il pense ainsi susciter une révolution dans notre concept de responsabilité, en l'élevant au rang d'un nouvel impératif catégorique, celui d'agir de telle sorte qu'une humanité future existe encore après nous, dans l'environnement d'une terre habitable. Il s'agit d'une révolution dans la mesure où, en mettant l'accent sur les conséquences de nos actes, le moraliste oriente le regard en sens inverse de la recherche des intentions les plus cachées, comme y incline la notion d'imputabilité », *Soi-même comme un autre*, *op. cit.*, p. 342.

Ricœur le comprend comme ouvert essentiellement sur l'humanité. Jonas prépare une cosmopoétique mais, promoteur d'une poétique de la volonté, Ricœur part de l'existence humaine pour retrouver les autres et le monde.

La sagesse pratique de Ricœur en appelle non pas un retour à la Terre mais à un retour de la Terre comme objet de considérations morales. Il s'agit d'arbitrer entre la nature et l'histoire, le *cosmos* et la *polis*, l'appartenance et la responsabilité. À propos de :

> l'extension de notre responsabilité à l'égard de l'humanité future et de l'environnement qui la conditionne, [...] l'action humaine n'est possible que sous la condition d'un arbitrage concret entre la vision courte d'une responsabilité limitée aux effets prévisibles et maîtrisables d'une action et la vision longue d'une responsabilité illimitée. La négligence entière des effets latéraux de l'action rendrait celle-ci malhonnête, mais une responsabilité illimitée rendrait l'action impossible. C'est bien un signe de la finitude humaine que l'écart entre les effets voulus et la totalité indénombrable des conséquences de l'action soit lui-même incontrôlable et relève de la sagesse pratique instruite par l'histoire entière des arbitrages antérieurs [1].

La sagesse pratique habite la tension de l'universel et du contexte, identifiant les niveaux progressifs où s'exerce la responsabilité. On ne respecte pas la nature en général, ni la vie dans son abstraction mais des milieux, des vivants. Attentif à la singularité des contextes, il s'agit de s'attacher à la traduction d'enjeux universels dans des formes de vie concrètes. La recherche d'un « équilibre réfléchi entre universalisme et historicité »[2] donne alors toute sa consistance au mot d'ordre « penser global, agir local ». Se prémunir de l'abattement fataliste devant ce nouveau destin qu'est pour nous la « catastrophe écologique » n'exige pas de céder au cynisme d'une *real politik* qui ne se préoccupe pas des conséquences de son action en satisfaisant les exigences du court terme. Dans le cadre d'une sagesse pratique, il s'agit de découvrir des niveaux de décision distincts, qui pluralisent et étagent les plans possibles d'exercices de la responsabilité entre le local, le régional, le national, l'international et le transnational. Entre l'hyperresponsabilité qui épuise et la fatalité de problèmes qui tétanisent, la pluralité redécouverte par l'herméneutique des contextes permet à la créativité pratique de se déployer.

1. Paul Ricœur, « Le concept de responsabilité. Essai d'analyse sémantique », dans *Le Juste*, *op. cit.*, p.68.

2. *Soi-même comme un autre*, *op. cit.*, p. 336.

Encourageant une herméneutique des cultures devant la nature qui augmente la compréhension de ce qu'il faut entendre par « être humain sur la Terre », la pensée de Paul Ricœur éclaire notre moment écologique comme un moment culturel. Il est la reprise réflexive et narrative de ce qui est donné sur le mode affectif et originaire, comme épreuve sensible d'être au monde. Là où Nabert disait « tout est donné sur le mode du sentiment, tout est à reprendre sur le plan de la réflexion », Ricœur formulera ainsi son discours de la méthode. Là où la phénoménologie de l'appartenance se rend disponible à l'émergence de notre être au monde, à l'immédiateté de l'habiter sur le mode du sentir, l'herméneutique des cultures déploie, explicite et contextualise cette épreuve de l'habiter dans une symbolique de la nature par des pratiques culturelles qui épèlent ce que signifie bien vivre notre ancrage corporel avec la Terre. Elle en déploie toutes les significations dans l'histoire des relations superbes et douloureuses de l'homme à la nature. Ces relations difficiles en appellent à des luttes éthiques et politiques, avec les autres hommes et avec le milieu. Kantien en ce sens, Ricœur ne cesse de redire que l'humanité n'est une espèce que dans la mesure où elle est une histoire. Au-delà de l'urgence qui en appelle à une nécessaire écologie de réparation, il sert le projet d'une écologie de fondation, laquelle explicite une nouvelle alliance de l'homme et de la Terre. Être humain sur la Terre ne relève pas de l'archaïque retour vers un jardin d'Eden donné dans une histoire primordiale. La Terre retrouvée n'est pas un retour à la Terre. Elle est l'acheminement originaire vers une Terre promise sans cesse à reprendre et qu'un parcours historique nous apprend lentement, parfois péniblement, à ne pas prendre pour une Terre conquise !

CHAPITRE XI

LES CULTURES DANS LA MONDIALISATION : LE DÉFI DE LA TRADUCTION

Bien que ce mot ne fasse pas partie de son vocabulaire, l'humanisme de Paul Ricœur privilégie les relations que les hommes entretiennent les uns avec les autres plutôt que les relations des humains avec les non humains ou les milieux naturels. Concernant les enjeux écologiques, il s'ensuit que son cosmo-politisme est moins assis sur une philosophie de la vie qu'une prise en compte dans des pratiques de la responsabilité, de ce fond de passivité qu'engage notre appartenance charnelle à la Terre. L'écologisme doit être un humanisme.

> Seule une foi qui intègre une désacralisation de la nature et reporte le sacré sur l'homme peut assumer l'exploitation technique de la nature ; seule aussi une foi qui valorise le temps, le changement, qui met l'homme en position de maître face au monde, à l'histoire et à sa vie, semble en état de survivre et de durer[1].

Mais sa méditation sur l'avenir du cosmopolitisme conduit très tôt Ricœur à penser la place des cultures dans un contexte mondialisé. Il l'a situé à la hauteur d'une rencontre entre « civilisation universelle et cultures nationales »[2]. Elle mobilise la tension singulière de la conservation et de l'innovation à l'échelle des cultures. Quelle place pour les traditions culturelles dans le cadre d'une universalisation des échanges si l'on n'a pas le

1. Paul Ricœur, « Civilisation universelle et cultures nationales » [1961], dans *Histoire et vérité*, *op. cit.*, p. 335.
2. *Ibid.*, p. 322-338.

recours à la philosophie de l'histoire ? En ces matières, Ricœur demeure un kantien post-hégélien. La civilisation universelle, ou mondialisation, n'est-elle pas le théâtre d'une mise en récit du temps où les cultures, dans leurs pluralités, apprennent à redéployer leurs singularités tout en faisant l'économie de l'idée de progrès ou d'une téléologie historique ? L'idée post-moderne d'une fin des « Grands Récits » n'appréhende plus notre situation du point de vue d'un sens de l'histoire mais comme une tâche difficile et insubstituable. Les cultures déchiffrent, dans cette modalité singulière du temps traversé qu'est leur parcours temporel, ce qu'elles tentent de faire vivre et de promouvoir. « C'est le projet même de *totalisation* qui marque la rupture entre la philosophie de l'histoire et tout modèle de compréhension, aussi lointainement apparenté que l'on veut, avec l'idée de narration et de mise en intrigue »[1]. En développant une approche narrative de notre situation historique, Ricœur envisage les cultures nationales dans la mondialisation comme travaillant à interpréter ce qu'elles cherchent à tenir et maintenir dans le temps. L'herméneutique du récit n'est pas le grand récit totalisant, consciente qu'elle est de la « précarité des affaires humaines ».

Face à la nouveauté des problèmes que l'humanité a aujourd'hui en partage à l'échelle globale – crise sociale, écologique et économique – et pour faire monde commun, se développe un nouveau cosmo-politisme[2]. Il renouvelle les liens entre le *cosmos* et la *polis* dans l'idée de « développement durable ou soutenable ». Entre la novlangue d'un triomphalisme techno-administratif planétaire (durabilité faible et politique de l'oxymore) et un changement de paradigme qui fait de la relation et du lien écologique, un bien commun à transmettre (durabilité forte) se dessinent des réponses institutionnelles (les sommets de la Terre) ; des propositions d'actions (les objectifs du millénaire, la responsabilité sociale et environnementale des organisations) ; et l'appel réitéré – et c'est sur le sens de cette réitération que nous allons nous concentrer – à « penser global, agir local ». La réitération, comme dirait Michael Walzer, formule la mesure prise d'enjeux globaux dans et à partir du singulier des cultures. Mais de quelles ressources sociales, institutionnelles et symboliques les cultures disposent-elles pour apporter une réplique à ces enjeux ? Un problème global appelle-t-il une réponse planétaire uniforme ? La conscience d'une

1. Paul Ricœur, *Temps et Récit III*, *op. cit.*, p. 371.

2. Voir Frédéric Worms, « Quel cosmopolitisme aujourd'hui ? », *in* M.-H. Parizeau, J.-Ph. Pierron (dir.), *Repenser la nature. Regards croisés Europe, Amériques, Asie*, Québec, P.U.L., 2012, p. 273-282.

réplique universelle peut-elle faire l'économie d'avoir à se traduire dans la pluralité de l'histoire des cultures? Cette tension de l'universel et de l'historique est-elle caractéristique de la situation spirituelle de notre époque?

Deux facilités guettent la réplique que ces questions appellent. On peut soit y entendre l'universel de préoccupations cosmiques qui feraient fi des singularités culturelles et sociales en valorisant un *cosmos* qui tiendrait lieu de *polis*. Ici le *cosmos* serait pris pour le tout du monde, valorisant l'inscription dans l'*oikos,* l'appartenance à la nature (écologie profonde). On peut, *a contrario*, suggérer que les problèmes globaux imposent une politique planétaire guidée par des principes translocaux qui risque d'être acosmique, encourageant l'idée de gouvernance planétaire, de civilisation mondiale. Au lieu d'humaniser la mondialisation, elle cautionne une dyschronie malheureuse entre le temps dit réel de la mondialisation commerciale et financière et le temps cosmique et social[1]. Comment alors tenir ensemble *cosmos* et *polis*, nature et histoire, enjeux globaux et répliques culturelles fortement intégrées dans des communautés historiques et des territoires? Entre l'illusion d'une communauté organique dans le grand tout de la nature qui rêve de principes partagés sur fond d'une communion-*transfusion* des énergies vitales (Gaia) et l'idéologie abstraite d'un État mondial qui annule les différences culturelles et délaisse la singularité des milieux à partir du modèle mécaniste du *transfert* de technologies (« la colonisation administrative du monde vécu » que dénonce Habermas) inspiré du monde industriel, n'y-a-t-il pas une place alors pour le paradigme de la *traduction*[2].

De la solidarisation à la solidarité planétaire

Nous sommes les contemporains d'une expérience prodigieuse. Avec la conquête spatiale, les humains ont pu embrasser leur planète en un regard. Cette capacité à « conquérir l'univers est due à notre aptitude à manier la nature d'un point de vue de l'univers extérieur à la terre »[3]. Voir la Terre avec les yeux de Gagarine contribue à la conscience d'une

1. Voir Mireille Delmas-Marty, *Le travail à l'heure de la mondialisation*, Paris, Bayard, 2013.

2. Paul Ricœur, *Sur la traduction*, *op. cit.*

3. Hannah Arendt, « La conquête de l'homme et la dimension de l'homme », dans *La crise de la culture*, *op. cit.*, p. 354.

humanité se pensant comme un « nous »[1]. Bon gré mal gré, nous avons la connaissance, l'expérience et le sentiment d'une interdépendance objective, écologique, technologique et économique, entre les peuples. Nos lointains sont devenus nos proches. Ce faisant les espaces culturels ne paraissent plus des identités fixes et homogènes. L'ont-ils d'ailleurs jamais été ? Les cultures semblaient être des réalités substantielles (la permanence qu'exalte le discours nationaliste). Elles ont à assumer le fait de se comprendre comme étant des mises en intrigue des représentations de base d'une communauté historique donnée. En effet, le cœur d'une culture nous conduit

> jusqu'aux images stables, jusqu'aux rêves permanents qui constituent le fonds culturel d'un peuple et qui alimentent ses appréciations spontanées et ses réactions les moins élaborées à l'égard des situations traversées ; images et symboles constituent ce qu'on pourrait appeler le rêve éveillé d'un groupe historique[2].

Les identités culturelles sont des identités dynamiques. Identités relationnelles, elles s'élucident comme mise en travail par l'épreuve de l'étranger en elles – ce à quoi elles tiennent poétiquement – et en dehors d'elles – la rencontre de cultures diverses aux catégories (institutions, langues, valeurs) desquelles elles se confrontent.

Mais comment penser un *nous* qui à la fois enregistre la conscience d'une commune appartenance en termes d'intégration globale et à la fois reconnaisse la dimension singulière de chaque culture dans la constitution de ce *nous* ? Penser un *nous* ferme éthiquement entre le *nous* replié sur lui-même des régionalismes et des nationalismes et le *nous* produit d'une pratique mondiale homogène, totale sinon totalitaire[3], tel est l'enjeu de

1. Cette idée d'une Terre vue du ciel vient renforcer et perturber une théorie morale pour laquelle c'est la variation de distance entre les prochains et les lointains qui définirait la morale. On pense à cette définition de Michel Meyer, dans ses *Principia Moralia*, Paris, Fayard, 2013. « La moralité est la réponse à la distance entre les êtres, par l'évaluation des problèmes qu'elle pose et qui s'y posent. Cela guide nos choix, mais aussi les comportements d'autrui », p. 299-300. Que devient la responsabilité lorsqu'elle ne concerne plus le proche (le prochain qui est un visage) mais l'humanité en son abstraction, l'autre comme un lointain ?

2. Paul Ricœur, « Civilisation universelle et cultures nationales », *op. cit.*, p. 333.

3. Dans une réflexion sur l'arme atomique et la prolifération nucléaire Hannah Arendt écrivait : « Nul ne peut être citoyen du monde comme il est citoyen de son pays. [...] Pour la première fois dans l'histoire universelle, il est vrai que tous les peuples de la terre ont un présent commun : aucun évènement de quelque importance dans l'histoire d'un seul pays ne peut demeurer un accident marginal dans celle de l'un des autres. [...] La solidarité de l'humanité est à cet égard entièrement négative ; elle ne repose pas seulement sur un intérêt commun à

notre nouveau cosmo-politisme. « Le défi est de concilier l'intérêt général à long terme du peuple/nation avec les biens communs mondiaux à assurer, dans un contexte marqué par l'imprévisibilité, l'invisibilité et l'irréversibilité de certains phénomènes »[1]. Défi paradoxal puisque la globalisation a renforcé la possibilité d'un humanisme planétaire (Cour internationale des droits de l'homme, émergence d'une conscience de biens publics mondiaux) en même temps que la possibilité d'un asservissement humain global (réfugiés climatiques et dégradation environnementale, normalisation planétaire par les technologies, paradis fiscaux.)

Dans un texte consacré à l'avenir du cosmopolitisme, deux siècles après Kant, Jürgen Habermas distinguait entre une solidarité de fait et une solidarité de projet[2]. Aujourd'hui à l'échelle globale, la crise financière, économique et écologique donne à cette distinction une actualité. L'idée de crise globale nous fait entrer de plein pied dans cette solidarité de fait. Les problèmes que l'humanité a aujourd'hui en partage sont des problèmes à la fois translocaux – au-delà des catégories du droit international – et à la fois transgénérationnels – assumer les enjeux du temps long –. C'est ce qu'enregistre l'idée d'une responsabilité élargie pour les générations futures, que le *Principe responsabilité* de Hans Jonas a thématisé à partir d'une ontologie de la vie, et que Ricœur infléchira en direction d'une responsabilité à l'égard de la fragilité essentiellement intersubjective et interculturelle. Avec cette solidarisation de fait, l'humanité prend conscience comme jamais, par les problèmes qu'elle a en partage, qu'elle est « une ».

Mais le sens de cette unité fait question. Être solidarisé par des problèmes n'est pas encore être solidaire. Cette solidarisation négative – pollution, raréfaction des ressources, mouvements migratoires globaux, interdépendance économique et financière etc. –, est un signe.

une convention qui interdit l'utilisation des armes atomiques, mais peut-être aussi… sur le désir commun d'un monde un peu moins unifié », Hannah Arendt, *Karl Jaspers : Citoyen du monde ?*, dans *Vies politiques* [1957], « Les Essais », Paris, Gallimard, 1974, p. 94-108, nous soulignons. La conscience de ce qui nous unit n'en appelle pas nécessairement à la volonté d'être politiquement unifié. Une union d'appartenance peut résister à une unification du monde politique ou technologique totalisante.

1. Cécile Renouard, « Développement durable et crise de la représentation », *Revue Études*, Avril 2013, p. 476.

2. *La paix perpétuelle, Le Bicentenaire d'une idée kantienne*, trad. fr. Rainer Rochlitz, Paris, Cerf, 1996.

La globalisation technologique et la mondialisation marchande[1] rapprochent les hommes, comme le firent aussi bien involontairement au XXe siècle les guerres mondiales. Cela constitue le grand cadre interprétatif au sein duquel les cultures apprennent à épeler la signification qu'elles donnent à leur situation historique, résistant au nivellement que cette dernière peut imposer en arasant leurs créativités propres. Les protestations (émeutes de la faim, mouvement des indignés, etc.) y préparent des attestations. Avec grandeur et douleur, « L'humanité n'est une espèce que dans la mesure où elle est/a une histoire » écrit Paul Ricœur[2]. Cette solidarisation de fait par des problèmes rapproche comme jamais les êtres humains. La conscience progressive qu'une unité de l'humanité (*polis*) se trouve ainsi augmentée par le savoir de la fragilité de la demeure commune (*cosmos*).

Si cette solidarisation contribue à penser un « nous » à l'échelle globale, elle ne peut seule en tenir lieu. Une solidarité de projet n'est possible que sur le plan des fins explicitées, c'est-à-dire dans la double dimension éthique et politique d'une justice environnementale et sociale. Pour Ricœur, ce « nous » prend conscience de lui-même à partir de la singularité des cultures, des sociétés historiques, géographiquement situées. La consistance de ce « nous » ne peut se dispenser de l'univers symbolique singularisant de chaque communauté historique avec sa texture propre. Entre universalisme et contextualisme, l'herméneutique en contexte de Ricœur tente la voie médiane d'un *équilibre réfléchi entre universalisme et historicité*[3]. C'est ainsi qu'il entre dans le conflit qui opposent les tenants de principes universels de justice au nom de l'émancipation et les tenants du communautarisme ou d'une approche romantique de l'entente préalable. Cela suppose, avant tout, d'évacuer le discours sur la fin de l'histoire d'un Francis Fukuyama pour lequel le capitalisme industriel remplacé par le capitalisme financier l'emporterait dans l'uniformatisation globale de la mondialisation; mais également celui du choc des

1. Nous proposons de distinguer entre la globalisation qui est la cohésion technologique à l'échelle planétaire et la mondialisation qui est le type d'économie marchande et financière, rendue possible par cette globalisation.

2. On rapprochera cette formule tirée du *Le volontaire et l'involontaire* de cette idée de Karl Jaspers : « On distingue une philosophie de l'humanité d'une philosophie de l'homme en ce que celle-là insiste sur le fait que ce n'est pas l'homme se parlant à lui-même en un dialogue solitaire mais que ce sont les hommes parlant et communiquant les uns avec les autres qui habitent la terre », Hannah Arendt, « Karl Jaspers, Citoyen du monde ? », *op. cit.*, p. 105.

3. Paul Ricœur, *Soi-même comme un autre*, *op. cit.*, p. 336.

civilisations envisagé par Samuel Huntington qui considère ces dernières comme des réalités substantielles et réifiées.

Ricœur ne se satisfait ni de l'unidimensionnalité marchande, ni d'un repli sur une conception fixiste des cultures. Comment interpréter notre situation historique, et repenser la dialectique de l'universel et du contexte pour donner à la mondialisation un visage humain sans écraser la pluralité expressive et inventive des cultures ? Si l'expansion généralisée de la rationalité des moyens l'emporte dans l'unidimensionnalité au point d'estomper la rationalité des fins, quelles possibilités demeurent pour restaurer les droits de la raison pratique ?

DU DILEMME DE L'UNIVERSEL ET DU PARTICULIER À LA DIALECTIQUE DE L'UNIVERSEL ET DE L'HISTORIQUE

Mikel Dufrenne, l'ami de Paul Ricœur, avec qui il rédigea leur premier ouvrage[1], incitait à ne pas confondre unidimensionnalité et uniformité. Cette distinction fait la part entre une légitime uniformité des techniques qui permet une solidarisation planétaire de fait (la globalisation technologique) et l'unidimensionnalité symbolique. Cette dernière réduit le monde humain à un monde abstrait d'outillages, délaissant les singularités institutionnelles et les expressions symboliques (valeurs, croyances, milieux) qui font un monde humain habitable. Une compréhension unifiée de l'humanité n'implique nullement qu'elle s'unidimensionnalise. Comprise comme tâche, cette universalité vise plutôt l'approfondissement du sens des différences en vue de découvrir une similitude plus profonde. Prenons un exemple. Les approches transculturelles des pratiques alimentaires (les *food studies*) situées au carrefour entre le « vivre » et « les vivres » montrent que les pratiques alimentaires renvoient au cœur des cultures. Si, dans la mondialisation, l'alimentation relève de « machines à nourrir » uniformes (*cf.* agriculture intensive, OGM), il s'invente des migrations, des acculturations ou des hybridations (l'introduction du lait dans le régime des Chinois, l'installation des restaurants à sushis en Europe, les produits « pays » dans l'économie des circuits courts, etc.). Elles résistent à l'unidimensionnel car l'alimentation n'est pas qu'un rapport de prédation mais mobilise le noyau ethicomythique d'une culture dans sa relation à la nature.

1. *Karl Jaspers et la philosophie de l'existence*, Paris, Seuil, 1947.

Du point de vue théorique le dilemme opposant l'universel au particulier, enjeux globaux et singularité locales, paraît insoluble. Ricœur le résout par une dialectique pratique de l'universel et de l'historique déployée dans une mise en intrigue des cultures dans le temps, engagée dans nos institutions juridiques, économiques, politiques et religieuses. Il s'agit de

> savoir si on peut formuler au plan éthique, juridique, politique, social, des principes universels, valables indépendamment de la diversité des personnes, des communautés et des cultures susceptibles de les appliquer, et sans limitation tenant aux circonstances particulières d'application et principalement à la nouveauté des cas apparus à l'époque moderne [1].

La dialectique pratique plutôt que le dilemme théorique revient à dire que la tension entre le local et le global ne relève pas d'un jugement déterminant, problème logique visant à subsumer le particulier sous un concept universel totalisant (la belle continuité du particulier et de l'universel de la civilisation mondiale avec ses standards, ses recommandations et ses normes pratiques) mais d'un jugement réfléchissant trouvant la règle pour le cas. C'est aussi l'objet d'un enjeu éthique et politique consistant à faire l'expérience de l'altérité au risque de l'altération – *la découverte de la pluralité des cultures n'est jamais un exercice inoffensif*[2] –, de faire *l'épreuve de l'étranger*[3]. Cette expérience éthique de l'hospitalité engagée dans la coexistence plurielle et la communication des cultures, Jacques Derrida lui donnera un déploiement dans une politique de l'hospitalité.

Les communautés historiques sont à la fois plastiques et d'une grande résistance à l'égard de ce qui les normalise. Elles peuvent insister dans la violence. C'est pourquoi le dialogue des cultures concernant les problèmes qu'elles ont en partage ne peut faire l'économie de la traversée ensemble du temps et d'une confrontation pratique instituée et pacifiée. Un dialogue entre les traditions culturelles et religieuses en appelle à une attention à la consistance insistante des communautés historiques. Une herméneutique des contextes n'est pas un relativisme mais révèle que l'Occident, l'Orient sont des abstractions masquant mal le pluralisme réel de cultures variées, poreuses les unes aux autres. Mais la découverte de la pluralité des cultures engage à une rencontre difficile. Elle allie le sens d'une appartenance

1. Paul Ricœur, « L'universel et l'historique », dans *Le Juste 2*, *op. cit.*, p. 267.
2. Paul Ricœur, « Civilisation universelle et cultures nationales » [1961], dans *Histoire et vérité*, *op. cit.*, p. 330.
3. Paul Ricœur, « Défi et bonheur de la traduction », dans *Sur la traduction*, *op. cit.*, p. 7.

commune au *cosmos* – ce que Husserl appelait l'arché-originaire – avec l'explicitation singulière du sens de cette appartenance dans un milieu humain singularisant, une *polis*. Le difficile est bien de repenser l'articulation de l'un et du multiple non comme un problème logique (une unité fondée sur la seule cohésion technoscientifique globale), mais comme une tâche pratique historique. L'idée d'hospitalité en définit la fin et pour Ricœur, le concept de traduction en est la méthode.

En effet, le processus dynamique de traduction prend le risque de l'autre, de l'humanité dans la pluralité indépassable de ses expressions. Car tel est le paradoxe : la traduction (langagière et culturelle) est théoriquement impossible et pourtant elle est pratiquement existante. « Les phrases du monde entier flottent entre les hommes comme des papillons insaisissables »[1]. Transférer n'est pas traduire pas plus que délocaliser n'est acculturer.

« Penser global, agir local » ?

Si une solidarité de fait ne fait donc pas encore une solidarité de projet, émerge dans le discours public une formule qui tente de donner du projet là où il pourrait n'y avoir que du rejet – celui du choc des civilisations ou des replis identitaires –. C'est la formule « penser global, agir local ». Formulée au premier sommet de la Terre de Stockholm en 1972, elle insistait sur le sens de l'habiter la Terre tout en redonnant à l'agir local sa légitimité, qu'il concerne les identités individuelles ou collectives. Discutant l'individualisme abstrait, elle supposait une anthropologie du lien déjà bien développée par la sociologie allemande à laquelle Ricœur se réfère volontiers. Ainsi Tönnies[2] pointait-il comment la société industrielle remplaçait des liens traditionnels communautaires par des liens contractuels au risque de la déconsidération du local et d'un déracinement et la critique wébérienne de « la fabrique des derniers hommes » dénonçait-elle « la cage d'acier ». Aux États-Unis, John Dewey observant l'abstraction des liens sociaux à l'âge de la machine, se concentra lui aussi sur l'importance de la communauté locale[3].

1. Paul Ricœur, « Un passage : traduire l'intraduisible », dans *Sur la traduction*, *op. cit.*, p. 55.

2. Ferdinand Tönnies, *Communauté et société* [1887], Paris, P.U.F., 2010.

3. « La communauté locale en face à face a été envahie par des forces si vastes et si lointaines par leur origine, si grandes par leur portée et si complexes et indirectes dans leur

Or l'incitation à « penser global » suggère une position de surplomb comme s'il était possible d'embrasser les problèmes sociaux et environnementaux indépendamment des communautés historiques et des milieux qui les vivent, les portent, et les engendrent. Cela pose une question : quel universel cherche-t-on ? Est-ce un universel abstrait de théoricien, ou un universel pratique travaillant à une manière effective de faire monde commun sous l'horizon d'attente d'une humanité réconciliée avec elle-même, les non humains et les milieux ?

Pour Ricœur, penseur d'une raison pratique enrichie par une poétique de la volonté et la dimension symbolique de l'existence humaine, cet universel ne sera pas technique mais éthique : celui d'une humanité réconciliée dans son être avec la nature et dans son être avec les autres. Cela suppose tout d'abord de dénoncer l'idéologie d'une rationalité instrumentale rendant possible la mondialisation mais qui, dans le mouvement de son expansion, a perdu les intérêts de la raison. À cette fin Ricœur rappelle la fonction critique du tiers lieu utopique – l'appel à l'idée d'autonomie et à cet idéal régulateur qu'est l'émancipation – à l'égard de l'emprise des idéologies réduisant les hommes dans la mondialisation au rang d'agents économiques ou d'idiots rationnels. « Sa fonction (à l'utopie) est de nous rappeler que la raison pratique ne va pas sans sagesse pratique, mais que la sagesse pratique, dans les situations d'aliénation, ne va pas non plus sans que le sage n'ait à devenir fou, puisque les valeurs qui règlent le lien social sont elles-mêmes devenues folles »[1]. L'appel de la raison pratique en nous est celui d'une aspiration à être qu'étouffe le système utilitariste ambiant. Ricœur pense ensuite l'articulation entre la globalisation scientifico-technique (rationalité des moyens) et une tâche éthico-politique d'humanisation (rationalité des fins), celle-ci, en dépit de ce qui s'impose de fait, devant définir l'horizon de celle-là. La première relève d'une approche logique où, classiquement, l'universel est pensé en opposition avec le particulier. Cet universel uniformisant impose sa marque de fabrique dans les techniques politiques comme dans les modes de vie et les technologies qui les accompagnent. « Nous sommes ainsi en face d'une universalité de fait de l'humanité : dès qu'une invention est

fonctionnement qu'elles sont, du point de vue des membres des unités sociales locales, inconnues. [...] À présent, de nombreuses conséquences sont ressenties plutôt que perçues ; elles sont endurées, mais on ne peut pas dire qu'elles sont connues, car pour ceux qui en font l'expérience, elles ne sont pas référées à leur origine. », John Dewey, *Le public et ses problèmes*, Paris, Gallimard, 2010, p. 222-223.

1. Paul Ricœur, *Du texte à l'action*, *op. cit.*, p 259.

apparue en quelque point du monde, elle est promise à la diffusion universelle »[1]. Elle est rendue possible par la globalisation de sciences et de techniques (y compris de gestion) obéissant à la rationalité logico-mathématique désolidarisée de la raison pratique. Réduisant la langue d'une culture à la seule logique, elle délaisse les enjeux de traduction au profit des logiques de transfert (délocalisation). Reposant sur une langue totalement artificielle, elle s'engouffre dans ce qu'Umberto Eco a appelé « la recherche de la langue parfaite ». Universel stratégique, la globalisation relie tout dans et par le biais d'une rationalité du calcul d'utilité.

Seulement, si un universel planétaire opère par uniformisation, il prépare une unidimensionnalisation du monde humain dans un coup de force idéologique caractéristique de l'économisme. L'*homo oeconomicus,* le « dernier homme dont parle Max Weber, pense dans une sorte de super espéranto qui ne serait pas moins un monstre qu'un hermaphrodite »[2]. Une telle unidimensionnalisation arase les différences culturelles. Ricœur, attentif à la langue comme univers symbolique, le déplore, voyant en plus le souci économique de la prospective l'emporter sur l'exigence éthique de perspective. Cette langue universelle encourage une standardisation des procédures administratives de pouvoir (le politique), une normalisation des procès dans les organisations (la gestion), une planification et une rationalisation de l'activité économique jusqu'à l'abstraction de l'économie financière (l'économie), un *ethos* planétaire. Elle tient pour accidentelles les conditions spatiales et temporelles d'expression d'une culture, à tel point que l'expérience sensible du monde donnée dans les savoir-faire des acteurs se verrait anesthésiée par un savoir scientifique, informé par des systèmes techniques, permettant non plus de percevoir mais de mesurer les perturbations, grâce aux « organes sensoriels de la science »[3].

Cet uniformisation planétaire au risque de l'unidimensionnel s'impose massivement dans les faits. Certes, avant d'être un problème, elle est avant tout une conquête. Elle constitue une plateforme de moyens mis à disposition de l'humanité de ce qui est le plus général, apparemment neutre axiologiquement : les outillages appuyés sur la rationalité logico-mathématique permettant notre économie financière mondiale. Elle donne à l'humanité son plus petit dénominateur commun. En pouvant agir, par le

1. Paul Ricœur, « Civilisation universelle et cultures nationales » [1961], dans *Histoire et vérité*, *op. cit.*, p. 325.

2. Hannah Arendt, « Karl Jaspers, Citoyen du monde ? », *op. cit.*, p. 103-104.

3. Ulrich Beck, *La société du risque*, Paris, Ed. Alto Aubier, 2001, p. 355.

biais de nos sciences et techniques à l'échelle globale, nous prenons conscience effectivement d'une civilisation technologique immense, alimentée par un moyen souvent pris pour une fin : la croissance. L'humanité s'est dotée d'un corps de prothèses consistant, pris dans l'incessant mouvement d'une innovation au risque de l'inertie que celle-ci comporte.

> Comprendre notre temps, c'est mettre ensemble, en prise directe, les deux phénomènes : le progrès de la rationalité et ce que j'appellerai volontiers le recul du sens. Nous sommes les contemporains de ce double mouvement. [...] Nous touchons ici au caractère d'insignifiance qui s'attache à un projet simplement instrumental. En entrant dans le monde de la planification et de la prospective, nous développons une intelligence des moyens, une intelligence de l'instrumentalité – c'est vraiment là qu'il y a progrès –, mais en même temps, nous assistons à une sorte d'effacement, de dissolution des buts[1].

Ce qui est en procès pour Ricœur, ce n'est donc pas l'uniformisation mais l'unidimensionnalisation qui enfouit les expériences humaines authentiques d'appartenance à la Terre et les relations de reconnaissance sous un espace de transactions marchandes. Cette unidimensionnalisation à l'égard de laquelle les énergies culturelles ont bien du mal à résister portera le nom de « despotisme doux » pour Tocqueville, de « totalitarisme technocratique » pour Günter Anders. Globalisation et mondialisation porteraient alors une logique de totalisation, dont l'expression politique a pu être l'État totalitaire, même s'il n'en a pas le monopole[2]. Totalisation en dehors du champ politique du totalitarisme, l'empire de la norme, la culture de la procédure, l'appréhension du monde humain sous le seul prisme du calculable et du prévisible, le déploiement planétaire d'une cohésion technologique, rendue possible par un capitalisme financier mondialisé et vectrice d'une inertie redoutable qui appréhende tous les êtres du point de vue du maîtrisable et du manipulable, révèlent combien la conscience éthique, juridique et politique de l'unité de l'humanité est fragile, métaphoriquement et réellement. C'est pourtant cette unité là qu'il s'agit de faire exister.

1. Paul Ricœur, « Prévision économique et choix éthique », dans *Histoire et vérité*, *op. cit.*, p. 351.

2. Voir Jean Vioulac, *La logique totalitaire, Essai sur la crise en Occident*, Paris, P.U.F., 2013.

ÉCOLOGIE, ÉCONOMIE ET PLURALITÉ DES UNIVERS SYMBOLIQUES

Dans le « penser global, agir local » il s'agit de penser non un universel stratégique (une accumulation de biens) mais un universel éthique et politique (une amélioration des liens entre cultures et avec le cosmos). « Il nous faut être progressistes en politiques et archaïques en poétiques »[1] dit Ricœur pour penser plus avant d'intimes et profondes dépendances là où l'économisme atomise et sépare dans la concurrence des intérêts égoïstes. Sert ce projet, un processus qui dialectise l'universel et l'historique explicité au cœur de cette entente partagée qu'est une culture. Mais comment l'universel d'une expérience du monde découverte comme partageable, y compris dans ses résonances globales, s'explicite-t-elle dans le contexte d'une culture singulière? Comment les différences des cultures s'approprient et répliquent-elles à un enjeu planétaire?

Pour une herméneutique des cultures, chaque société s'envisage comme la conscience d'enjeux globaux liant générations présentes et futures dans la singularité locale d'un contexte humanisant la mondialisation.

> Il faut donc clairement faire apparaître les droits des générations présentes comme des limites aux devoirs envers les générations futures, et l'indétermination humaine comme une limite aux interdépendances entre la nature humaine et non humaine. Façon de nous rappeler qu'anticiper n'est pas prévoir l'imprévisible, mais, selon la belle formule d'Edouard Glissant, *apprendre à durer et grandir dans cet imprévisible*[2].

L'idée de durabilité ainsi comprise n'est pas l'extension techno-administrative d'outils « verts » mais un processus d'interprétation par lequel les cultures apprennent à se comprendre dans une nature fragile en convoquant leurs ressources symboliques propres. Dans notre moment écologique, l'humanité engage une interprétation d'elle-même. C'est dans la texture insubstituable d'une culture (*polis*) qu'elle épèle la portée universelle de ce qu'elle mobilise, à savoir ce que signifie être humain sur la Terre (*cosmos*). Cela exige de décloisonner une mondialisation qui encourage le langage unidimensionnel de l'intérêt en folklorisant les cultures, laissant les associations et ONG demeurer les hérauts moraux impuissants

1. Paul Ricœur, « Prévision économique et choix éthique », *op. cit.*, p. 356.
2. Mireille Delmas-Marty, *Résister, responsabiliser, anticiper : ou comment humaniser la mondialisation*, Paris, Seuil, 2013, p. 193.

du désintéressement, etc. Sont en question les langues qui nous servent à parler les cultures.

Le monolinguisme du monde technoéconomique a inventé la langue universelle du calcul et des intérêts comparables. Or la réflexion ricœurienne sur l'importance de la parole et de la métaphore vive, comme restauration des capacités d'initiative dans la langue, est précieuse pour éclairer une culture appauvrie dans sa capacité à dire et exprimer ce qu'elle vise. Elle peut corriger la domination qu'exerce le langage de la prospective sur celui de la perspective éthique et politique.

> C'est dans la mesure, par conséquent, où nous retournons à nos sources et où nous revivifions nos traditions, que nous pouvons être sans mécontentement les hommes de la prospective. Nous restons et nous devenons créateurs à partir d'une réinterprétation du passé, qui sans cesse nous interpelle. C'est ici que viendrait se placer toute la réflexion contemporaine sur l'herméneutique, sur notre lien avec le passé par le moyen de l'interprétation, qui est toujours une lutte contre la distance, contre la séparation culturelle [1].

Habiter la Terre dans des territoires se dit dans des langues, des cultures. C'est pourquoi la dialectique de l'universel et de l'historique n'est autre que celle de la « civilisation universelle et des cultures nationales » dont parle Ricœur car

> l'humanité, prise comme un unique corps, entre dans une unique civilisation planétaire qui représente à la fois un progrès gigantesque pour tous et une tâche écrasante de survie et d'adaptation de l'héritage culturel à ce cadre nouveau. Nous ressentons tous à des degrés différents et sur des modes variables, la tension, entre d'une part, la nécessité de cet accès et de ce progrès et, d'autre part, l'exigence de préserver nos patrimoines hérités [2].

Dans l'habiter la Terre à l'heure de la crise environnementale globale, il y va donc d'une résistance à l'assimilation par une globalisation-mondialisation encourageant une « langue » uniforme mondiale. Elle peut se faire dans la réforme par l'utopie alternative (la valorisation des formes de coopérations sociales dans l'économie sociale et solidaire) ou dans la révolution par l'utopie d'altercation (*cf.* les mouvements dits alter-mondialistes). Elle force à se départir d'une conception abstraite de l'universel qui

1. Paul Ricœur, « Prévision économique et choix éthique », *op. cit.*, p. 355.

2. Paul Ricœur, « Civilisation universelle et cultures nationales » [1961], dans *Histoire et vérité*, *op. cit.*, p. 322.

croit pouvoir s'affranchir de l'historique par le langage rationalisant de l'économisme et l'expression objectivante de la planification. Appréhendant la société comme fonctionnant mécaniquement et automatiquement selon des lois anonymes, impersonnelles et réifiées, « Le monde technologique dans lequel nous vivons et dans lequel nous devons apprendre à vivre est un monde sans passé, un monde projeté vers l'avenir, un monde qui tend à effacer ses traces »[1]. Conscient de cette situation, Ricœur invite à comprendre l'universel dans et à partir de l'historique, sans pour autant réifier l'historicité d'une communauté historique substantialisée et prétendant être un universel en acte. De ce point de vue, l'attention que Ricœur porte dans son ouvrage *Parcours de la reconnaissance* aux travaux de l'anthropologie du don de Marcel Hénaff, lui permet de sortir d'une réduction du social à l'univers calculable où évolue l'*homo oeconomicus*. Il ouvre ainsi une alternative anthropologique et pratique enrichie par sa philosophie du langage et de la traduction. Si le monde technologique déploie des interactions abstraites et anonymes entre agents économiques, le parcours de la reconnaissance prend la mesure des interactions mutuelles effectives entre acteurs. L'économisme pense des échanges intemporels, la reconnaissance pense l'universel de l'humain dans le singulier de relations historiques. « Le recours au concept de reconnaissance mutuelle équivaut… à un plaidoyer en faveur de la mutualité des rapports *entre* acteurs de l'échange, par contraste avec le concept de réciprocité situé par la théorie *au-dessus* des agents sociaux et de leurs transactions »[2]. Le don dans la reconnaissance suppose une phénoménologie des relations qu'il articule en mondes humains, cultivés avant leur colonisation par des processus d'objectivations planétaires. Tel est le lieu du combat : savoir manipuler les choses sans renoncer à habiter le monde pour parler comme Merleau-Ponty.

Là où la technoscience manipule des choses de façon uniforme (la recherche de la langue scientifico-technique comme langue parfaite), les cultures habitent le monde en s'explicitant dans des expressions plurielles. Mais pour que ces diverses cultures s'expriment en leur singularité, on ne peut faire l'économie d'un parcours de la reconnaissance animé de luttes. Sans céder à la fusion identitaire qui confond le retour de la Terre dans l'habiter avec un retour à la Terre ni à une unanimité administrative trompeuse, il s'agit de tenir qu'on ne protège pas la diversité biologique en sacrifiant la diversité symbolique.

1. Paul Ricœur, « Prévision économique et choix éthique », *op. cit.*, p. 355.
2. Paul Ricœur, *Parcours de la reconnaissance*, *op. cit.*, p. 337-338.

> Il y a un piège politique à la question écologique. Elle suggère tout naturellement une réponse globale. Elle pousse à récriminer contre l'étroitesse des cadres politiques nationaux. […] Celle-ci exige sans doute de « penser global », mais elle réclame tout autant d'« agir local ». Elle demande d'articuler les deux niveaux, qui ne sont nullement contradictoires, n'en déplaise aux amateurs de raisonnement stratosphériques, mais rigoureusement complémentaires. Là est le véritable défi tant théorique que pratique qu'elle nous lance [1].

Ce défi suppose de laisser au monde, dans sa dimension originaire d'habitat, la possibilité d'apparaître. On le fera en se concentrant sur le cœur éthico-poétique d'une culture, ce fond mystérieux qu'explicite une poétique (les arts, la poésie et la littérature, les spiritualités, les usages) et avec lequel elle n'a jamais fini de se débattre. Cette interprétation de l'apparaître s'épèle dans des styles culturels. Ils ne sont pas qu'un habillage superficiel mais le nœud poétique où s'origine la nature et la culture. Ils préparent une éthique et une politique de l'appartenance à la Terre. L'herméneutique des cultures, en travaillant à déployer les conditions symboliques d'une intelligibilité de cette appartenance, augurent de responsabilités, institutions et styles culturels singuliers. C'est ainsi que peut se comprendre la dialectique du Milieu ambiant et des milieux culturels, du *Fudô* et des « types d'entente propre », de la géopoétique et de la géopolitique présente dans l'œuvre du japonais Watsuji Tetsuro [2]. De même, le concept ricœurien de « noyau éthicomythique » [3] fait-il le passage entre la Terre et les terres, en évitant un retour archaïque à la Terre.

> En vertu de la fonction médiatrice du corps propre dans la structure de l'être dans le monde, le trait d'ipséité de la corporéité s'étend à celle du monde en tant que corporellement habité. Ce trait qualifie la condition terrestre en tant que telle et donne à la Terre la signification existentiale…. La Terre […] c'est le nom mythique de notre ancrage corporel dans le monde [4].

Les terres et les territoires en seront alors la traduction géopolitique cadastrée et administrée.

1. Marcel Gauchet, « Remarques préliminaires sur la politique écologique », *in* D. Bourg, *Vers une société sobre et désirable*, Paris, P.U.F., 2010, p. 166-167.

2. Voir Watsuji Tetsurô, *Fudô, le milieu humain*, trad. fr. Augustin Berque, Paris, Éditions du CNRS, 2011, p. 58-60. Augustin Berque parlera à ce propos d'entente médiale ou de singularité médiale.

3. Paul Ricœur, « Civilisation Universelle », *op. cit.*, p. 333.

4. Paul Ricœur, *Soi-même comme un autre*, op. cit., p. 178.

Tout comme Rousseau était contemporain de l'industrie naissante, Thoreau des capitaines d'industrie et aujourd'hui l'écologiste du *trader*, nous vivons des réalités mixtes. L'uniformisation planétaire a fait advenir ce que Max Weber appelait les « derniers hommes ». Ces hommes à la mentalité calculante, enfermés dans la « cage d'acier » d'une bureaucratisation croissante du monde vécu, relèveraient d'une démission à l'égard des intérêts émancipateurs de la raison, d'une soumission à la rationalité instrumentale, d'un acosmisme encouragé par l'empire de la norme. Ces hommes sans qualités servent – on pense au *trading* à haute fréquence [1] entendue comme activité d'idiots rationnels – moins le monde que le Marché. À cette uniformisation de surface Ricœur oppose *Le dialogue des cultures, la confrontation des héritages* [2].

Pour Ricœur, les cultures ne sont pas des substances immuables car elles engagent des modalités du temps traversé ensemble parfois polémiques. Elles sont engagées dans un processus interprétatif qui élucide une réponse à la question « qu'est-ce qu'un humain pour nous ? » parfois en discussion avec d'autres cultures. Les cultures ne sont pas tant des substances – ce qu'a de trompeur le concept de patrimoine – que des cadres interprétatifs déployant un monde singulier connaissant des reconfigurations narratives ou mimétiques. Les différences culturelles ne sont pas des obstacles mais des ressources pour humaniser la mondialisation. Ressources car leurs créativités internes, déployées en imaginaires singularisants s'interprètent à nouveaux frais face aux défis du temps présent. Ainsi, elles opposent une résistance créative à la globalisation de problèmes partagés. Ces puissances de l'imagination se déclinent sur trois registres : les grandes images poétiques qui font le cœur d'une culture ; les imaginaires culturels qui en expriment les ressources symboliques et les forces d'anticipation d'une imagination entendue comme faculté du possible pratique

Le premier registre rappelle les cultures à leur noyau de créativité fondamental manifeste notamment dans les moments festifs et les arts. Toute culture s'entend comme une manière d'épeler un type d'humanité dans la nature. Cela sourd dans les grandes images poétiques (de l'eau, de l'air, du végétal, etc.) qui l'habite dans ses cérémonies, ses fêtes. Au-delà de l'imagerie stéréotypée que cultivent les publicitaires, ces images ont une

1. Gaël Giraud, *20 propositions pour réformer le capitalisme*, Paris, Champ-Flammarion, 2012.

2. Titre et texte de Paul Ricœur repris dans Jerôme Porée (dir.), *Paul Ricœur, La pensée en dialogue*, Presses Universitaires de Rennes, 2010, p. 13-18.

portée originante. C'est elle que salue vraiment la culture du vent par le cerf-volant, la liturgie de l'eau au désert ou la cérémonie du thé au Japon. Ce fond originaire, activé avec force dans les grandes célébrations culturelles, est le noyau éthicopoétique qui fait la chair d'une culture. Reconnaître ce fond originaire dans ce qu'il a d'irréductible est ce qui rend sensée l'entreprise de traduction des différences culturelles. Cela rappelle que les rencontres entre cultures, si elles ont besoin des politiques ou des institutions pour traduire, trouvent dans le festif la poétique qui prépare le politique. En ouvrant un espace d'espérance et de jeu, le festif (des jeux olympiques aux grandes moments de célébrations de rencontres entre des peuples : célébration du débarquement, anniversaire) active des motivations qui encouragent le souci de traduire. Le festif est au plan gestuel ce qu'est la joie du traduire au plan verbal : ni du descriptif, ni du normatif mais l'ouverture d'un optatif préparant une motivation pour une rencontre possible[1]. Ainsi toutes les cultures sont portées par une géopoétique de l'habiter que décrit une phénoménologie. Elle est maintenue sous la géométrisation du monde qu'elles stylisent en en proposant un libre jeu. C'est pourquoi par exemple, les voyageurs *sont les ambassadeurs de l'espace du paysage dans l'espace géographique*[2]. Tout voyageur qui « va à l'étranger » – et le traducteur voyage dans les langues – fait cette expérience. S'il se concentre sur l'intensité de l'épreuve de l'habiter engagée dans le milieu il se sent, à chaque fois ici, chez lui. S'il en déplie les significations, il sera disponible au fait que le milieu se donne toujours médiatisé, dans des milieux étranges dans leur singularité même !

Sur le second registre, la diversité des héritages relève de ce que Ricœur appelle une herméneutique des traditions. Les différentes communautés historiques stylisent un art d'habiter la Terre dans des cultures, des imaginaires culturels. Ils traduisent des « types d'entente propre à l'humain » comme l'écrit encore Watsuji Tetsurô, le type désignant une réalité dynamique, processuelle. La dialectique du milieu et du type formule autrement la dialectique *cosmos* et *polis*. À l'expérience poétique de faire chair avec la chair du monde (le milieu) fait écho le déchiffrement de cette expérience dans des manières d'instituer un monde humain en monde. Les cultures sont des types d'entente propre, si l'on pense à une culture de la mousson, du désert ou de la civilisation urbaine[3]. L'herméneutique des cultures met au jour le travail de traduction pratique et esthétique du sens de

1. Paul Ricœur, *Parcours de la reconnaissance*, *op. cit.*, p. 354.
2. Henri Maldiney, *L'art, l'éclair de l'être*, Paris, Cerf, 2012, p. 82.
3. Voir Watsuji Tetsurô, *Fudô, le milieu humain*, *op. cit.*, p. 58-60.

l'inscription dans un milieu jusque dans les langues, les institutions, l'*ethos*. La traduction d'une expérience originaire de la Terre (*le noyau éthicomythique qui constitue le fonds culturel d'un peuple*)[1] institue un style d'être humain en un imaginaire singulier. Les cultures pluralisent les univers symboliques. Porteuses d'imaginaires de la nature distincts, en autant de *nappes d'images et de symboles* dit encore Ricœur, elles subjectivisent et soutiennent des capacités d'initiative. L'humanité n'est une que dans la pluralité de ses figures historiques, qui en proposent une pluralité d'interprétations. Leur dynamique créatrice résiste à la globalisation, s'adapte à la crise écologique en multipliant les traductions langagières, et dans un pluralisme culturel ordonné.

Sur un troisième registre alors, l'imagination comme faculté du possible pratique travaille à promouvoir en projets cette épreuve de l'habiter originaire, qui s'explicite dans la diversité des héritages culturels. Elle prolonge l'articulation d'une phénoménologie de l'habiter avec une herméneutique des cultures par une créativité pratique individuelle (les écogestes, les usages de soi), ou institutionnelle (les cellules de conseils ou comités d'éthique résistant à l'argument d'autorité de l'expertise). Tel est le sens de la part que fait Ricœur à la perspective sur la prospective, à l'utopie qui ouvre face à l'idéologie de l'expertise qui enferme. Le rôle de l'imagination éthique et politique est ainsi de tenir la tension entre l'exigence de la réforme et l'appel ouvert à de la révolution au sein de nos institutions et de nos espaces de délibération et de décision. La fonction de la sagesse pratique, au sein de sociétés travaillées par la complexité qui appelle l'expertise au risque de l'argument d'autorité et par le pluralisme éthique au risque du relativisme, est donc de maintenir vive la capacité d'innovation des acteurs en les maintenant ouverts aux forces de l'imagination éthique et en leur laissant la possibilité de décisions. Ce défi dans le contexte de la mondialisation, est aussi bien éthique que politique. Il s'agit d'apprendre à traduire un enjeu pratique dans des contextes singuliers en résistant à cette facilité consistant à uniquement « translater » des réponses techno-administratives préétablies.

1. Paul Ricœur, « Civilisation universelle et cultures nationales », *op. cit.*, p. 333-334.

Le paradigme de la traduction : des relations difficiles entre les cultures

Dans la philosophie de Ricœur, qui commença sa carrière de philosophe comme traducteur de Husserl, la traduction est une figure du passage et de la rencontre de l'étranger qui fait sonner la similitude dans la différence au sein d'une *hospitalité langagière*[1]. Élargi du plan d'une pratique pour s'élever au rang d'une attitude philosophique, le paradigme de la traduction veut penser l'unité de l'humanité dans la diversité indépassable de ses expressions langagières et culturelles, au sens de Wilhem von Humbolt. Pour Ricœur, traduire n'est pas chercher un identique mais un équivalent. Renoncer à l'idéal de la traduction parfaite, c'est rechercher une correspondance sans adéquation totale. Ainsi, la traduction d'enjeux globaux dans des réalités locales n'est pas une activité théorique mais bien une médiation éthico-pratique sachant la synthèse inachevée. Elle se déplie en des créativités institutionnelles qui ne dépassent pas mais intègrent et reconnaissent la diversité des cultures et la singulière texture qu'elles inaugurent dans leur relation à la nature (responsabilité sociale et environnementale des entreprises; modes de vie et *ethos* écocitoyens, pratiques éducatives).

Elle résiste au mirage de la traduction parfaite qui effacerait les différences culturelles dans le « monolinguisme » techno-administratif. Elle résiste aussi à la nostalgie d'une « langue originelle » donnée dans le retour au grand temps d'avant la séparation. La traduction rappelle que l'entente n'est pas donnée mais voulue. Babel n'est pas pour Ricœur le mythe d'une malédiction dans une catastrophe linguistique mais avec François Marty la « bénédiction de Babel »[2]. La séparation linguistique trouve dans la tâche du traducteur une éthique de l'entente.

L'humanité se raconte et s'explicite dans des communautés historiques et linguistiques diverses. « Le fait étrange, en effet, c'est qu'il y ait des cultures et non point une unique humanité [...]. D'emblée, semble-t-il, l'homme est autre que l'homme; la condition brisée des langues est le signe le plus visible de cette incohésion primitive »[3]. C'est à partir de ces communautés historiques irréductibles que nous sommes en prises avec le monde et non du point de vue extérieur, qu'il soit de Sirius, de Gagarine ou

1. Paul Ricœur, « Défi et bonheur de la traduction » [1997], dans *Sur la traduction*, *op. cit.*, p. 19.

2. *La bénédiction de Babel, Vérité et communication*, Paris, Cerf, 1990.

3. Paul Ricœur, « Civilisation Universelle », *op. cit.*, p. 333.

d'une administration planétaire. C'est à partir d'elles que nous pouvons avoir une prise sur lui.

Il y a donc une facilité à parler de civilisation planétaire. Croire pouvoir s'affranchir de son ancrage corporel pour prétendre à un universel de surplomb, ce qu'encourage avec facilité l'expression de « village planétaire », est une naïveté. Elle masque des souffrances et des violences en minimisant les différences objectives entre les cultures. L'expérience commune de l'habiter invite à ne pas minimiser les différenciations entre cultures et les univers symboliques des uns et des autres. Mais une fois appris que nous sommes solidarisés à l'échelle globale, qu'il y a là une manière d'humanité qui prend corps dans un corps de sciences, de techniques opérationnelles, de domination de la nature et du monde humain, il s'agit de substituer à cette naïveté première une naïveté seconde. Cette dernière découvre que les communautés historiques tentent une articulation originaire du *cosmos* et de la *polis* en un milieu, qui en appelle potentiellement à une reconnaissance par tous. La confrontation des héritages est donc porteuse d'une forme d'appel à un universel. Elle manifeste la façon dont l'humanité honore cette tâche d'apprendre à comprendre le sens qu'il convient de donner à son unité. Ce qu'une culture veut faire reconnaître, ce n'est pas qu'elle est l'incarnation définitive de l'universel expérience d'être au monde mais qu'elle en est une traduction, qu'elle participe à l'universel.

> Ce qu'il s'agit de faire reconnaître pour chacun de ces points de vue singuliers, c'est sa participation à l'universel, sa contribution, le fait de compter en quelque manière dans l'universel humain au titre de la manière d'être ou de penser que l'on incarne. [...] Personne n'échappe, à aucun niveau, au problème de la reconnaissance, à la requête de voir reconnues à la fois sa singularité et la contribution de cette singularité à l'universel. [...] demander la reconnaissance de sa singularité, c'est se mettre dans l'obligation de s'exposer, de se faire comprendre, de se définir dans ce qui est susceptible de compter pour les autres et au regard de l'universel. [...] [L]'enjeu de la reconnaissance c'est l'interconnaissance [1].

L'autre nom de cette interconnaissance est porté par le paradigme de la traduction. Épreuve de l'hospitalité à l'égard de l'autre reconnu comme étranger, la traduction engage une pensée de l'universel en contexte. Cette idée suppose de faire de l'universel une idée régulatrice, de comprendre une culture et sa langue comme en attente d'être universellement

1. Voir Marcel Gauchet, « Les enjeux de la reconnaissance, » dans Shmuel Trigano (dir.) *L'universel et la politique des identités*, Paris, Éditions de l'éclat, 2010, p. 22-24.

comprises et de découvrir que les identités culturelles diverses ne sortent du potentiel conflit et des intolérances qui les opposent que par le travail de compréhension mutuelle que permet la tâche du traducteur. Plutôt que « l'hostipitalité » de Derrida, Ricœur encourage à vivre et approfondir l'épreuve de l'étranger. L'universel de la parole humaine ne se donne nulle part ailleurs que dans la pluralité des langues que parlent les hommes. Ces langues, épaisseur de l'univers symbolique que constitue chaque culture, configurent une manière d'humanité à chaque fois irréductible qui ambitionne pourtant d'exprimer un universel. Nulle culture, nulle valeur,

> nulle conviction morale n'aurait de force si elle n'élevait une prétention à l'universalité. Mais on doit se borner à donner le sens d'*universel présumé* à ce qui se donne d'abord comme *universel prétendu*; entendons par universel présumé la prétention à l'universalité offerte à la discussion publique en attente de la reconnaissance par tous. Dans cet échange chaque protagoniste propose un universel prétendu ou inchoatif en quête de reconnaissance; l'histoire de cette reconnaissance est elle-même mue par l'idée d'une reconnaissance ayant valeur d'universel concret[1].

La pratique de la traduction relève ainsi d'une éthique de l'hospitalité qui prépare une politique. Pour Ricœur la difficile tâche de traduire assume et tente de dépasser sans les annuler les différences. L'épreuve de la traduction ne part pas d'un universel préalable. Elle travaille à la constitution d'un nous, à partir et dans les différences culturelles, placée sous l'horizon d'une entente toujours à venir. Dans la traduction, on ne va jamais qu'à la traduction car il n'y a pas d'original. Faire l'effort de traduire une culture dans une autre ne conduit nullement à poser un universel de départ (sinon un universel formel), ni à renoncer à l'universel (contre l'universel) mais invente des médiations servant le dialogue entre cultures en épelant un universel en traduction. Parce qu'on corrige une traduction par une meilleure traduction, cette question du « meilleur » trouve ses critères dans les règles d'appréciation et d'évaluation qu'une culture apprend à promouvoir et faire entendre au regard d'une autre dans la joie de la compréhension mutuelle.

Si une culture est l'interprétation de ce que signifie se penser et se vivre comme humain sur la Terre, elle se déprend du concept de citoyen du monde. La tâche d'un dialogue entre les cultures est, en promouvant un autre cosmopolitisme, d'élaborer les conditions argumentatives et institutionnelles par lesquelles on passe d'un universel prétendu à un universel

1. Paul Ricœur, « L'universel et l'historique », dans *Le Juste 2*, *op. cit.*, p. 284.

présumé et de ce dernier à un universel partagé. Mais quel est le sens de cet universel présumé ? Il peut avoir des significations idéologiques et stratégiques – repli identitaire, nationalisme territorial, ou colonisation administrative –. Mais il dit aussi comment une culture entrant en discussion avec d'autres offre à la rencontre, d'abord festive, la façon singulière qu'elle a de nouer son histoire à la nature et au monde. Il se met alors à l'école de l'anthropologie qui découvre plusieurs manières d'ontologies (naturaliste, animiste, totémiste ou analogique)[1] et s'explicite en des options normatives manifestes dans le pluralisme éthique de traditions et de valeurs.

Si le « penser global, agir local » s'institue dans des relations entre des cultures diverses aux prises avec la crise écologique, les relations qu'il mobilise sont des relations difficiles. Elles supposent en interne un processus de révisions des conditions du dialogue et en externe la contestation de toute domination d'une culture sur d'autres. Parler de relation difficile, c'est observer que dans le « penser local agir global », il peut y avoir une volonté de poser comme un dilemme ce qui est une relation dialectique.

Le dilemme consisterait soit à effacer les différences culturelles dans un cosmopolitisme mal compris, soit à exalter le repli sur des appartenances communautaires intolérantes et violentes. On peut en effet privilégier l'urgence des problèmes globaux en rêvant d'un État mondial imposant, dans l'*effroyable despotisme* du cosmopolitisme politique comme disait Kant, des mesures homogènes et uniformes tenant les différentes cultures pour des accidents de l'histoire qui n'auraient rien à nous apprendre de leur façon d'assumer le sens de ce qu'est habiter la Terre. « A problème global réponse global » est une formule redoutable qui encourage les écofascismes, mais avant cela des politiques « d'ajustements structurels… » aux techniques administratives rectilignes et uniformes. Elles encouragent une interprétation faible du développement durable entendu comme une pratique administrative à l'échelle planétaire qui homogénéise et transfère ses standards techno-administratifs (les agendas 21 et les objectifs du millénaire) dans des outils de pilotages ou de gouvernance indifférents aux contextes. Mais cela comporte une idée qui n'est pas fausse : la nécessité d'apprendre à structurer les relations entre les cultures pour qu'elles soient, de la sorte, en mesure de répliquer à des problèmes eux-mêmes transnationaux et translocaux. Ce que Mireille Delmas-Party, lectrice de Ricœur, et attentive aux biens publics mondiaux

1. Philippe Descola, *Par-delà nature et culture*, *op. cit.*

envisage en parlant, à propos de la convergence des droits, de *pluralisme ordonné*.

Le deuxième élément du dilemme consiste à dire que seules les cultures nationales pourraient répondre aux défis globaux de sorte qu'elles pourraient seules s'organiser, réduisant la question structurelle de leur coordination à un problème technique. Elles envisagent alors les institutions internationales uniquement comme des prestataires de services externes ou comme des expertises. La revendication d'une autre mondialisation manifeste une attente de reconnaissance profonde des spécificités culturelles non négligeable, encourageant soit un repli communautaire sur des utopies de contestations exaltant des modes de vie qui confondent le politique et le communautaire; soit en rêvant d'une forme d'utopie de la réconciliation mondiale dans un village planétaire et une citoyenneté mondiale.

Or entre l'international et le national, il s'agit de faire la place au transnational. L'enjeu du nouveau *cosmo-politisme,* prenant conscience d'un même appartenance de l'humanité au cosmos, est de la traduire dans la diversité des cultures et des politiques. Le dialogue entre les cultures abordant les enjeux planétaires ne peut donner consistance à un « nous » que s'il fait la place à ce que veulent et ce qui vaut pour les cultures et les peuples. Les sommets de la Terre qui se succèdent paraissent accroitre ce dilemme parce que dans le sommet officiel des États ceux-ci ne veulent pas renoncer à leur souveraineté. Mais l'existence des contre-sommets des associations, des altermondialistes, etc. manifeste l'émergence d'une société civile mondiale. Elle ouvre sur un cosmopolitisme entendu comme un horizon d'attente : celui d'une humanité enfin réconciliée avec elle-même et les non humains. L'humanité apprend à vivre son unité dans l'irremplaçable travail de traduction de la rencontre des pluralités engagé dans l'histoire.

La dialectique qui réforme de l'intérieur les institutions internationales en permettant aux cultures de faire entendre leur singularité et la résistance de leur exception et une exigence de contestation externe qui veille à ne pas enfermer le dialogue entre les cultures sous la forme d'une domination d'un nouveau type, néocolonialisme des imaginaires anticipant dans un coup de force l'idée de commun, veut dépasser le dilemme. À cet endroit, le paradigme ricœurien d'une éthique de la traduction faisant place à l'épreuve de l'étranger au service d'une politique de la traduction d'enjeux transnationaux dans la singularité insubstituable des cultures s'avère fécond. Ni transfuser (modèle éthique environnemental orphique), ni transférer (modèle unidimensionnel du totalitarisme technocratique), traduire offre une hospitalité à la différence dans la similitude (un cosmopolitisme qui conjugue conscience d'une appartenance à la Terre et pluralité des manières politiques de faire monde).

Si le dialogue entre les cultures vise en profondeur la prise en compte non seulement de l'avoir (l'économique) et du pouvoir (le politique) mais aussi du valoir (le noyau éthicomythique), la traduction est décisive. Traduire – on pense au plurilinguisme des conférences internationales prenant au sérieux la langue comme « vision du monde » – occupe cette charnière de l'universel et de l'historique. Traduire n'est pas qu'une transposition sans pertes, littérale et mécanique, d'un contenu d'un lieu en un autre. Traduire, insiste Ricœur, fait l'expérience de la différence irréductible des milieux et des cultures, recherchant moins un identique qu'une équivalence entre le singulier insubstituable d'une culture de départ et celui de la culture d'arrivée. Rend possible ce travail le rôle de l'imagination, ce qui est visé dans une culture pouvant, dans la culture de réception être interprété, approprié dans ses catégories propres. Le manifeste assez bien la pluralité et la diversité des agendas 21 selon les continents, selon les régions, selon les agglomérations. C'est à cet endroit que l'universel et l'historique dans le dialogue entre les cultures autour des enjeux planétaires est un dialogue nécessaire mais difficile. Demeure toujours la suspicion que l'on tente d'imposer le monopole d'une vision du monde, d'une anthropologie (en l'occurrence le triomphe de l'anthropologie individualiste et utilitariste), ou d'institutions juridico-politiques (universel prétendu.)

> Dans la traduction travaillent le propre et l'étranger, le soi et l'autre, l'autre que nous retrouvons en nous et qui ne se réduit pas à l'altérité de l'autre homme. Dans la traduction est à l'œuvre un concept pluriel d'humanité pourtant une, qui ne pourrait pas être réduite à une chose isolée – au sens d'une science unifiée, d'un savoir absolu ou d'une langue unique, mais qui peut bien être unifiée selon le modèle de l'hospitalité, de la vie en commun, de la co-habitation dans un monde devenu habitable grâce à une praxis de convivialité [1].

1. Domenico Jervolino, *Ricœur, Herméneutique et traduction*, Paris, Ellipses, 2007, p. 100-101.

BIBLIOGRAPHIE

ŒUVRES DE PAUL RICŒUR

Mikel Dufrenne, Paul Ricœur, *Karl Jaspers et la philosophie de l'existence*, Paris, Seuil, 1947.

Philosophie de la volonté, Le volontaire et l'involontaire, Paris, Aubier, 1949.

Philosophie de la volonté, t. 1, Paris, Aubier, 1950.

Philosophie de la volonté, t. 2, *Finitude et culpabilité*, 1 : *L'homme faillible*, Paris, Aubier, 1960.

Philosophie de la volonté, t. 2, *Finitude et culpabilité*, 2 : *La symbolique du mal*, Paris, Aubier, 1960.

Histoire et vérité [1964], Paris, Seuil, 2001.

De l'interprétation, essai sur Freud, Paris, Seuil, 1965.

Le conflit des interprétations, Essais d'herméneutique, Paris, Seuil, 1969.

La métaphore vive, Paris, Seuil, 1975.

« La philosophie et la spécificité du langage religieux », *Revue d'histoire et de philosophie religieuse* (Paris), 55, 1975/1.

Temps et Récit, 1 : *L'intrigue et le récit historique*, Paris, Seuil, 1983.

Temps et Récit, 2 : *La configuration dans le récit de fiction*, Paris, Seuil, 1984.

Temps et Récit, 3 : *Le temps raconté* [1985], Paris, Seuil, 1991.

Du texte à l'action. Essais d'Herméneutique II, Paris, Seuil, 1986.

À l'école de la phénoménologie, Paris, Vrin, 1986.

Soi-même comme un autre, Paris, Seuil, 1990.

« Réponses à mes critiques », *in* Christian Bouchindhomme et Rainer Rochlitz (éd.), « *Temps et récit* » *de Paul Ricœur en débat*, Paris, Cerf, 1990.

Lectures I. Autour du politique, Paris, Seuil, 1991.

Lectures 2. La contrée des philosophes, Paris, Seuil, 1992.

Lectures 3. Aux frontières de la philosophie, Paris, Seuil, 1994.

Le Juste, Paris, É ditions Esprit, 1995.

La critique et la conviction, entretiens avec François Azouvi et Marc de Launay, Paris, Calman-Lévy, 1995.

Réflexion faite, Autobiographie intellectuelle, Paris, Éditions Esprit, 1995.

L'idéologie et l'utopie, Paris, Seuil, 1997.
André Lacocque, Paul Ricœur, *Penser la Bible*, Paris, Seuil, 1998.
La nature et la règle, Entretiens Jean-Pierre Changeux, Paul Ricœur, Paris, Odile Jacob, 1998.
La nature et la règle, Ce qui nous fait penser, Paris, Odile Jacob, 1998.
L'unique et le singulier, Entretiens, Liège, Éditions Alice, 1999.
La mémoire, l'histoire, l'oubli, Paris, Seuil, 2000.
Le Juste 2, Paris, Éditions Esprit, 2001.
« Esquisse d'un parcours de l'oubli », *in* Thomas Ferenczi (dir.), *Devoir de mémoire, droit à l'oubli ?,* Paris, Éditions Complexe, 2002.
« Jean Nabert : une relecture », Postface *in* Philippe Capelle (éd.), *Jean Nabert et la question du divin*, Paris, Cerf, 2003, p. 141-153.
Parcours de la reconnaissance. Trois Études, Paris, Stock, 2004.
De la traduction, Paris, Bayard, 2004.
« Le juste, la Justice et ses échecs », *in* M. Revault d'Allonnes (dir.), *Cahier de L'Herne Paul Ricœur*, Paris, L'Herne, 2004, p. 287-306.
V*ivant jusqu'à la mort,* Paris, Seuil, 2007.
Écrits et conférences, 1, *Autour de la psychanalyse*, Paris, Seuil, 2008.
Écrits et conférences, 2, *Herméneutique*, Paris, Seuil, 2010.
Écrits et conférences, 3, *Anthropologie philosophique,* Paris, Seuil, 2013.

AUTRES OUVRAGES

ABEL Olivier, *Paul Ricœur, La promesse et la règle*, Paris, Michalon, 1996.
— et PORÉE Jérôme, *Le vocabulaire de Paul Ricœur*, Paris, Ellipses, 2007.
AMALRIC Jean-Luc, *Paul Ricœur, l'imagination vive. Une genèse de la philosophie Ricœurienne de l'imagination*, Paris, Hermann, 2013.
ASSISE François d', « Cantique à frère soleil », dans *Œuvres,* trad. fr. A. Masseron, Paris, Albin Michel, 1959.
ARENDT Hannah, *Karl Vies politiques* [1957], Paris, Gallimard, 1974.
– *La crise de la culture*, Paris, Folio/Essais, 1972.
– *Condition de l'homme moderne,* trad. fr. Georges Fradier, Paris, Calmann-Lévy, 1983.
– *Juger, Sur la philosophie politique de Kant*, trad. fr. Myriam Revault d'Allonnes, Paris, Seuil, 1991.
BACHELARD Gaston, La poétique de l'espace [1957], Paris, P.U.F., 1983.
– *L'eau et les rêves, essai sur l'imagination de la matière*, Paris, José Corti, 1942.
– *L'air et les songes, Essai sur l'imagination du mouvement* [1943], Paris, José Corti/Le Livre de poche, 2004.
BAQUÉ Dominique, *L'effroi du présent, Figurer la violence*, Paris, Flammarion, 2009.
BARRIER Philippe, *La blessure et la force, La maladie et la relation de soin à l'épreuve de l'auto-normativité*, Paris, P.U.F., 2010.

BAUBÉROT Jean, *Vers un nouveau pacte laïque ?*, Paris, Seuil, 1990.
BECK Ulrich, *La société du risque*, Paris, Ed. Alto Aubier, 2001.
BENJAMIN Walter, *Paris, capitale du XIXe siècle*, Paris, L'Herne, 2007, p. 33.
– *Paris, Capitale du XIXe siècle, Le livre des passages*, trad. fr. Jean Lacoste, Paris, Cerf, 1989.
BERQUE Augustin, *Être humain sur la Terre, Principes d'éthique de l'écoumène,* Paris, Le Débat/Gallimard, 1996.
BLONDEL Maurice, *Histoire et dogme. Les lacunes philosophiques de l'exégèse moderne*, La Chapelle-Montligeon, 1904, réédition Bibliothèque de philosophie contemporaine, Paris, P.U.F., 1997.
BOSSUAT Gérard, « La controverse sur les fondements chrétiens de l'Union Européenne », *La Documentation Catholique,* Paris, N° 2452, 5-19 Septembre 2010, p. 774-783.
BOURG Dominique, *Les sentiments de la nature*, Paris, La Découverte, 1997.
BUTLER Judith, *Défaire le genre, nouvelle édition augmentée*, trad. fr. M. Cervulle, Paris, Éditions Amsterdam, 2012.
CASSIRER Ernst, *La philosophie des formes symboliques* [1925], I, Paris, Éditions de minuit, 1972.
CALLON Michel, Pierre Lascoumes, *Agir dans un monde incertain, Essai sur la démocratie technique*, Paris, Seuil, 2001.
CHARENTENAY Pierre (de), *Les nouvelles frontières de la laïcité*, Paris, DDB, 2010.
DEBRAY Régis, *L'enseignement du fait religieux dans l'école laïque,* Rapport au ministre de l'éducation nationale Jack Lang, Paris, Odile Jacob, 2002.
– *Matériaux pour l'histoire de l'Eternel en Occident*, Paris, Odile Jacob, 2001.
– *Fonctions du religieux,* Paris, Fayard, 2003.
– *Transmettre*, Paris, Odile Jacob, 1997.
DECLERK Patrick, *Les Naufragés. Avec les clochards de Paris*, « Terres humaines », Paris, Plon, 2001.
DEJOURS Christophe, *Souffrances en France*, Paris, Seuil, 2009.
DELAGE Jean-Marie, VASSAL Pascale, « Les cris de Germaine : réflexion éthique », *Revue Ethique et santé*, 9, 2012, p. 165-169.
DELMAS-Marty Mireille, *Résister, responsabiliser, anticiper : ou comment humaniser la mondialisation,* Paris, Seuil, 2013.
– *Le travail à l'heure de la mondialisation,* Paris, Bayard, 2013.
DESCOLA Philippe, *Par-delà nature et culture*, Paris, Gallimard, 2005.
DEWEY John, *Le public et ses problèmes,* Paris, Gallimard, 2010.
FERENCZI Thomas, *Devoir de mémoire, droit à l'oubli ?,* Thomas Ferenczi (dir.), Paris, Éditions Complexe, 2002.
FESMIRE Steven, *John Dewey and Moral imagination : pragmatism in ethics*, Bloomington, Indiana University Press, 2003
FOESSEL Michael, *Introduction*, « Paul Ricœur ou les puissances de l'imaginaire », in *Paul Ricœur, Anthologie*, textes choisis et présentés par Michael Foessel et Fabien Lamouche, Paris, Seuil, 2007, p. 7-22.
FOUCAULT Michel, *La naissance de la clinique* [1963], Paris, P.U.F., 1988.

– *Le Gouvernement de soi et des autres, Cours au Collège de France. 1982-1983*, Paris, Gallimard/Seuil, 2008.

FRANCK Robert, « Les traits fondamentaux de la méthode de Jean Nabert », *Revue Philosophique de Louvain*, 63, 1965, p. 97-115.

– « Deux interprétations de la méthode de Jean Nabert », *Revue Philosophique de Louvain*, 64, 1966, p. 416-435.

GADAMER Hans-Georg, *Vérité et méthode. Les grandes lignes d'une herméneutique philosophique*, éd. intégrale rev. et complétée par Pierre Fruchon, Jean Grondin et Gilbert Merlio, Paris, Seuil, 1996.

– *Le problème de la conscience historique* [1958], introduction [1975], trad. fr. Pierre Fruchon, Paris, Seuil, 1996.

GAUCHET Marcel, *Le désenchantement du monde, Une histoire politique de la religion*, Paris, Gallimard, 1985.

– « Les enjeux de la reconnaissance, » *in* Shmuel Trigano (dir.), *L'universel et la politique des identités*, Paris, Éditions de l'éclat, 2010.

– « Remarques préliminaires sur la politique écologique », *in* D. Bourg (dir.), *Vers une société sobre et désirable*, Paris, P.U.F., 2010, p. 166-167.

GIBERT Martin, *L'imagination en morale*, Paris, Hermann, 2014.

GILBERT Paul, *Violence et compassion, Essai sur l'authenticité d'être*, Paris, Cerf, 2009.

GIRAUD Gaël, *20 propositions pour réformer le capitalisme*, Paris, Champ-Flammarion, 2012.

GREISCH Jean, *L'âge herméneutique de la raison*, Paris, Cerf, 1985.

– *L'itinérance du sens*, Grenoble, Jérôme Millon, 2001.

— et Richard KEARNEY, *Paul Ricœur, Les métamorphoses de la raison herméneutique*, Paris, Cerf, 1991.

HABERMAS Jürgen, *La paix perpétuelle, Le Bicentenaire d'une idée kantienne*, trad. fr. Rainer Rochlitz, Paris, Cerf, 1996.

HONNETH Axel, *La lutte pour la reconnaissance*, Paris, Cerf, 2000.

HUSSERL Edmund, *Les Méditations cartésiennes*, trad. fr. E. Levinas et G. Pfeiffer, Paris, Vrin, 1969.

– *L'arche-originaire Terre ne se meut pas*. Recherches fondamentales sur l'origine phénoménologique de la spatialité de la nature [1934], repris dans *La Terre ne se meut pas*, traduit de l'allemand et présenté par Didier Frank, Jean-François Lavigne et Dominique Pradelle, « Philosophie », Paris, Les Éditions de Minuit, 1989.

JAMES Henry, *Portrait de femmes*, trad. fr. Claude Bonnafont, Paris, 10/18, 1995.

JERVOLINO Domenico, *Ricœur, Herméneutique et traduction*, Paris, Ellipses, 2007.

KANT Emmanuel, *Critique de la faculté de juger*, trad. fr. A. Philonenko, Paris, Vrin, 1965.

KARSENTI Bruno, *L'homme total, Sociologie, anthropologie et philosophie chez Marcel Mauss*, Paris, P.U.F., 1997.

KOSELLECK Reinhart, *L'expérience de l'histoire*, Paris, Gallimard/Seuil, 1997.

LEVINAS Emmanuel, « *L'actualité de Maïmonide* », *in* C. Chalier/M. Abensour (dir.), *Emmanuel Levinas*, Paris, Éditions de l'Herne, 1991.

LÉVI-STRAUSS Claude, « Introduction à l'œuvre de Marcel Mauss », *in* Mauss Marcel, *Sociologie et anthropologie*, Paris, P.U.F., 1950.

– *Tristes tropiques* [1955], Paris, 10-18, 1965.

– *Anthropologie Structurale*, Paris, Plon, 1958.

– *La pensée sauvage* [1962], Paris, Plon/Pocket, 2009.

– *Mythologiques*, t. I : *Le cru et le cuit* [1964], Paris, Plon, 2009.

– *Mythologiques*, t. IV : *L'homme nu* [1971], Paris, Plon, 2009.

– *Anthropologie structurale II* [1973], Paris, Plon, 1996.

– *Le regard éloigné*, Paris, Plon, 1983.

– *De près et de loin, Entretiens avec Didier Eribon* [1988], Paris, Odile Jacob, 1990.

— et Didier ERIBON, *De près et de loin* [1988], Paris, Odile Jacob, 1998.

LORAUX Nicole, *La cité divisée. L'oubli dans la mémoire d'Athènes*, Paris, Payot et Rivage, 1997.

MACINTYRE Alasdair, *Après la vertu, Étude de théorie morale*, trad. fr. L. Bury, Paris, P.U.F., 1997.

MALDINEY Henri, *Avènement de l'œuvre*, Saint-Maximin, Théétète Éditions, 1997.

– *Regard, Parole, Espace, Œuvres philosophiques*, Paris, Cerf, 2012.

– *L'art, l'éclair de l'être*, Paris, Cerf, 2012.

MALHERBE Michel, *D'un pas de philosophe*, Paris, Vrin, 2012.

– *Alzheimer. La vie, la mort, la reconnaissance*, Paris, Vrin, 2015.

MERLEAU-PONTY Maurice, *La phénoménologie de la perception* [1945], Paris, Gallimard, 1978.

MEYER Michel, *Principia Moralia*, Paris, Fayard, 2013.

NABERT Jean, *L'expérience intérieure de la liberté* [1924] *et autres essais de philosophie morale*, Paris, P.U.F., 1994.

– *Éléments pour une éthique*, Paris, P.U.F., 1943 ; Paris, Aubier, 1962, rééd. 1992.

– *Essai sur le mal* [1955], Paris, Cerf, 1997.

– *Le désir de Dieu* [1966], Paris, Cerf, 1996.

NATTIEZ Jean-Jacques, *Lévi-Strauss musicien, essai sur la tentation homologique*, Paris, Actes Sud, 2008.

NUSSBAUM Martha Craven, *La connaissance de l'amour : essais sur la philosophie et la littérature*, Paris, Cerf, 2010.

– *Poetic Justice. The literary Imagination and Public Life* [1995], *L'art d'être juste*, trad. fr. S. Chavel, Paris, Flammarion, 2015.

PELLUCHON Corine, *Les Nourritures. Philosophie du corps politique*, « L'Ordre Philosophique », Paris, Seuil, 2015.

PIEPER Joseph, *Le concept de tradition*, trad. fr. C. Champollion, Paris, Ad Solem, 2008.

PORÉE Jérôme (dir.), *Paul Ricœur, La pensée en dialogue*, Rennes, Presses Universitaires de Rennes, 2010.

RENAULT Emmanuel, *L'expérience de l'injustice, Reconnaissance et clinique de l'injustice*, Paris, La Découverte, 2004.
RENOUARD Cécile, « Développement durable et crise de la représentation », *Revue Études*, Avril 2013, p. 476.
REVAULT D'ALLONNES Myriam, « Peut-on élaborer le terrible ? », in *Fragile humanité*, Paris, Alto/Aubier, 2002.
– *L'homme compassionnel*, Paris, Seuil, 2008.
ROUSSEAU Jean-Jacques, *Du contrat social ou Principes du droit politique* [1762], Paris, Bordas, 1972.
ROSA Hartmut, *Accélération. Une critique sociale du temps,* trad. fr. D. Renaut, Paris, La découverte, 2010.
SHENGE Adrien Lentiampa, *Paul Ricœur, La justice selon l'espérance*, Bruxelles, Éditions Lessius, 2009.
STOCKOWSKI Wiktor, *Anthropologies rédemptrices. Le monde selon Lévi-Strauss*, Paris, Hermann, 2008.
TAYLOR Charles, *Les sources du moi, La formation de l'identité moderne*, trad. fr. Ch. Melançon, Paris, Seuil, 1998.
– *L'Âge séculier*, Paris, Seuil, 2011.
THOMASSET Alain, *Paul Ricœur, Une poétique de la morale*, Louvain, Leuven University Press, 1996.
TILLIETTE Xavier, « Réflexion et symbole, l'entreprise philosophique de Paul Ricœur », *Archives de Philosophie*, 24, 1961, p. 576-579.
TÖNNIES Ferdinand, *Communauté et société* [1887], Paris, P.U.F., 2010.
TODOROV Svetan, *Mémoire du mal, tentation du bien, Enquête sur le siècle*, Paris, Robert Laffon, 2000.
TRONTO Joan, *Le risque ou le* care *?,* trad. fr. Fabienne Brugère, Paris, P.U.F., 2012.
VINCENT Gilbert, *La religion de Ricœur*, Paris, Éditions de l'atelier, 2008.
VIOULAC Jean, *La logique totalitaire, Essai sur la crise en Occident*, « Epiméthée », Paris, P.U.F., 2013.
WATSUJI Tetsurô, *Fudô, Le milieu humain*, trad. fr. Augustin Berque, Paris, Éditions du CNRS, 2011.
WIESEL Elie, *Legends of our time,* New York, Schocken, 1982.
WILLOCKS Tim, *La cavale de Billy Micklehurst*, Paris, Allia, 2012.
WORMS Frédéric, « Quel cosmopolitisme aujourd'hui ? », *in* M.-H. Parizeau et J.-Ph. Pierron (dir.), *Repenser la nature. Regards croisés Europe, Amériques, Asie*, Québec, P.UL., 2012, p. 273-282.
ZACCAÏ-REYNER Nathalie, « *Care* et institutions : regards sur le style organisationnel et le soin aux personnes », *in* L. Benaroyo et R. Worms (éd.), *La philosophie du soin*, Paris, P.U.F., 2010, p. 251-265.

TABLE DES MATIÈRES

Achevé d'imprimer sur les presses de l'Imprimerie Moderne de Bayeux
ZI, 7, rue de la Résistance - 14400 Bayeux - Dépôt légal n° 56864 - Novembre 2016

Imprimé en France